# PflanzenSpuren

Archäobotanik im Rheinland: Agrarlandschaft und Nutzpflanzen
im Wandel der Zeiten

Materialien zur Bodendenkmalpflege im Rheinland
Heft 10


Eine Veröffentlichung des
# Landschaftsverbandes Rheinland
Rheinisches Amt für Bodendenkmalpflege


herausgegeben
von
Harald Koschik

LANDSCHAFTSVERBAND RHEINLAND
Rheinisches Amt für Bodendenkmalpflege

# PflanzenSpuren
## Archäobotanik im Rheinland: Agrarlandschaft und Nutzpflanzen im Wandel der Zeiten

Karl-Heinz Knörzer, Renate Gerlach, Jutta Meurers-Balke, Arie J. Kalis,
Ursula Tegtmeier, Wolf D. Becker, Antonius Jürgens

1999
Rheinland-Verlag GmbH · Köln
in Kommission bei
Dr. Rudolf Habelt GmbH · Bonn

Gedruckt mit Mitteln des Ministeriums
für Arbeit, Soziales und Stadtentwicklung,
Kultur und Sport
des Landes Nordrhein-Westfalen

Titelbild: Landschaftsbild aus der Rössener Zeit, Mittelneolithikum (s. S. 23 ff.)
mit einem der charakteristischen Getreide jener frühen Bauernzeit,
dem Emmer, hier abgebildet als Pflanze und als verkohlte Frucht,
wie sie auf archäologischen Ausgrabungen gefunden wird.

Abbildungen:
Landschaftsaquarelle: Friderike Hilscher-Ehlert
Nutzpflanzen- und Baumbilder (Farbe): Scott Krausen
Zeichnungen der Pflanzenreste (schwarz-weiß): Karl-Heinz Knörzer
Grafiken und Tabellen: Jürgen Kubelke

Redaktion:
Brigitte Beyer, Renate Gerlach, Jutta Meurers-Balke

Rheinland-Verlag GmbH · Köln · 1999
Rheinland-Verlag- und Betriebsgesellschaft
des Landschaftsverbandes Rheinland mbH
© Rheinisches Amt für Bodendenkmalpflege
Herstellung: Angela Wieland
Satz: rvbg-satz
Lithos: Peukert, Köln
Druck: B.o.s.s Druck und Medien, Kleve
ISBN 3-7927-1715-8

# Inhalt

# Vorwort

Fachwissenschaftliche Arbeiten zu siedlungsarchäologischen Befunden enthalten in aller Regel auch einen Teil, der sich mit der Auswertung von Samen und anderen Pflanzenresten befaßt, die sich unter günstigen Bedingungen im Boden über die Jahrtausende und Jahrhunderte hinweg erhalten haben. Paläoethnobotanik und Archäobotanik sind relativ junge Fächer, die seit einigen Jahrzehnten zunehmend Bedeutung für die archäologische Forschung insgesamt gewinnen. Daher liegt es auf der Hand, die Ergebnisse dieser Disziplin nicht allein da und dort verstreut bei den jeweiligen Veröffentlichungen zu diesem oder jenem Fundkomplex zu belassen, sondern diese einmal für eine Region zusammengefaßt in anschaulicher Form zu präsentieren.

Das Rheinland bietet sich als geographischer Raum für ein solches Vorhaben durch seine Forschungsgeschichte an. War es doch hier, wo schon in den sechziger Jahren Rudolf Schütrumpf (Universität Köln) und Karl-Heinz Knörzer (Neuss) Pionierarbeiten leisteten und sich die archäobotanische Forschung seither sowohl auf dem Gebiet der pflanzlichen Großreste wie auch auf dem der Pollenanalyse kontinuierlich entwickeln konnte. Mittlerweile kann man das Rheinland mit Fug und Recht als ein Kerngebiet der Archäobotanik bezeichnen, in dem sich eine jüngere Forschergeneration um Jutta Meurers-Balke (Universität Köln) und Arie J. Kalis (Universität Frankfurt) gebildet hat, die sich systematisch mit der Auswertung entsprechender Fundkomplexe befaßt.

Dieser Kreis von Forscherpersönlichkeiten ist maßgeblich an diesem Buch beteiligt, das nicht nur die Geschichte der Nutzpflanzen im Rheinland darstellt, sondern auch den neuesten Stand der Archäobotanik vermittelt. Auf diese Weise läßt sich nicht nur der Bestand an Pflanzen während der unterschiedlichen vor- und frühgeschichtlichen Perioden bis in die Neuzeit überblicken, vielmehr gewinnt man auch exakte Nachweise über den Wandel der Naturlandschaft zur Kulturlandschaft bereits im Neolithikum, also vor mehr als 7000 Jahren. Spätestens in der Jüngeren Eisenzeit, also seit ungefähr der Mitte des ersten Jahrtausends v. Chr., gibt es im Rheinland kaum noch „Natur" - die Ackerlandschaft auf den Lößbörden sah damals bereits in etwa so aus wie in der vorindustriellen Epoche der Neuzeit. Manche wird es auch überraschen, daß ein Großteil unserer Nahrungspflanzen wie fast alle Obstarten und Gewürze sowie die meisten Gemüsesorten ein Erbe der Römerzeit sind.

Das vorliegende Buch wendet sich in seiner zusammenfassenden Form sowohl an die fachlich orientierten Leser aus den Fächern von Archäologie, Archäobotanik und Geschichte als auch an alle historisch und naturwissenschaftlich Interessierten. Allen, die als Autoren an dieser Publikation beteiligt waren oder zu Illustration und Redaktion beigetragen haben, danke ich ebenso wie dem Ministerium für Arbeit und Soziales, Stadtentwicklung, Kultur und Sport des Landes Nordrhein-Westfalen, das den Druck aus den Mitteln seines Denkmalförderungsprogrammes finanziert hat.

Dr. Harald Koschik

# Einleitung

Die archäologische Forschung beschäftigt sich nicht allein mit den unmittelbaren Hinterlassenschaften des Menschen wie Scherben, Stein- und Holzgeräten oder Abfallgruben und Pfostenlöchern. Vielmehr werden archäologische Fragen auch von Botanikern, Zoologen, Physikern, Chemikern, Bodenkundlern und Geowissenschaftlern beantwortet. Deren Ergebnisse sind es, die unseren Blick über die kulturelle Entwicklung des Menschen hinaus auch für die gravierenden Umwelt- und Landschaftsveränderungen im Laufe der Zeit geschärft haben.

Am sichtbarsten und am nachhaltigsten verändert sich die Landschaft, wenn sich ihr „grünes Kleid", also ihre Wälder, Felder und Wiesen, wandelt. Wie die Menschheit weist auch die Landschaft eine wechselvolle Geschichte auf, die eng und unmittelbar mit den Fortschritten in der Landwirtschaft verbunden ist. Aufschlüsse über die Verteilung von Wäldern und Feldern und über das, was auf den Äckern wuchs und den Menschen als Nahrung diente, verdanken wir der Archäobotanik. Die Archäobotanik ist ein noch junger Forschungszweig, der sich archäologisch geborgener Pflanzenreste annimmt und aus diesen die „grüne" Umgebung unserer Vorfahren mit erstaunlicher Detailfülle rekonstruiert und damit wichtige Beiträge zum Siedlungsgeschehen liefert. Die Palette der untersuchten Pflanzenreste reicht von winzigen, nur unter dem Mikroskop erkennbaren Pollenkörnern, über Reste von Früchten und Samen bis hin zu Bau- und Nutzhölzern.

Innerhalb Mitteleuropas zählt das Rheinland zu den archäobotanisch am besten untersuchten Gebieten. Die enge Zusammenarbeit zwischen Archäologie und Archäobotanik weist hier bereits eine über 40jährige Tradition auf, wobei besonders die urgeschichtlichen Siedlungskammern der linksrheinischen Lößbörden im Mittelpunkt der gemeinsamen Forschung standen. Aus der Fülle der archäobotanischen Ergebnisse haben wir zwei Kernbereiche ausgewählt, die eng mit der Kulturgeschichte des Menschen verbunden sind: zum einen die regionale Vegetationsgeschichte - die Verdrängung, Umwandlung und letztendlich Zerstörung der heimischen Urwälder durch die urgeschichtliche Landwirtschaft - und zum anderen die Geschichte unserer Nahrungs- und Nutzpflanzen sowie der Bäume.

Einen Überblick über die Vegetationsgeschichte des Rheinlands liefert vor allem die Pollenanalyse, denn die durch den Wind verbreiteten Pollenkörner können uns über die großräumige Vegetationsverteilung auch jenseits der engen Grenzen eines archäologischen Fundplatzes informieren. Da die Vegetationsgeschichte eng mit der Siedlungsgeschichte verbunden ist, werden im ersten Teil die Ergebnisse der Pollenanalyse gemeinsam mit denen der Archäologie und der Klimaforschung dargestellt.

Dem zweiten archäobotanischen Kernbereich, der Archäologie unserer Nahrungs- und Nutzpflanzen, widmet sich die Großrestanalyse (Paläoethnobotanik). Paläoethnobotaniker untersuchen Früchte, Samen, Blätter, Blüten usw. aus archäologischen Befunden wie Latrinen, Abfall- und Vorratsgruben.

Der dritte Teil beschäftigt sich mit einer Nutzpflanzengattung von besonderer Dimension und Bedeutung, den Bäumen. Als wichtigster Lieferant für Bau- und Werkstoffe sowie als Futter- und Heilpflanzen wurden sie durch alle Zeiten hindurch von den Menschen benötigt und geschätzt.

Der folgende Überblick verfolgt keinesfalls das Ziel wissenschaftlicher Vollständigkeit, sondern möchte den derzeitigen Stand der archäologischen Vegetations- und Nutzpflanzenforschung im Rheinland für alle interessierten Leser wiedergeben.

# Landschafts- und Siedlungsgeschichte des Rheinlandes

JUTTA MEURERS-BALKE, ARIE J. KALIS, RENATE GERLACH, ANTONIUS JÜRGENS

Vom Urwald, der einstmals das Rheinland vollständig bedeckt hat, bis zur heutigen Agrar- und Industrielandschaft war es ein langer Weg. Auf diesem Weg veränderten sich Aussehen und Ausdehnung von Wäldern, Siedlungen und landwirtschaftlichen Nutzflächen immer wieder. Diese Veränderungen wurden einerseits vom Menschen verursacht, wirkten aber andererseits wiederum auf die kulturelle Entwicklung ein. Damals wie heute gilt, daß der Mensch auch immer ein Produkt seiner Umwelt ist, ob er sie hinnehmen muß oder verändern kann.

Neben den prägenden Einflüssen von Rodung und Besiedlung spielte auch das Klima zu allen Zeiten eine Rolle für die Landschaftsgeschichte. Im Gegensatz zu der dramatischen Klimaänderung von kalt zu warm am Ende der letzten Eiszeit sind zwar in der hier im Blickpunkt stehenden Nacheiszeit nur geringe Klimaschwankungen bekannt, doch nahmen auch sie Einfluß auf die Siedlungs- und Landschaftsgeschichte und sollen daher hier ebenfalls behandelt werden.

## Woher wissen wir vom Klima vergangener Zeiten?

Die drohenden Klimaveränderungen in der nahen Zukunft haben unseren Blick für die relativ kleinen, aber dennoch folgenschweren Schwankungen des Klimas im Verlauf der letzten Jahrtausende geschärft. Anders als gegenwärtig beruhten die vergangenen Klimawechsel noch auf rein natürlichen Prozessen wie beispielsweise Verschiebungen von Hoch- und Tiefdruckzonen. In den letzten elf Jahrtausenden nach dem Ende der Eiszeit hat es zwar keine dramatischen Klimaveränderungen mehr gegeben, dennoch waren auch die relativ geringen Schwankungen der Jahresmitteltemperatur, die Stabilität oder Instabilität des Klimaganges und die Schwankungen in Niederschlagsmenge und -verteilung spürbar genug, um bisweilen kulturelle Veränderungen anzustoßen, zu beschleunigen oder aber zu verlangsamen. Allerdings muß man sich dabei vor der allzu einfachen Gleichung Klimaveränderung = Kulturwandel hüten, da diese im Detail kaum beweisbar ist. Daß aber das Klima ein wichtiger Faktor im Alltag der landwirtschaftlichen Kulturen darstellte, ist unbestritten. In unseren Breiten führt zum Beispiel eine längerfristige Abkühlung der Jahresmitteltemperatur von nur 1 °C zu einer Verkürzung der Vegetationsperiode um einen Monat. Dies reichte in früheren Zeiten aus, um katastrophale Hungersnöte auszulösen. So führte beispielsweise das kühlere und feuchtere Klima zu Beginn der *Kleinen Eiszeit* im 14. Jahrhundert zu Hungersnöten, Anfälligkeiten gegenüber Krankheiten (Pest) und damit überall in Europa zu großen politischen Umbrüchen.

Während *Wetter* kurzfristige Witterungserscheinungen bezeichnet, beispielsweise das Wetter von morgen, von letzter Woche oder der vergangenen Nacht, verstehen wir unter *Klima* eine längerfristige Zusammenfassung von Witterungsereignissen, also eine vorherrschende Wettergesamtheit in einer Region oder Klimazone. Nach internationaler Übereinkunft beträgt der Zeitraum, auf den sich eine Klimastatistik bezieht, mindestens 30 Jahre. Je weiter wir aber in der Zeit zurückgehen, desto lückenhafter werden die Klimadaten und desto größere Zeiträume müssen zusammengefaßt betrachtet werden. Allerdings ist es bei einem Blick in die Vergangenheit leichter, Klimatrends herauszuarbeiten; denn je näher wir an unsere Zeit rücken, um so schwieriger wird angesichts der Fülle von Daten der Überblick.

Schriftliche Quellen, aus denen Klimaereignisse abzulesen sind, existieren für das Rheinland erst seit 2000 Jahren. Dabei sind die frühen Quellen, zum Beispiel Angaben bei Caesar (100 - 44 v. Chr.) und Tacitus (55 - 120 n. Chr.), noch sehr spärlich. Ab dem Hochmittelalter und verstärkt seit der frühen Neuzeit stehen uns Annalen, Chroniken, Katastrophenberichte usw. zur Verfügung. Wertvolle Quellen sind auch die Berichte über Schwankungen von Getreidepreisen, Verlagerungen der Weinbauareale und Verschiebungen von Erntezeiten. Exakte Daten liefert seit dem 18. Jahrhundert die regelmäßige Wetterbeobachtung mit Hilfe meteorologischer Instrumente.

Von den indirekt nutzbaren Daten über das vergangene Klima sollen hier nur einige genannt werden:

- Die Dendrologie beschäftigt sich zum einen mit der Datierung von Hölzern anhand charakteristischer Abfolgen von Wachstumsringen der Bäume (Dendrochronologie). Zum anderen zeigen die jährlichen Zuwachsringe anhand ihrer Breite und Dichte aber auch, wie kalt, wie warm, wie feucht oder wie trocken das Jahr während der Vegetationsperiode am Standort des Baumes war.

- In den Alpen können alte Gletscherstände anhand der noch vorhandenen geologischen Ablagerungen (Moränen) rekonstruiert werden: Weite Vorstöße der Gletscher belegen ein kühles und feuchtes Klima. Die Datierung der Moränen muß allerdings anhand archäologischer Funde, mit Hilfe der Dendrochronologie oder durch physikalische Messungen (wie die [14]C-Methode) an Hölzern, Knochen oder Holzkohlen, die in der Moräne eingeschlossen sind, erfolgen.

- Im Tiefland, wie beispielsweise im Rheinland, lösen feuchte und kühlere Klimaepochen Flußaktivitäten aus, durch die in der Aue kleine Schotterkörper angeschüttet werden. Will man sie für die Klimageschichte als Indikatoren für feuchteres und kühleres Klima nutzen, müssen sie - ebenso wie die Moränen - exakt datiert werden.

- An Seeufern und an Meeresküsten sind häufig alte, höhere Wasserstandsmarken erhalten (Strandterrassen). Die einstmals höheren Wasserstände spiegeln ein feuchteres Klima wider. Während Seespiegelschwankungen (wie am Bodensee) mehr für regionale Klimarekonstruktionen nutzbar sind, dokumentieren die Meeresspiegelschwankungen eher globale Klimatrends.

- Bei der Bildung von Polareis sowie kalkhaltigen Tiefseesedimenten kommt es zu unterschiedlichen Einschlüssen der Sauerstoffisotopen $^{16}O$ (leichtes Sauerstoff-Isotop) und $^{18}O$ (schweres Sauerstoff-Isotop). Deren Verhältnis zueinander ist abhängig von der Wassertemperatur zum Zeitpunkt der Ablagerung, wobei in den Ozeanen kühlere Temperaturen den Anteil des schweren Sauerstoffisotops $^{18}O$ erhöhen. Untersucht man daher Bohrkerne von Tiefseesedimenten in Hinblick auf das Verhältnis der beiden Sauerstoff-Isotope, kann man vergangene Temperaturen recht exakt rekonstruieren.

- Eine der wichtigsten Methoden der Klimageschichte ist aber immer noch die Rekonstruktion der vergangenen Vegetation mit Hilfe der Paläobotanik, denn die Grundzüge der Vegetationsentwicklung sind weitgehend von den klimatischen Bedingungen abhängig, trotz des immer größer werdenden Einflusses des Menschen.
Einen mehrfachen Klimawechsel im Verlauf der letzten elf Jahrtausende (= Zeitabschnitt des Holozäns) erkannte bereits 1876 der norwegische Botaniker Axel Gudbrand Blytt; auf ihn gehen die noch heute benutzten Begriffe *Boreal*, *Atlantikum*, *Subboreal* und *Subatlantikum* (Abb. 1) zurück. Diese Begriffe sind seit dem schwedischen Geologen Lennart von Post, dem Begründer der Pollenanalyse, zu festen Bestandteilen der holozänen Gliederung geworden.
Wie im weiteren noch zu zeigen ist, bildet die Vegetationsgeschichte aber nicht nur den holozänen Klimaverlauf, sondern ab dem Neolithikum auch den Einfluß des Menschen in detaillierter Weise ab.

## Wie kann die Pollenanalyse die vergangene Vegetation rekonstruieren?

Pollenanalytiker untersuchen den Blütenstaub und die Sporen, die auf den Boden abgesunken und unter günstigen Bedingungen in feuchten Ablagerungen wie in Mooren, Sümpfen, Auen, Bachtälern eingebettet worden sind. Nur dann kann sich der Pollen erhalten, denn wie alle organische Substanz wird er in durchlüfteten Schichten von Mikroorganismen zerstört. Pollen und Sporen können sich zwar auch über Jahrmillionen in älteren Sedimentgesteinen erhalten, für die Archäobotanik ist aber allein die Feuchtbodenerhaltung in jungen Ablagerungen von Bedeutung. Aus solchen Schichten werden Profilsäulen entnommen und von oben nach unten zentimeterweise beprobt, um eine zeitlich differenzierte Abfolge der Vegetationsgeschichte zu erlangen. Auch bei den Pollenprofilen gilt, daß die Moorschichten und die pollenführenden Sedimentablagerungen nur dann für die Rekonstruktion bestimmter Zeiträume nutzbar sind, wenn sie zunächst Schicht für Schicht datiert worden sind (z.B. durch $^{14}C$-Datierungen oder archäologische Funde).
Im Laufe der Forschung stellte sich heraus, daß jede Epoche spezifische Charakteristika in der Zusammensetzung des Pollenspektrums aufweist, die auf regionale Änderungen der Vegetation zurückgehen. Für die Epoche der Michelsberger Kultur (Jungneolithikum: 4400–3500 v. Chr.) ist beispielsweise in unserer Region eine maximale Ausbreitung der Lindenwälder typisch (s. S. 30). Im Pollenspektrum kann diese Zeit daher anhand

*Abb. 1:*
*Zeittabelle des*
*Holozäns mit*
*Pollenkurven*
*des Rheinlandes*

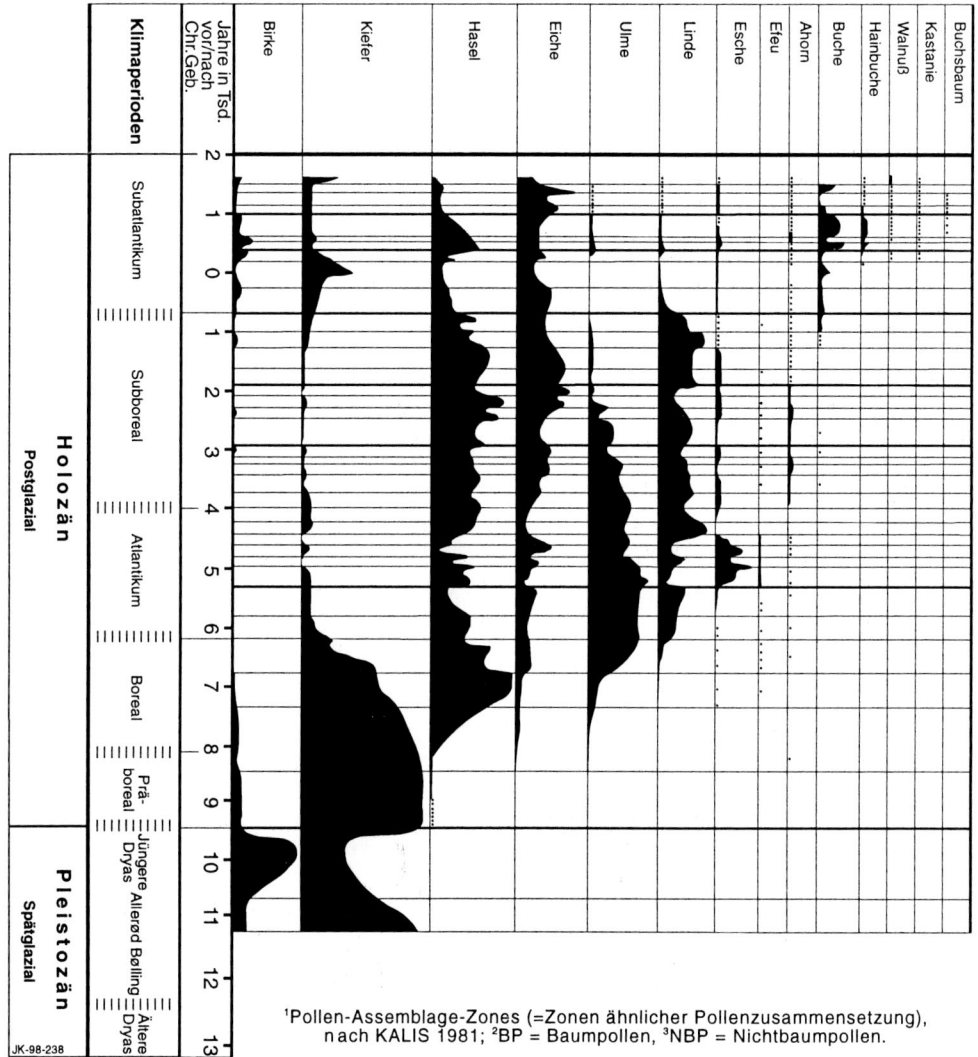

¹Pollen-Assemblage-Zones (=Zonen ähnlicher Pollenzusammensetzung),
nach KALIS 1981; ²BP = Baumpollen, ³NBP = Nichtbaumpollen.

14

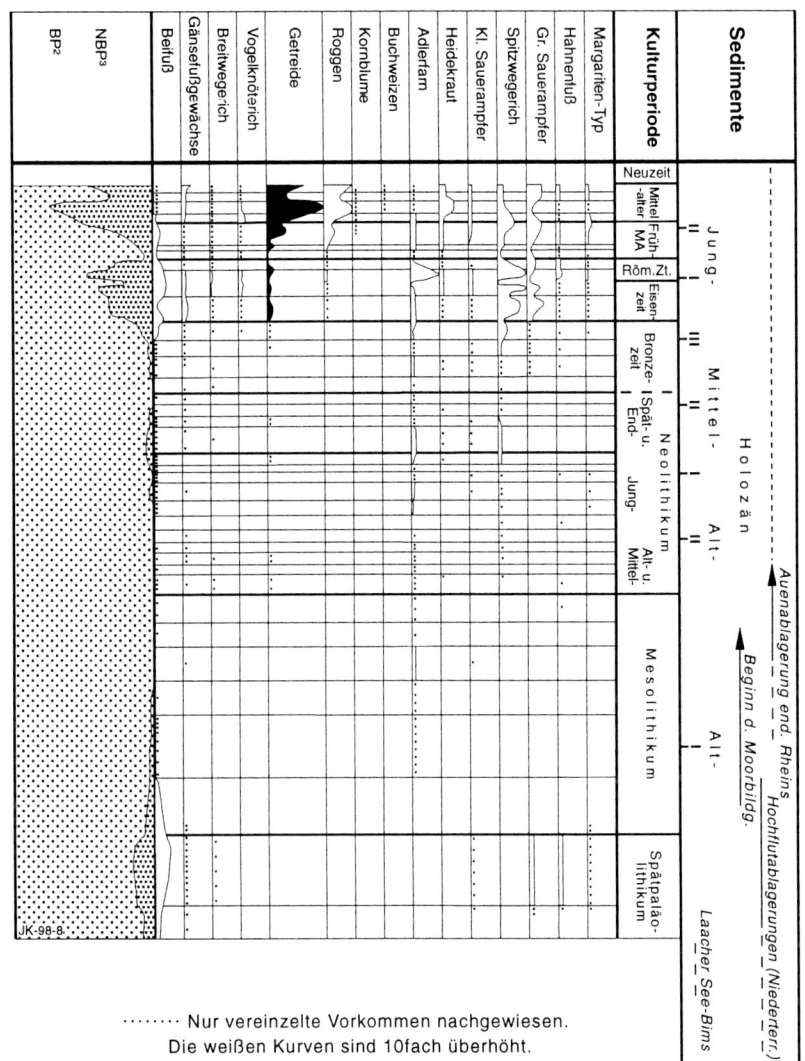

........ Nur vereinzelte Vorkommen nachgewiesen.
Die weißen Kurven sind 10fach überhöht.

15

der höchsten Anteile von Lindenpollen erkannt werden. So kann die Pollenanalyse auch zur Datierung von Ablagerungen eingesetzt werden.

Das Pollenmaterial gewinnt man, indem die Bodenprobe im Labor mit verschiedenen chemischen Lösungen von allen störenden Komponenten „gereinigt" wird. Die schließlich übrigbleibenden Pollen können dann unter dem Mikroskop bestimmt und ausgezählt werden. Da viele Pflanzenarten und Gehölze charakteristische Pollenkörner produzieren, sind sie eindeutig zuzuordnen.

Die beiden archäobotanischen Methoden Pollenanalyse und Paläoethnobotanik (s. S. 70) können sich in ihrer Aussage sehr gut ergänzen, denn während die Paläoethnobotanik Angaben über die Vegetation und über die genutzten Pflanzen unmittelbar an einem Fundort machen kann, spiegelt das Pollenspektrum auch die regionale Vegetation in der Umgebung eines Platzes wider. Mit ihrer Hilfe kann daher auch das Verhältnis von Wald- zu Offenland in der Nachbarschaft eines archäologischen Platzes rekonstruiert werden.

Der Nachweis wärmeliebender oder aber kälteresistenter Pflanzen ermöglicht darüber hinaus Aussagen zum damaligen Klima. So kamen Efeu, Mistel und die wärmeliebende Wassernuß während des holozänen „Klimaoptimums" im Atlantikum (ca. 5.–7. Jahrtausend v. Chr.) viel weiter nördlich vor als heute und die Lindenwälder reichten bis nach Mittelschweden und Mittelengland. In diesem klimatisch günstigen Zeitabschnitt muß die Jahresmitteltemperatur rund 2 °C höher als gegenwärtig gewesen sein.

Die durch Pollenkörner überlieferten Pflanzen lassen sich sogar ihren damaligen Wuchs-

orten zuweisen, denn bestimmte Pflanzen sind typisch für bestimmte Standorte: Pappeln und Weiden wachsen in den flußnahen, häufig überschwemmten Weichholzauen; Eschen, Ulmen und Eichen stehen hingegen in der höheren, weniger feuchten Hartholzaue.

Ein anderes Beispiel ist die Kiefer: Sie braucht zwar viel Licht, stellt dafür aber nur bescheidene Ansprüche an die Wasser- und Nährstoffversorgung. Daher konnte sie im Spätglazial als eine der ersten Baumarten in unser Gebiet einwandern, wurde dann aber im Boreal durch Ulme und Eiche und später auch durch die Linde verdrängt, in deren Schatten sie keine Chance mehr zum Keimen hatte. Auf den verarmten sandigen Heideböden, die der Mensch erst sehr viel später durch seine intensive Viehhaltung schuf, konnte sich die Kiefer erneut ausbreiten. Im 19. Jahrhundert wurden die Heideareale dann mit Kiefern systematisch aufgeforstet.

Tannen und Fichten kommen im Rheinland der Nacheiszeit von Natur aus nicht vor. So könnte beispielsweise die Fichte ohne den Menschen, der das schnellwachsende Holz dieser recht anspruchslosen Baumart schätzt, nur in den kühleren und feuchteren Regionen der Mittelgebirge wachsen, unter anderem in den höheren Lagen von Schwarzwald und Fichtelgebirge. Die Zunahme von Fichtenpollen in rheinischen Pollenprofilen aus dem Jungholozän weist also immer auf menschlichen Einfluß hin, und zwar auf die Zeit wirtschaftlich orientierter Aufforstung ab dem 19. Jahrhundert. So wurden in der Eifel Ödlandflächen und Heiden erst nach der Eingliederung in den preußischen Staat (nach 1816) mit den Nadelhölzern Kiefer und Fichte aufgeforstet. Das anfänglich verhaßte „Preußenholz" gedieh im Laufe des 19. Jahrhunderts zum wichtigsten Wirtschaftsfaktor in den Mittelgebirgen. So wird am Beispiel von Kiefer und Fichte deutlich, daß die Pollenzusammensetzung nicht so sehr die natürliche Vegetation und deren Klimagrundlage, sondern ab der Jungsteinzeit die Eingriffe des Menschen in die Natur dokumentieren kann.

Vor der Einführung der Landwirtschaft war die Landschaft im Rheinland vollständig mit dichten Wäldern bestockt. Lichtungen in diesem Urwald schufen erst die ersten Bauern, wodurch lichtliebende Gehölze wie Eiche und Hasel gefördert wurden. Das Ansteigen der Eichen- und Haselwerte im Pollenspektrum kann daher als indirektes Anzeichen für solche Rodungen gewertet werden. Auf direktem Wege nachweisbar ist gerodetes Waldland durch das Vorkommen von Kräuter- und Gräserpollen (sog. Nichtbaumpollen). Siedlungsland wird durch Ruderalpflanzen (Schutt und Wegepflanzen = Unkrautfluren) wie Beifuß, Vogelknöterich, Gänsefußgewächse und Großer Wegerich belegt. Spitzwegerich, wilde Möhre, Korbblütler und Hahnenfußarten sind Pflanzen, die häufig auf Weiden und Wiesenland vorkommen; bewirtschaftetes Grünland ist im Rheinland aber erstmals seit der Eisenzeit nachweisbar (s. S. 38 ff.). Heidekraut ist bis heute die Charakterpflanze nährstoffarmer, erst durch Überweidung und periodisches Abbrennen entstandener Heidelandschaften. Auch dieser Landschaftstyp konnte im Rheinland erst infolge Überweidungen in der Eisenzeit entstehen (s. S. 38).

Anzeiger für Kornfelder sind Getreidepollen und die klassischen Ackerunkräuter, wie Klatschmohn sowie die heute selten gewordene Kornblume und Kornrade. Getreidepol-

len ist aber im Vergleich zu den Pollenmengen der häufig windblütigen Gehölze so gering, daß er im Pollenspektrum immer unterrepräsentiert ist. Erst als die Ackerareale größer wurden, zusammenwuchsen und nicht mehr von Wäldern allseitig umschlossen waren, konnten größere Mengen von Getreidepollen auch in die zumeist ferner liegenden Feuchtareale eingeweht werden, in denen sie dann mit der Masse der Baumpollen konserviert wurden.

Mit Hilfe der Pollenanalyse kann also zugleich die Klima-, die Vegetations- und die Besiedlungsgeschichte erforscht werden. Die Rekonstruktion der ehemaligen Vegetation gelingt nicht an einem Profil allein, sondern ist eine aufwendige Puzzle-Arbeit. Dank intensiver Forschungen ist das Rheinland eine Region mit einer pollenanalytisch gut dokumentierten nacheiszeitlichen Wald- und Vegetationsgeschichte, die im folgenden skizziert und bildlich dargestellt werden soll.

## Was stellen die Landschaftsbilder dar?

Die Landschaftsbilder vermitteln einen Eindruck von den wechselnden Waldverteilungen, den landwirtschaftlichen Flächen und den Siedlungsformen in den rheinischen Lößbörden im Laufe der Zeit (s. Abb. 2).

Als Grundlage diente eine Modellandschaft, die am ehesten mit den südlichen Lößgebieten des Rheinlandes zu vergleichen - aber nicht gleichzusetzen - ist. Man blickt über eine sanft gewellte Lößlandschaft nach Süden, wo am Horizont die Höhenzüge der Eifel zu erkennen sind. Von der Eifel kom-

*Abb. 2:*
*Lößregionen im*
*Rheinland und die*
*Fundorte archäo-*
*botanischer*
*Pollenprofile*

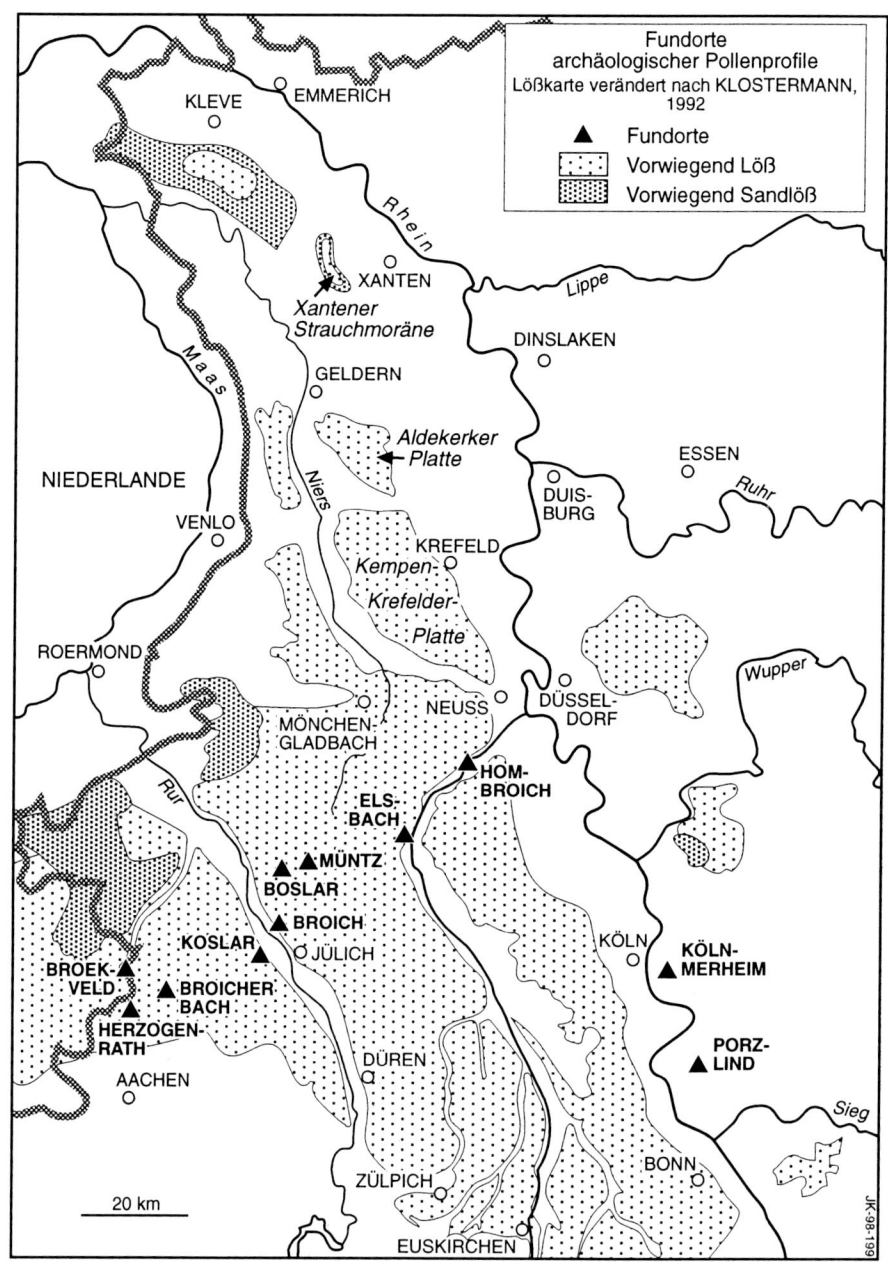

mend durchzieht ein noch verwilderter unbefestigter Fluß die Lößlandschaft.

Dieser Landschaftstyp wurde gewählt, da die südlichen Lößregionen um Düren und Zülpich ein Kerngebiet der archäologischen und archäobotanischen Forschungen im Rheinland sind. Die hohe Fruchtbarkeit der Lößböden war bereits den ersten Bauern im Rheinland, den Bandkeramikern, bekannt, deren Spuren auf die Lößplatten beschränkt sind. Eine Fülle von Ausgrabungen, von denen etliche auch archäobotanisch untersucht wurden, half bei der Rekonstruktion des Landschafts- und Siedlungsbildes.

Aus sachlichen und künstlerischen Gründen wird eine Ideallandschaft mit möglichst vielen Facetten der rheinischen Lößbörden dargestellt. Dies gilt ebenso für die archäologischen und archäobotanischen Szenarien, die den zeittypischen Sachverhalt in komprimierter Form illustrieren. Wir haben uns daher auf das Landschafts- und Siedlungsbild, ohne die Darstellung von Mensch oder Tier, konzentriert.

## Was bedeuten die archäologischen Begriffe?

Die Landschafts-, Siedlungs- und Nutzpflanzengeschichte ist nach archäologischen Epochen geordnet (s. Abb. 1). Die Begriffe Altsteinzeit (Paläolithikum), Mittelsteinzeit (Mesolithikum), Jungsteinzeit (Neolithikum), Bronze- und Eisenzeit weisen auf die die Epochen charakterisierenden archäologischen Rohstoffe hin. Römerzeit, Mittelalter und Neuzeit sind historische Begriffe. Diese Einteilung wird nochmals untergliedert, wobei häufig entweder charakteristische

Keramik (z.B. Linienbandkeramik oder Glockenbecher) namengebend ist, oder aber der Fundort, an dem die Fundgruppe erstmals beschrieben wurde (z.B. Großgartach, Rössen oder Latène).

Im Rheinland wird die Zeit vor der römischen Besetzung Urgeschichte (auch Vorgeschichte oder Prähistorie) genannt; die Kulturgeschichte dieses Zeitabschnitts kennen wir nur aus archäologischen Quellen. Mit den ersten schriftlichen Quellen, in denen Römer, wie zum Beispiel Caesar, über das Rheinland berichten, beginnt die Frühgeschichte (oder Protohistorie). Die eigentliche „historische" Zeit beginnt mit den ab dem frühen Mittelalter zunehmenden schriftlichen Zeugnissen.

## Die Zeit der Jäger und Sammler

*Spätpaläolithikum: Ahrensburger Kultur und Mesolithikum (9500 – 5300 v. Chr.)*
*Klimaphasen: Jüngere Dryaszeit (Spätglazial) und frühes Holozän (Präboreal, Boreal, frühes Atlantikum)*

Die letzte kalte Klimaphase der Weichsel-Eiszeit war die jüngere Dryaszeit, welche um 9500 v. Chr. endete. Namengebend ist die Silberwurz (*Dryas octopetala*), ein Zwergstrauch, der heute nur noch in arktischen und alpinen Regionen vorkommt und dessen Blätter europaweit in vielen Ablagerungen dieser Zeit gefunden wurden. Während in der Eifel eine Tundren-Steppenvegetation herrschte, wuchsen in den geschützteren tieferen Lagen der rheinischen

*Abb. 3:*
*Das Bild zeigt die Landschaft in der letzten Phase der ausgehenden Kaltzeit, in der jüngeren Dryaszeit. Damals durchstreiften spätpaläolithische Jäger- und Sammlerfamilien die Landschaft. Auf dem teilweise noch gefrorenen Boden stand das Wasser nahe an der Oberfläche. Der Fluß war breit und verzweigt. Während in der Eifel eine Tundren-Steppenvegetation herrschte, wuchsen in der hier dargestellten Lößregion lockere Birken-Kiefernwälder. Noch gruppierten sich die Bäume inselartig an sonnenexponierten Standorten. Auf den kaum entwickelten Rohböden konnten ansonsten nur niedrige kälteresistente Pflanzen, wie die für die Zeit namengebende Silberwurz (Dryas octopetala), gedeihen.*

Abb. 4:
Vor dem Eintreffen der ersten Bauern - im Atlantikum, der wärmsten Epoche des Holozäns - breiteten sich im Rheinland dichte Lindenwälder bis an den Horizont aus. Nur an ganz wenigen, alljährlich aufgesuchten Lagerplätzen der mesolithischen Jäger und Sammler, vor allem in Flußnähe, gab es kleinere Lichtungen mit Haselsträuchern. Der Fluß selbst hatte sich eingetieft und floß in Bögen dahin (mäandrierender Fluß der Warmzeit). In Altarmen sammelten sich Reste eines Hochwassers.

Lößbörden lockere Birken-Kiefernwälder (s. Abb. 3). Hier fanden die spätpaläolitischen Menschen der Ahrensburger Kultur ihre sommerlichen Jagdreviere.

Mit dem Ende eiszeitlicher Verhältnisse begann um 9000 v. Chr. im Rheinland die Mittlere Steinzeit, das Mesolithikum. Diese fast 4000 Jahre währende Epoche der menschlichen Kulturentwicklung ist im archäologischen Material vor allem durch ihre Steingeräte charakterisiert, die sogenannten Mikrolithen, das sind besonders kleine Steinartefakte, die entweder geschäftet oder auch in zusammengesetzten Geräten Verwendung fanden.

Im ersten Abschnitt des Holozäns zwischen 9500 und ca. 8000 v. Chr., dem *Präboreal*, war zwar der eiszeitliche Dauerfrostboden aufgetaut, noch stand aber das Grundwasser am gesamten Niederrhein nah an der Oberfläche und zahlreiche kleine Gewässer speisten sich aus diesem hohen Grundwasserstand. Aus dieser Zeit stammen die vielen verzweigten und mäandrierenden, heute verlandeten und vertorften Rinnen im Niederrheingebiet, wie Niers, Kendel und die Niepkuhlen. Mit zunehmender Erwärmung siedelten sich im Präboreal zu den schon in der jüngeren Dryaszeit verbreiteten lockeren Birken- und Kieferngruppen mehr und mehr Kiefern an. Dichte, dunkle Wälder gab es allerdings damals noch nicht; vielmehr eine offene Landschaft, die für die frühmesolithischen Jäger einen optimalen Lebensraum bot.

Die zunehmende Wiederbewaldung der Lößhochflächen und Flußniederungen veränderte im frühen Präboreal nachhaltig den Lebensraum für die Tierwelt. Anstelle der großen eiszeitlichen Rentier- und Mammutherden waren zunächst Wildpferde, Elche, Auerochsen und Braunbären und später standorttreue Tiere wie Rothirsch, Reh und Wildschwein willkommene Jagd- und Fangbeute des mesolithischen Menschen. Treibjagden, wie sie vorher in den offenen eiszeitlichen Steppenlandschaften möglich waren, gab es nun nicht mehr. Zur Deckung des Nahrungsbedarfs wurde vielmehr standorttreues Wild durch Pirsch und Ansitz bejagt. Neben den großen Wildarten wurden auch Dachs und Biber sowie Federwild wie Bleßhuhn, Ente, Weißstorch, Rebhuhn und Haubenlerche erlegt. Der Hund läßt sich bereits als Begleiter und Jagdhelfer des Menschen nachweisen. In starkem Maße trug nun auch der Fischfang auf beispielsweise Barsch und Hecht und das Sammeln von Wurzeln, Beeren und Pilzen zur Nahrungsbeschaffung bei.

Die Jagd auf standorttreue Tiere und das große Angebot an Sammelpflanzen erlaubten die Beschränkung der menschlichen Aktivitäten auf überschaubare Räume, so daß sich zwar noch keine Seßhaftigkeit im strengen Sinne, aber doch eine gewisse Standortgebundenheit der mesolithischen Menschengruppen feststellen läßt. Um die natürlichen Nahrungsangebote optimal nutzen zu können, war der Mensch des Mesolithikums gezwungen, in kleinen Gruppen mehrmals im Jahr den Standort zu wechseln und damit die für bestimmte Bedürfnisse und Zwecke jeweils günstigste Position innerhalb eines Areals einzunehmen, das man als Gesamtlebensraum der jeweiligen Gruppe bezeichnen kann. Die in der Regel weniger als 100 m² großen Lagerplätze waren also keine dauerhaften Siedlungen im Sinne der späteren neolithischen Entwicklung, sondern eher saisonale Basislager, die den Mittelpunkt eines

Jagd-, Streif- und Sammelgebietes bildeten. Am Niederrhein wurden allerdings bis heute keine eindeutigen Behausungsspuren entdeckt.

Einen detaillierten Einblick in die frühmesolithische Lebensweise im Rheinland bieten die Funde von Bedburg-Königshoven, einem Fundplatz in der Erftaue, wo außer dem sonst üblichen Inventar an Steinartefakten auch aus Knochen und Holz gefertigte Gebrauchsgegenstände sowie Nahrungsreste erhalten waren. Unter anderem wurde eine Maske aus einem geweihtragenden Rothirsch-Schädeldach gefunden, die als zeremonieller Kopfschmuck eines Schamanen interpretiert wird.

In der nachfolgenden frühen Wärmezeit, im *Boreal* (ca. 8000–6000 v. Chr.), war die Landschaft zunächst noch durch Kiefernwälder geprägt; Birken spielten nun kaum noch eine Rolle. Im jüngeren Teil des Boreals wurde das Klima bereits wesentlich atlantischer und entsprach in etwa schon unserem heutigen. Nun konnten sich verstärkt auch die wärmeliebenden Eichen und Haselsträucher durchsetzen, so daß am Ende des Boreals Eichen-Mischwälder mit hohen Haselanteilen, also aufgelockerte Laub-Mischwälder, das Landschaftsbild beherrschten. Auch zu diesen Zeiten durchstreiften die Wälder noch mesolithische Jäger- und Sammlerfamilien, die vor allem die Nüsse der in großen Mengen vorhandenen Haselsträucher nutzten.

Mit dem *Atlantikum* begann um ca. 6000 v. Chr. die günstigste Klimaepoche des Holozäns, das postglaziale Klimaoptimum. In dieser Zeit breiteten sich im Rheinland dichte Lindenwälder aus, wodurch sich die Lebensbedingungen der spätmesolithischen Jäger und Sammler zunehmend verschlechterten (s. Abb. 4).

## Die ersten Bauern

*Altneolithikum:*
*Linienbandkeramik (5300 – 5000 v. Chr.)*
*und Mittelneolithikum: Großgartach,*
*Planig-Friedberg, Rössen, Bischheim*
*(5000 – 4400 v. Chr.)*
*Klimaphase: spätes Atlantikum*

Infolge der „neolithischen Revolution" griff der Mensch erstmals nachhaltig in seine Umwelt ein: Durch menschliche Tätigkeiten änderten sich Vegetation, Boden, Tierwelt, Flüsse, Relief und sogar das Klima mit bis heute noch nicht absehbaren Folgen. Die Umweltveränderungen sind sicher in den letzten 150 Jahren explosionsartig infolge der „industriellen Revolution" angestiegen; der Keim dazu wurde aber bereits vor 7300 Jahren mit den ersten Bauernfamilien in unserem Gebiet gelegt.

Einige Jahrhunderte vor der Ansiedlung der ersten Bauern hatte um ca. 6000 v. Chr. die Klimaphase des *Atlantikum* begonnen, das Klimaoptimum des Holozäns. Die Jahrestemperaturen waren bis zu 2 °C wärmer als heute. Infolgedessen lag die Baumgrenze in den Gebirgen bis zu 500 m höher als heute. Diese hohe Jahresmitteltemperatur ergab sich durch eine hohe Stabilität von warmen Sommern und milden Wintern (den wärmsten im Verlauf des Holozäns). Zugleich sorgte das ausgeprägt atlantische Klima für eine hohe Feuchtigkeit.

Die stabilen und optimalen Klimaverhältnisse des Atlantikums haben möglicherweise dazu beigetragen, daß der Ackerbau in Mitteleuropa Fuß fassen konnte. Auf jeden Fall hatte Jahrtausende zuvor, an der Wende der letzten Kaltzeit zur Warmzeit, das einsetzende wärmere Klima die „Erfindung" des Ackerbaus am Fuß der kleinasiatischen Gebirge gefördert, wenn nicht sogar erst ermöglicht. Von dort breitete sich die bäuerliche Wirtschaftsweise um 8000 v. Chr. nach Europa aus; sie erreichte um 5500 das Gebiet nördlich der Alpen und um 5300 v. Chr. auch das Rheinland.

Damit vollzog sich auch in unserem Raum der als *neolithische Revolution* bezeichnete Wechsel von der aneignenden Wirtschaftsweise der umherstreifenden Jäger und Sammler zur gezielten Nahrungsmittelproduktion durch Pflanzenanbau und Haustierhaltung. Dies erforderte eine ganzjährige Anwesenheit in der Nähe der landwirtschaftlichen Nutzflächen und ließ die Menschen seßhaft werden. Archäologische Kennzeichen für das Neolithikum sind außer dauerhaften Behausungen auch erhebliche Fortschritte und Neuerungen bei den Bearbeitungstechniken von Steingeräten durch die vielfältige Anwendung von Schleifverfahren und (Hohl-)Bohrungen. Dazu kam die in großem Umfang einsetzende Produktion von handgeformten, im Feuer gebrannten Tongefäßen. Der Kulturwandel zwischen dem Mesolithikum und der Bandkeramik ist im Rheinland so radikal, daß er nur durch die Einwanderung einer neuen Bevölkerungsgruppe zu erklären ist, die die alte mesolithische Bevölkerung verdrängt oder assimiliert hat.

Wie überall wählten die bandkeramischen Siedler für ihre Ansiedlungen auch im Rheinland ausschließlich die Lößgebiete aus, die mit ihren nährstoffreichen, gut zu bearbeitenden Böden günstige Voraussetzungen für die bäuerlichen Mischbetriebe boten.

Welche natürliche Umgebung fanden die ersten Bauernfamilien vor, als sie in das Rheinland einwanderten? Auf den Lößhochflächen wuchsen dichte, dunkle Wälder, in denen auf trockenen Böden und an sonnenexponierten Hängen die Linde vorherrschte, auf den feuchteren Standorten wohl mit Ulmen beigemischt. An den Bächen und Flüssen stockten auf Böden mit dauerhaft hohem Grundwasser Erlenbruchwälder und in der Hartholzaue herrschten Ulmenwälder vor (s. Abb. 4). Die dominanten Baumarten waren die wärmeliebenden Linden und Ulmen; Eichen und Eschen spielten in den vorneolithischen Wäldern eine nur untergeordnete Rolle.

Dieses ursprüngliche Waldbild begann, sich mit der einsetzenden Besiedlung zu wandeln. Die Vegetationsveränderungen lassen sich in den Pollendiagrammen Schritt für Schritt ablesen (s. Abb. 1):

Um 5300 v. Chr. ändert sich die Zusammensetzung des Baumpollenspektrums markant: die Anteile von Linde und Eiche nehmen ab, dafür aber treten nun Birken-, Hasel- und Eschen-Pollen häufiger auf. Die Eiche, welche den Linden- und Hartholzauenwäldern nur beigemischt war, wurde schon von den Bandkeramikern als Bauholz für ihre großen Langhäuser geschätzt und als solches bevorzugt ausgeschlagen. Die Linde, der wichtigste Baum auf den Lößplateaus, wurde durch Waldrodungen dezimiert. So entstanden Lichtungen, Freiflächen und Waldränder. Auf diese Rodungsinseln drang mehr Licht als in die dichten Lindenwälder und lichtliebende Bäume und Sträucher wie Birke, Hasel und Esche konnten besser gedeihen. An den Rändern der Rodungsinseln entstand eine Mantelvegetation aus Hasel, Schlehe, Weißdorn,

Abb. 5:

*Die Eingriffe der ersten Bauern in die rheinische Landschaft sind sichtbar. Auf Rodungsinseln in den Ulmen-Lindenwäldern standen Langhäuser, hier der Rössener Kultur. An den Rändern der Rodungsinseln konnten licht-liebende Bäume und Sträucher gut gedeihen. So entstand eine Mantelvegetation aus Hasel, Schlehe, Weißdorn, Holzapfel; diese Gehölze bildeten natürliche Hecken und wurden wahrscheinlich von den Menschen bewußt gepflegt. Die Siedlungsplätze waren mehr oder minder dauerhaft von den kleinen Feldfluren umgeben. Um neue Plätze zu erschließen, bediente man sich der Brandrodung. An Hängen konnte mit den ersten Rodungen auch die Erosion des Lößbodens einsetzen. Zur Nahrungsergänzung diente in Flußnähe wohl auch der Fischfang von Ein-bäumen aus.*

Holzapfel; diese Gehölze bildeten Hecken, die wahrscheinlich von den Bandkeramikern bewußt gepflegt wurden.

Auf den Rodungsinseln errichteten die Bandkeramiker bis zu 40 m lange und 6 m breite hölzerne Langhäuser, die Wohn-, Wirtschafts- und Speicherräume unter einem Dach vereinigten. Die Häuser waren von einer Vielzahl von Gruben umgeben: die für die Abdichtung der Hauswände angelegten Lehmentnahmegruben lagen parallel zum Haus, ein Teil der Gruben diente als Vorratsgruben. In den hausnahen Gruben landete ein großer Teil des Hausmülls, wie Druschreste, Essensreste, Asche und zerbrochenes Kochgeschirr. Die Grubenfüllungen sind daher die wichtigste Quelle sowohl für die archäologischen als auch für die archäobotanischen Untersuchungen. Die hier gefundenen Pflanzenreste geben Auskunft darüber, was auf den Feldern der ersten rheinischen Bauern wuchs (s. S. 70).

Die Siedlungen lagen überwiegend an den Hängen von Trockentälern und auf Lößhochflächen nahe Bachtälern und Quellaustritten. Der vor wenigen Jahren entdeckte Brunnen von Erkelenz-Kückhoven hat aber gezeigt, daß man auch inmitten der Lößhochfläche siedeln konnte, wo man die dörfliche Wasserversorgung durch den Bau eines gewaltigen, 15 m tiefen Brunnens sicherte. Der Bau dieses Brunnens aus mächtigen Eichenholzbohlen belegt eindrucksvoll das hohe technische und organisatorische Können der bandkeramischen Menschen.

Großflächige und besonders intensive archäologische Untersuchungen im Merzbachtal auf der Aldenhovener Platte westlich von Jülich zeigen, daß die bandkeramischen Weiler über viele Generationen (bis zu vier Jahrhunderte) bestanden und als Ausgangsbasis für Tochtersiedlungen dienten. Man schätzt, daß in den dicht besiedelten Gebieten etwa 16 Menschen pro Quadratkilometer wohnten, das sind etwa halb so viele wie im Mittelalter.

Rodungen und dauerhafte Siedlungen blieben nicht ohne Folgen für die Vegetation: Die Pollenspektren zeigen während der Besiedlungszeit weiterhin hohe Anteile lichtliebender Bäume und Sträucher wie Esche und Hasel, denn der Mensch nutzte die Wälder zur Herausnahme von Brenn- und Nutzholz. Hinzu kam die Nutzung des Waldes und der Waldprodukte für die Viehfütterung (Rinder, Schafe, Schweine, Ziegen), denn Grünland in Form von Weiden- und Wiesenflächen kannten die frühen Bauern noch nicht. Der Vieheintrieb in die ulmenreichen Auenwälder förderte besonders die Esche, deren Laub ein ausgezeichnetes Viehfutter ist. Die Pollenanalyse kann sogar oftmals genauer als die Archäologie Schwankungen in der Besiedlungsintensität aufdecken. Das Ende des Altneolithikums ist in den Pollendiagrammen an einem Anstieg von Hasel, Esche, Eiche und Linde sichtbar. Darin drückt sich eine Wiederbewaldung der Lößflächen aus, die vermutlich durch einen Bevölkerungsrückgang ausgelöst wurde (erste neolithische Krise). Deren Ursache, ob Krieg, Epidemie oder wirtschaftliche Probleme, ist unklar. Auffällig ist jedoch, daß wir aus den späten Phasen der Bandkeramik Erdwerke mit ca. 100 m Durchmesser kennen. Sie wurden von tiefen Spitzgräben sowie innen verlaufenden Erdwällen gesichert und dienten vermutlich dem Schutz von Menschen, Vieh, Nahrungsvorräten und sonstiger Habe. Offenbar wurden dennoch viele der Felder und Siedlungsplätze aufgegeben. Auf den brachliegenden Feldern breitete sich zunächst die lichtliebende Hasel aus, dann konnten wieder Eichen und Linden Raum greifen. Die Natur strebte wieder ihrem ursprünglichen Zustand mit dichten Lindenwäldern entgegen.

Die Entwicklung naturnaher Wälder wurde aber bereits nach kurzer Zeit aufgehalten. Im Mittelneolithikum, vor allem mit Ausbreitung der Rössener Kultur (ab ca. 4700 v. Chr.), kam es zu erneuten Rodungen. Im Pollendiagramm zeigen sich diese ähnlich wie zu Beginn der Bandkeramik, und wie damals ging die Linde zurück und Hasel, Esche und Birke nahmen zu. Auch die Eiche wurde im mittelneolithischen Wirtschaftssystem wieder gefördert. Dies spricht für eine gezielte Waldwirtschaft, bei der die Bauern die Eiche als Bau- und Nutzholz und die Esche als Laubfutterbaum pflegten. Intensive Viehhaltung in den Wäldern, vor allem in den Auenwäldern, ist ein Kennzeichen der Rössener Kultur. Nun wird außer der Esche auch die Ulme genutzt, deren Blätter ein ebenso schmackhaftes Viehfutter sind. Erst in der nachfolgenden Zeit des Jung-, Spät- und Endneolithikums verliert die Esche ihre Bedeutung im agrarischen System. Der alt- und mittelneolithische Ackerbau, der durch die Großrestanalyse so überzeugend nachgewiesen ist (s. S. 75 ff.), zeigt sich in den Pollendiagrammen nicht.

Während die archäobotanischen Ergebnisse viele Gemeinsamkeiten im landwirtschaftlichen System der Bandkeramik und der mittelneolithischen Rössener Kultur aufzeigen, lassen die archäologischen Befunde ein differenzierteres Bild erkennen. Aus dem frühen 5. Jahrtausend v. Chr. besitzen wir zunächst nur wenige Hinweise auf die Großgartacher Kultur und auf die nachfolgende Gruppe Planig-Friedberg. Kennzeichnend für die gesamte, etwa die erste Hälfte des 5. Jahrtausends v. Chr. umfassende Epoche des Mittelneolithikums ist in erster Linie die Rössener Kultur, während der die Bevölkerungsdichte vermutlich ähnlich hoch gewesen war wie in der Bandkeramik. Das Mittelneolithikum endet im Rheinland mit einigen spärlichen Belegen der Bischheimer Gruppe.

Im Hausbau der mittelneolithischen Kulturen zeigen sich mit vergleichsweise riesigen, bis zu 60 m langen und 9 m breiten Konstruktionen wesentliche Neuerungen gegenüber der Bandkeramik. Trapezförmige Grundrisse, größere Jochabstände und die Verwendung von Außenpfosten als dachtragende Konstruktionen schufen bei geringerem Holzverbrauch erheblich größere und von Pfostenstellungen freie Räume. Den Großhäusern zugeordnete Klein- und Nebenbauten sowie Umzäunungen erwecken den Eindruck von Hofanlagen, die sich zu einem dörflichen Bild gruppieren. Die Rössener Dörfer beschränkten sich nicht nur auf die bereits in der Bandkeramik besiedelten Areale, sondern nutzten zunehmend neue Gebiete, auch außerhalb der Lößbörden (s. Abb. 5).

# Die Zeit der großen Erdwerke

*Jungneolithikum:*
*Michelsberg (4400–3500 v. Chr.)*
*Klimaphase: Atlantikum bis frühes*
*Subboreal (ab ca. 3900 v. Chr.)*

An der Klimagunst des Atlantikums ändert sich zunächst nichts. In den letzten Jahrhunderten dieser Phase macht sich aber mit der sogenannten Piora-Schwankung, benannt nach einem Gletschervorstoß im schweizerischen Piora-Tal, erstmals eine kühlere „Klimaschwankung" nach einer langen stabilen „Gunstzeit" bemerkbar. Den Gletschervorstoß werten Klimahistoriker als Indiz für eine erste schärfere Oszillation, welche die gesamte Nordhemisphäre betraf.

Diese kühlere Klimaschwankung am Ende des Atlantikums leitete in das *Subboreal* über, das im Gegensatz zum Atlantikum durch weitaus wetterwendischere Bedingungen gekennzeichnet war. Aus der Untersuchung von Baumjahrringen und Moorwachstum ist vor allem eine erhebliche jährliche und auch eine längerfristige Schwankung der Niederschlagsverteilung bekannt.

Zwar wird das Klima des Subboreals gegenüber dem des Atlantikums als insgesamt etwas rauher bezeichnet, aber es gibt auch Abschnitte, in denen es genauso warm, ja sogar wärmer war als im Atlantikum. Auch wechselten sich trockenere und feuchtere Phasen ab. So geht auch die leicht kühlere und feuchtere Phase am Ende des Atlantikums, die Piora-Phase, nicht nahtlos in das Subboreal über. Das Subboreal beginnt verhältnismäßig klimagünstig warm und trocken, was durch einen Rückzug der Alpen-Gletscher nach dem Piora-Vorstoß belegt ist.

Klimaforscher, wie der Engländer H.H. Lamb, die sich mit den Auswirkungen des Klimas auf die Kulturgeschichte beschäftigen, nehmen an, daß solche neuen, „unruhigeren" klimatischen Bedingungen, wie sie sich am Übergang zum Subboreal nach einer langen stabilen Klimaphase bemerkbar machten, einen Anreiz für eine Kulturveränderung boten. Im Rheinland findet innerhalb der schon durch Klimaoszillationen geprägten letzten Jahrhunderte des Atlantikums der kulturelle Übergang vom Mittelneolithikum zur jungneolithischen Michelsberger Kultur statt.

Im Rheinland ist das Jungneolithikum sowohl archäologisch als auch archäobotanisch eine noch immer weitgehend rätselhafte Zeit. Wir kennen aus der Michelsberger Kultur zwar viele charakteristische Steingeräte, die als Streufunde auf den Äckern aufgelesen werden konnten, doch Siedlungen oder Häuser sind hier bisher nicht entdeckt worden. Aus anderen Gebieten sind einige wenige Hausgrundrisse überliefert; danach wohnten die Michelsberger Familien in kleinen rechteckigen Häusern. Im Gegensatz zu den alt- und mittelneolithischen Pfostenhäusern waren die Bauten im Jungneolithikum wahrscheinlich nur flach gegründet, so daß ihre Spuren im Rheinland der späteren Bodenerosion vollständig zum Opfer fielen.

Gut erhalten haben sich dagegen viele große Erdwerke, die durch breite Sohlgräben mit innenliegenden Palisaden (aus Eschenholz, s. S. 138) gekennzeichnet sind und - verglichen mit den jüngerbandkeramischen Grabenanlagen - riesige Areale von 10 bis zu 60 ha Größe

Abb. 6:

Dargestellt ist eine späte Phase der Michelsberger Kultur, in der die dichten Lindenwälder infolge der Waldvieh-
weide wieder lichter geworden waren, und in denen die Eiche immer mehr an Raum gewinnen konnte. Obgleich
durch die Viehwirtschaft um die Siedlung schon erste Freiflächen entstanden waren, blieb es dennoch insgesamt bei
den „neolithische Verhältnissen" der nur inselhaft aufgelichten Wälder. Charakteristisch für die Michelsberger Kultur
waren große mit Palisaden umgebene Grabenanlagen, deren Funktion noch immer ungeklärt ist. Möglicherweise
umfaßten sie zum Teil auch Siedlungen, wie dies hier dargestellt ist; im Hintergrund ist ein solches Erdwerk ohne
Bebauung zu erkennen. Auch die genaue Form der Michelsberger Häuser ist nicht bekannt. Aus dem späten Neolithikum sind kleine, rechteckige Häuser - wie auf dem Bild wiedergegeben - überliefert. Der Altarm wurde mit
Holzpalisaden vom Fluß abgetrennt. Einbäume dienten als Fortbewegungsmittel auf dem Wasser.

umfassen konnten. Aus dem Rheinland kennen wir solche Anlagen aus Jülich-Koslar, Inden und Swisttal-Miel. Ob in diesen Erdwerken tatsächlich Siedlungen lagen, ist unbekannt; zumindest in einigen von ihnen wurden Gruben mit Haushaltsabfällen gefunden. Die Funktion solcher Erdwerke ist zwar viel diskutiert, aber noch immer ungeklärt; sie können defensive, kultische oder zentralörtliche Funktionen erfüllt haben.

Eine weitere bedeutende Leistung war der Untertage-Bergbau, durch den die Michelsberger Bevölkerung Rohmaterial für ihre Feuersteingeräte gewann. Die verwendeten Feuersteine im Rheinland stammten hauptsächlich aus dem im Untertagebetrieb arbeitenden Flintbergwerk von Rijckholt bei Maastricht.

Über den Alltag der Menschen, beispielsweise über die Landwirtschaft, wissen wir kaum etwas. Auch die archäobotanischen Untersuchungen tragen wenig zur Aufhellung bei. Wir wissen, daß sich am Ende des Mittelneolithikums der Wald auf den Lößflächen wieder stärker ausgebreitet hatte. Dies zeigt sich im Pollenspektrum durch einen markanten Anstieg der Linde, die während des Jungneolithikums ihre größte holozäne Verbreitung in den Lößbörden erreichen sollte.

Das muß aber nicht zwangsläufig die Folge eines Bevölkerungsrückganges gewesen sein, denn archäologische und archäobotanische Indizien weisen für die Michelsberger Zeit eher auf eine Expansion des Siedlungsraumes auch auf ungünstigere Böden hin (z.B. Aufsiedlung von Eifel und Ardennen). Als Ursache des „Lindenmaximums" in den Lößbörden kommen auch Änderungen in der Landwirtschaft in Frage. Naturnahe Lindenwälder sind viehwirtschaftlich kaum nutzbar, da ihr dichtes Kronendach nur wenig Licht für die Strauch- und Krautschicht im Bestandesinneren durchläßt. Offensichtlich hatte im jungneolithischen Wirtschaftssystem - im Gegensatz zum Alt- und Mittelneolithikum - die Viehwirtschaft keine große Bedeutung in den Lößbörden. Der landwirtschaftliche Schwerpunkt lag möglicherweise auf dem Ackerbau. Erst im Verlauf des Jungneolithikums nehmen die Zeiger für Waldverlichtungen im Pollendiagramm wieder zu und belegen damit erneute anthropozoogene (Waldweide-)Eingriffe in die naturnahen Lindenwälder.

Ein imaginärer Flug über die Lößbörden der Jungsteinzeit zeigt dem Beobachter trotz der nun stärkeren Betonung des Ackerbaus weiterhin große Flächen dichten dunkelgrünen Waldlandes, in denen das offene Ackerland nur inselhaft eingestreut war (s. Abb. 6). Diese waldfreien Areale konnten sich - wie in den vorhergehenden Zeiten - im Pollenspektrum kaum durch entsprechende Anzeiger (wie Pollen von Kräutern, Gräsern und Getreide) bemerkbar machen.

## Die Ausdehnung des Kulturlandes

*Spätneolithikum (3500 – 2800 v. Chr.)*
*Klimaphase: Subboreal*

Weiterhin war der Klimagang durch Schwankungen gekennzeichnet, bei denen sich kühlere und feuchtere mit warmen und trockenen Phasen ablösten. Erst in den letzten Jahrhunderten des Endneolithikums, etwa um 2400 v. Chr. (Glockenbecherkultur), zeichnete sich innerhalb des Subboreals eine der etwas trockeneren und wärmeren Klimaphasen (mittleres Subboreal) ab, die noch bis in die Bronzezeit hinein andauern sollte.

Archäologisch sind die Verhältnisse nach dem Ende der Michelsberger Kultur weitgehend unklar. Das mehr als ein halbes Jahrtausend dauernde Spätneolithikum ist bisher archäologisch nicht greifbar, da Siedlungsnachweise aus dieser Zeit fehlen. Allenfalls kann eine Reihe von Oberflächen-Fundplätzen mit gehäuftem Auftreten von Lousberg-Feuerstein in diesen Zeitraum gestellt werden.

Den spärlichen archäologischen Belegen steht allerdings ein archäobotanischer Befund gegenüber, der auf intensive landwirtschaftliche Tätigkeiten in diesem Zeitabschnitt schließen läßt. Die im Jungneolithikum vorherrschenden, durch den Menschen kaum beeinflußten Lindenwälder entwickelten sich zu eichenreichen Wirtschaftswäldern, in deren Unterstand sich der Feldahorn erstmals großflächig ausbreiten konnte. Die spätneolithischen Pollenspektren weisen nun zum ersten Mal Pollen von Kräutern und Gräsern in beträchtlichen Mengen und in größerer Artenvielfalt auf. Für die Zunahme von Ackerland-Anzeigern gibt es zwei mögliche Erklärungen: zum einen die Vergrößerung des Ackerlandes, zum anderen die Zusammenlegung und Verbindung bereits vorhandener Ackerareale, in deren Folge die stets unterrepräsentierten Krautpollen gegenüber den dominanten Gehölzpollen effektiver verbreitet werden konnten. Letzteres, also eine frühe „Flurbereinigung", könnte mit der Ausdehnung des Pflugbaus zusammenhängen, für den es aus dieser Zeit vermehrte Belege (wie Pflugspuren unter Grabhügeln) gibt.

In einigen Pollendiagrammen aus den Lößbörden steigen im Spätneolithikum die Werte der Gräser und einiger Grünlandpflanzen an, ein möglicher Hinweis darauf, daß nun zum ersten Mal, jedoch nur vorübergehend, Feuchtgrünlandgesellschaften in den Auen - wohl im Zuge einer viehwirtschaftlichen Nutzung ehemaliger Erlenbrücher - entstanden sind.

## Die Zeit der Viehzüchter?

*Endneolithikum: Schnurkeramik/*
*Rheinische Becherkultur, Glockenbecher*
*(3500 – 2200 v. Chr.)*
*Frühbronzezeitliche Becherkulturen*
*(2200 – 1900 v. Chr.)*
*Klimaphase: Subboreal*

Im frühen 3. Jahrtausend v. Chr. machen sich im Rheinland Erscheinungen bemerkbar, die Elemente der nordosteuropäischen schnurkeramischen Streitaxt- und südwestlichen Glockenbecherkulturen mit bodenständigen Traditionen vermischen und zur Herausbildung der Rheinischen Becherkulturen führen. Diese bestimmen für gut ein Jahrtausend (am Niederrhein noch wesentlich darüber hinaus bis weit in den bronzezeitlichen Horizont hinein) die Entwicklung unseres Raumes.

Die rheinischen Becherkulturen sind wiederum kaum durch aussagekräftige Siedlungsspuren dokumentiert. Die wenigen Reste lassen allenfalls auf kleine, flach gegründete, quadratische oder rechteckige Holzbauten schließen. Vielmehr bilden nun Grab- und Einzelfunde die hauptsächlichen archäologischen Quellen. Brand- und Körpergräber in Steinkisten und unter Hügelaufschüttungen sind als gängige Bestattungsarten häufiger belegt.

Zu den allgemeinen Lebensumständen des Endneolithikums sind archäologisch kaum präzise Aussagen möglich; hier kann aber wiederum die Archäobotanik weiterhelfen. Im Endneolithikum, zur Zeit der Becherkulturen, wandeln die Wälder auf den Lößflächen gründlich ihr Gesicht: Aus den naturnahen Ulmen- und Lindenwäldern entstanden nun offene, helle Eichenwälder mit viel Platz für Unterholz wie Hasel, Schlehe, Weißdorn, Holunder, Wildkirsche und Ahorn, die der Landschaft den Charakter einer Parklandschaft verliehen. Welch ein Kontrast zu den düsteren Lindenwäldern der Michelsberger Zeit. Die strauchreichen Eichen-Mischwälder bescherten dem Haselstrauch seine bisher größte Ausdehnung seit dem Boreal. Gleichzeitig ist ein auffälliger Rückgang der Ackerbau-Zeiger zu beobachten.

Der pollenanalytische Befund läßt sich am ehesten durch eine Beweidung der Wälder durch große Herden freilaufenden Viehs erklären. Die bäuerliche Wirtschaftsweise hatte ihren Schwerpunkt während der Becherkulturen vom Ackerbau zur Viehhaltung verlagert.

Ein Flug über die Lößlandschaft in der Zeit zwischen 2800 und 1900 v. Chr. hätte zwar wieder Wald gezeigt, diesmal aber einen lichten strauchreichen Eichen-Wirtschaftswald mit dem Charakter einer Parklandschaft (Abb. 7).

# Die Ackerbauern der Bronzezeit

*Ältere Bronzezeit (1900–1200 v. Chr.)*
*Jüngere Bronzezeit: Urnenfelderzeit*
*(1200–700 v. Chr.)*
*Klimaphase: Subboreal*

Die ältere Bronzezeit kann noch von der etwas wärmeren Phase des mittleren Subboreals profitieren. Ab ca. 1500 v. Chr., in der letzten Phase des Subboreals, wird das Klima wieder unbeständiger, feuchter sowie etwas kühler, um in der frühen bis mittleren Urnenfelderzeit wieder wärmer und trockener auszufallen. Ihr Ende ist begleitet von feuchteren Klimaschwankungen, die in eine signifikante Verschlechterung des Klimas ab ca. 800 v. Chr. (Beginn des Subatlantikums) überleitete.

Mit dem Beginn der Bronzezeit setzt sich zunehmend die Verwendung metaller Rohstoffe durch, deren Gebrauch anfänglich allerdings noch recht begrenzt war. Aus dem schon seit dem Jungneolithikum verwendeten Rohstoff Kupfer konnte nun durch Legierung mit Zinn die viel härtere Bronze hergestellt werden. Diese Legierung gab der Bronzezeit ihren Namen.

Im Rheinland ist die archäologische Quellenlage für die Bronzezeit insgesamt dürftig. Wie im Spät- und Endneolithikum sind Siedlungsspuren weiterhin spärlich und Gräber selten; charakteristische Bronzeobjekte wurden meist als Einzelfunde auf dem Land oder aus Gewässern geborgen. Werkzeuge, Waffen und Gerätschaften wurden nach wie vor in erheblichem Maße aus Stein, Knochen, Geweih, Horn und Holz hergestellt, und erst am Übergang zur jüngeren Bronzezeit ge-

Abb. 7:
Im Endneolithikum, zur Zeit der Becherkulturen, wandelten die Wälder auf den Lößflächen gründlich ihr Gesicht: Aus den naturnahen Ulmen- und Lindenwäldern entstanden nun offene, helle Eichenwälder mit viel Platz für Unterholz wie Hasel, Schlehe, Weißdorn, Holunder, Wildkirsche und Ahorn, die der Landschaft den Charakter einer „Parklandschaft" verliehen. Dies läßt sich am ehesten durch eine Beweidung der Wälder durch große Herden freilaufenden Viehs erklären. Dargestellt ist hier eine solche „Parklandschaft" in den Herbstfarben. Die eher offene Vegetation vermochte nunmehr auch stärker die Bodenerosion an den Hängen zu beleben, die im Holozän aber bereits mit den bandkeramischen Rodungen eingesetzt hatte. Die wenigen Siedlungen bestanden aus kleinen, rechteckigen Häusern.

winnt der neue Werkstoff an Bedeutung für die Herstellung von Beilen, Meißeln, Dolchen, Gewandnadeln und Schmuck. Nun lassen sich auch erstmalig eindeutige Hinweise auf Arbeitsteilung und spezialisierte Handwerke (Metallgießer, Schmiede) und Gewerbe (Händler) finden. Da man am Niederrhein auf keinerlei eigene Kupfervorkommen zurückgreifen konnte, war die Einfuhr von Rohstoffen und Fertigprodukten erforderlich.

Die Bevölkerung der Bronzezeit lebte in einzelnen Wirtschaftshöfen mit kleinen bis mittelgroßen Holzpfostenbauten. Archäologisch gesichert ist das von lockeren, kleinen Streusiedlungen gekennzeichnete Siedlungsbild aber erst für die Urnenfelderzeit (s. Abb. 8). Die aus nur zwei bis drei Höfen bestehenden Gehöftgruppen wurden bei ihrer Erneuerung nicht am selben Platz, sondern jeweils um etwa 100 m versetzt errichtet, so daß sich die Siedlungsverteilung in der Landschaft kontinuierlich veränderte.

Archäologisch ist die Bronzezeit vor allem durch einen Wandel in den Bestattungssitten gekennzeichnet: Während zunächst die seit dem Endneolithikum gebräuchliche Bestattung in Körpergräbern unter Grabhügeln, die nun durch Kreisgräben oder Pfostenreihen umgeben waren, vorherrschte, breitete sich - vom Balkanraum ausgehend - mit der jüngerbronzezeitlichen Urnenfelderkultur über weite Teile Mitteleuropas die Sitte der Totenverbrennung und der Urnenbestattung in großen Flachgräberfeldern aus.

Die Ursachen der deutlichen kulturellen Veränderungen zwischen der älteren Bronzezeit und der Urnenfelderzeit sind in der Forschung noch umstritten. Vielleicht regte der durch den Handel bedingte Kontakt mit anderen Kulturen die einheimische Bevölkerung zu Veränderungen an; vielleicht gab es auch einen Zuzug neuer Bevölkerungsgruppen aus dem Süden an den Mittel- und Niederrhein.

Das Pollendiagramm zeigt am Beginn der Bronzezeit eine Zunahme der Lindenpollen bei gleichzeitigem Rückgang der Eichenkurve: dies läßt sich nur so erklären, daß die Wälder sich teilweise in Richtung einer naturnaher Vegetation regenerierten, die Anzahl der Siedlungen also zurückging.

In der älteren Bronzezeit war die Landschaft wieder fast vollständig von Wäldern bedeckt, die einerseits aus naturnahen, lindenreichen Beständen und andererseits aus immer noch wirtschaftlich genutzten Wäldern mit reichem Haselunterwuchs bestanden. Die zunächst niedrigen Werte von Gräser-, Kräuter- und Getreidepollen zeigen die weiterhin geringe Bedeutung des Ackerbaus an. Erst ab ca. 1600 v. Chr. nehmen die pollenanalytischen Belege für den Ackerbau zu. Die Lebensumstände entsprechen auf der Grundlage von Ackerbau und Viehhaltung wieder weitgehend den spätneolithischen Verhältnissen.

In der Urnenfelderzeit dehnte sich dann das Ackerland deutlich über die bisher bekannten Dimensionen hinaus aus (s. Abb. 8). Die Anzeichen für Rodungen und eine stärkere bäuerliche Nutzung der Landschaft sind wie immer die steigenden Anteile von Hasel und Eiche und die Abnahme der Linde. Direkte Anzeichen für offenes, gerodetes Acker- und Siedlungsland sind die hohen Werte von Ruderal- und Unkrautpflanzen in den Pollenspektren. Dies belegt eine größere und geschlossenere Ackerfläche als je zuvor und damit sicherlich

Abb. 8:

*In der älteren Bronzezeit war zunächst die Landschaft wieder von dichten Wäldern bedeckt, die aus naturnahen, lindenreichen Beständen und wirtschaftlich genutzten Wäldern mit reichem Haselunterwuchs bestanden. Mit den Rodungen der jüngeren Bronzezeit, hier dargestellt, nahm die Waldauflichtung zu. Die Besiedlung der Urnenfelderzeit bestand aus kleinen Gehöftgruppen, die weit verstreut inmitten von Wald lagen. Kennzeichnend war das Vielhausgehöft mit kleinen Pfostenbauten unterschiedlicher Funktion. Bei den Häusern sind Gruben zur Lehmentnahme zu sehen. In der Umgebung sind Grabhügel, Ringwallanlagen und ein Kultplatz zu erkennen. Für die an Bedeutung gewinnende Metallverarbeitung wurden größere Mengen an Holzkohle benötigt; der Aufbau eines Kohlenmeilers ist im Vordergrund dargestellt. Beim ufernahen Fischfang wurden Reusen und Netze eingesetzt; in den Lößbörden diente Fischfang aber nur der gelegentlichen Nahrungsergänzung.*

auch eine deutlich höhere Besiedlungsdichte, wie sie auch durch die archäologischen Ergebnisse bestätigt wird. Kleine Gehöftgruppen lagen umgeben von ihrem Kulturland locker in den Wald eingestreut.

In dieser Zeit kann sich nun erstmals die Buche, die heute ein prägender Bestandteil naturnaher Wälder ist, in den rheinischen Wäldern etablieren. Es heißt immer wieder, daß die Verbreitung der Buche auf die schlechter werdenden Klimabedingungen am Ende des Subboreals zurückzuführen sei. Im Rheinland hat jedoch auf jeden Fall der Mensch die ausschlaggebende Rolle gespielt: Die Ausbreitung der Buche konnte nur dadurch gelingen, daß die Konkurrenzkraft der Linde durch menschliche Störungen geschwächt war. Dabei dürfte auch die nun spürbare Entkalkung der Böden im Rahmen der natürlichen Bodenentwicklung Einfluß gehabt haben, die der Buche geringfügige Konkurrenzvorteile verschaffte.

## Der Beginn der großflächigen Umweltzerstörung

*Ältere Eisenzeit: Hallstatt- und Frühlatènezeit (700–250 v. Chr.)*
*Jüngere Eisenzeit: Mittel- und Spätlatènezeit (250–50 v. Chr.)*
*Klimaphase: Subatlantikum*

Um 800 v. Chr. beginnt der Klimaabschnitt des *Subatlantikum* - die Klimaphase des Holozäns, in der wir heute noch leben. Das Subatlantikum ist gekennzeichnet durch ein kühleres und feuchteres Klima. Während die Winter noch verhältnismäßig mild blieben, sanken vor allem die Sommertemperaturen. Man schätzt, daß die Jahresmitteltemperaturen 1-2 °C unter denen der vorherigen Jahrtausende lagen.

Während der älteren Eisenzeit, zwischen 800 und 500 v. Chr., wurde es in Mittel- und Westeuropa zunehmend feucht: In den Alpen stießen die Gletscher vor, und die Menschen verließen die unwirtlicher werdenden Höhenregionen, am Bodensee stieg der Seespiegel um 10 m an, in den Tiefländern breiteten sich die Hochmoore aus, und vermehrt wurden Bohlenwege zur Überbrückung des zunehmend sumpfigeren Geländes angelegt. Im Rheinland sind allerdings solche direkten Folgen der Klimaverschlechterung nicht nachzuweisen. Jedoch korrespondiert auch diesmal wieder ein kultureller Wandel, jener zwischen Bronze- und Eisenzeit, mit einer Klimaänderung.

Natürlich war es während des frühen Subatlantikums nicht die gesamte Zeit hindurch regnerisch und feucht-kühl. Die Klimahistoriker können auch von Schwankungen, so zum Beispiel von einer trockeneren, wärmeren Phase um ca. 600 v. Chr. (in der Späthallstatt-/Frühlatènezeit), berichten. In den letzten beiden Jahrhunderten vor der Zeitenwende stieg die Jahresmitteltemperatur in Europa wieder leicht an. Es wird angenommen, daß etwa seit 100 v. Chr. (Spätlatènezeit) die Temperatur dem heutigen Mittel entsprach und es vergleichsweise trocken war.

Die ältere Eisenzeit des Rheinlandes hatte ihre Grundlagen in der ausgehenden Urnenfelderzeit und entwickelte sich unter Aufnahme neuer Errungenschaften, vor allem der Eisengewinnung und -verarbeitung. Zahlreiche Siedlungs- und vor allem Grabfunde lassen nun erhebliche soziale Differenzierungen erkennen. So gab es gegen Ende der Hallstatt- und in der Frühlatènezeit gelegentlich besonders reiche Gräber, die in Holzkammern unter Hügeln neben verschwenderischen Waffen-, Schmuck- und Gefäßbeigaben (u.a. aus dem norditalischen Raum importierte Bronzeeimer) als herausragende Statussymbole Wagen mit Bronze- und Eisenbeschlägen enthielten. Die steigende Bedeutung der Eisengewinnung und -verarbeitung wird unter anderem durch eiserne Lanzen- und Speerspitzen als typische Ausstattung von Männergräbern dokumentiert. Im Gegensatz zu den in der Bronzezeit verwendeten Metallen konnte Eisen am Niederrhein als Raseneisenerz in sumpfigen Niederungen und Auen, direkt vor Ort, gewonnen werden. Daneben wurden bereits Gang- und Verwitterungserze aus der Eifel und dem Bergischen Land verarbeitet.

Die archäologischen Erkenntnisse zu den Siedlungsformen deuten auf eine zunächst weitgehende Fortführung der älteren urnenfelderzeitlichen Gepflogenheiten hin (s. Abb. 9). Die lockere Streusiedlung ohne dörflichen Charakter blieb auch in der älteren Eisenzeit die bestimmende Siedlungsform. Auf einem weitflächigen Siedlungsareal standen verstreut Pfosten-Holzbauten, die als Speicher, Wohnhaus und Stall dienten. Mit lediglich etwa 2 x 4 m Ausdehnung waren die Häuser recht klein; neben eckigen gab es auch runde Anlagen. Ein Hof setzte sich aus mehreren kleinen Bauten zusammen (Vielhausgehöft). Anders als im südlich anschließenden Gebiet sind im Rheinland befestigte Höhensiedlungen, wie die auf dem Hülser Berg bei Krefeld, allerdings selten nachgewiesen.

Um die Mitte des letzten Jahrtausends v. Chr. vollzog sich im Rheinland der Übergang von der älteren zur jüngeren Eisenzeit ohne spürbare Veränderungen. Die in der ausgehenden Hallstattzeit begonnenen Entwicklungen setzten sich am Mittel- und Niederrhein anscheinend in den frühlatènezeitlichen Stufen A und B (etwa von 500 bis 250 v. Chr.) fort. Spürbare, wichtige Neuerungen gab es erst in der mittellatènezeitlichen Stufe C (ab ca. 250 v. Chr.).

Ab der Mittellatènezeit finden wir eine neue Siedlungsform vor: Die zuvor üblichen Streusiedlungen wurden nun durch Dörfer abgelöst, wobei einige die Funktionen zentraler Orte (Marktplätze u.ä.) einnahmen.

In der jüngeren Eisenzeit erfolgten die Beisetzungen der Toten überwiegend als Brandbestattungen in Flachgräbern. Die Grabbeigaben dokumentieren wie schon in der Hallstattzeit soziale Unterschiede und Gesellschaftsschichtungen.

Die differenzierte Gesellschaftsstruktur beruhte auf soliden wirtschaftlichen Grundlagen und weitreichenden Handelsbeziehungen. Die Kontakte zum Mittelmeerraum zeigen sich im latènezeitlichen Kunststil und im hochentwickelten Handwerk, speziell im metallverarbeitenden Gewerbe. Seit dem Ende der Mittellatènezeit traten auch im Rheinland erste Münzprägungen, die sogenannten Regenbogenschüsselchen, auf, die wesentliche Erleichterungen im überregionalen Handelsverkehr brachten. Die Glasproduktion und -verarbeitung zu Schmuckstücken ist im Rheinland seit dem 4. vorchristlichen Jahrhundert bekannt. So sind Bruchstücke der zumeist kobaltblauen Glasarmringe wichtige archäologische Leitformen für die Mittel- und Spätlatènezeit.

Caesar fand eine heterogene Bevölkerung mit teilweise keltischen, teilweise germanischen Strukturen vor, die sich in mehrere Stämme mit unterschiedlichem kulturellen, politischen und wirtschaftlichen Aufbau gliederte.

Während die archäologisch faßbaren Indizien auf eine Kontinuität zwischen jüngerer Bronzezeit und älterer Eisenzeit schließen lassen, weisen die Pollenspektren mit dem Beginn der älteren Eisenzeit auf die Einführung eines neuartigen Landwirtschaftssystems hin. Der erneute Rückgang der Gehölzpollen zeigt, daß die Bewaldungsdichte weiter abgenommen hat. Vor allem die Linde war in den Wäldern weitgehend zurückgedrängt worden. Als wichtigster Waldbaum hatte sich nun die Eiche etabliert. Die Wälder waren in lichte Eichen-Mischwälder umgewandelt worden. In solchen lichten Eichenwäldern ist ein dichter Unterwuchs von Haselsträuchern zu erwarten, solange diese nicht vom Vieh gefressen werden. Die in der frühen Eisenzeit zugleich mit den Eichen-Mischwald-Anzeigern deutlich zurückgehenden Haselwerte sind ein Hinweis darauf, daß die lichtreichen Wälder intensiv als Viehweide genutzt wurden, wodurch die Strauchschicht infolge des Viehverbisses nachhaltig geschädigt wurde. Die starke Beweidung der Landschaft führte sogar zu den ersten Heideflächen, die sich auf nährstoffarmen Böden bei Überweidung einstellten. Solche Heideflächen sind nur noch für den Weidebetrieb mit Schafen und Ziegen nutzbar. Heidekraut, Sauerampfer, Sandglöckchen, Mondfarn, Schafschwingel und Gingstergewächse sind typische Indikatoren für Heideareale.

Die Bedeutung der Viehwirtschaft in der älteren Eisenzeit zeigt sich auch darin, daß nun erstmals die Feuchtgebiete in größerem Umfang in die Nutzung einbezogen wurden. Die pollenanalytischen Belege von Wiesenpflanzen wie Spitzwegerich, wilde Möhre, Dotterblume, Mädesüß, Wiesensilge und Wiesenknopf und hohe Werte der Wildgraspollen sind mit einer beginnenden Grünlandwirtschaft in den Talauen zu verknüpfen. Eine solche Grünlandwirtschaft ist der Haltung von Rindern angepaßt.

Die in den eisenzeitlichen Pollenspektren hohen Werte von Gräser- und Krautpollen lassen ausgedehntes Offenland erkennen: Die Zunahme des Ackerlandes macht sich ab jetzt auch pollenanalytisch in einer erstmals geschlossenen Getreidepollen-Kurve und an den klassischen Ackerunkräutern, wie Klatschmohn, bemerkbar. Natürlich wuchsen Ackerunkräuter und Getreide seit dem Beginn der Landwirtschaft auf den Feldern; da die Feldflächen aber relativ klein und in das Waldland eingeschlossen waren, wurden sie vorher von den dominanten Baumpollen völlig „unterdrückt". Erst die Ausweitung des Ackerlandes verhilft den „Ackerzeigern" zu ihrer pollenanalytischen Präsenz. Im ackerbaulichen Zyklus der Eisenzeit spielten vermutlich mehrjährige Brachen eine Rolle, während derer die Feldflächen beweidet wurden - eine Feld-Graswirtschaft. Dafür sprechen das verstärkte Vorkommen sogenannter Ruderalpflanzen, wie Gänsefußgewächse, Vogelknöterich und der ausdauernde Beifuß. Die Indikatoren für Waldweide, Grünlandwirtschaft und Feld-Graswirtschaft belegen das Aufkommen eines intensivierten Landwirtschaftssystems mit der Ei-

*Abb. 9:*
*Die lichten Wälder der älteren Eisenzeit wurden intensiv als Viehweide genutzt. Die starke Beweidung der Land-*
*schaft führte sogar zu ersten heidestrauch-reichen Magerrasen auf erodierten, nährstoffarmen Böden. Wegen der*
*intensiven Nutzung verstärkte sich die Bodenerosion. Nun werden erstmals die Feuchtgebiete in größerem Umfang*
*in die Nutzung einbezogen (Viehkoppel in der Aue). Das beackerte Offenland hatte sich gegenüber der Bronzezeit*
*ausgedehnt. Im Siedlungsbild der älteren Eisenzeit blieb es zunächst bei den kleinen Streugehöften, deren Zahl sich*
*allerdings gegenüber der Bronzezeit erhöht hatte. Die großen Grabhügel aus der Bronzezeit wurden von den kleine-*
*ren Grabhügeln (im Vordergrund) abgelöst, und um den Kultplatz wächst ein Eichenkreis. Ein Teil des Altarmberei-*
*ches wurde zu einem Fischteich abgetrennt; solche abgetrennten „Teiche" sind archäologisch überliefert.*

senzeit, bei dem Ackerbau und Viehzucht in enger Verzahnung betrieben wurden.

Um 500 v. Chr. kam es in den rheinischen Lößbörden zu einer Waldregeneration, die sich in den Pollendiagrammen zunächst in einer Zunahme der Pioniergehölze Birke und Hasel zeigt, die später von der Eiche abgelöst werden. Möglicherweise verursachte ein Bevölkerungsrückgang diese Waldregeneration. Allerdings wurde eine derartige mitteleiszeitliche Wüstungsphase im archäologischen Befund bisher nicht erkannt.

Ab ca. 250 v. Chr., mit Beginn der jüngeren Eisenzeit, wurden die Wälder wieder größtenteils gerodet, wobei die waldfreien Flächen nun ihre bislang größte Ausdehnung erlangten (s. Abb. 10). Sehr markant macht sich dies auch in der Zunahme von Pollenkörnern bemerkbar, die auf Ackerbau hinweisen. Die Bedeutung der Grünlandwirtschaft ist an den fast geschlossenen Pollenkurven von Wiesen-Sauerampfer, Hahnenfuß und wilder Möhre zu erkennen. Die Intensivierung der Grünlandwirtschaft mag damit zusammenhängen, daß bei ansteigender Bevölkerungsdichte der Viehanteil für die noch verbleibenden Weidewälder zu hoch geworden war.

Zum erstenmal seit dem Boreal kommen nun auch Kiefern wieder im Rheinland vor. Während sich die Kiefernwälder des Boreals von Natur aus verbreitet hatten, sind die Kiefernwälder der Eisenzeit im Zusammenhang mit der starken Beweidung zu sehen: Die Degeneration des Bewuchses führte zum Bloßlegen des Bodens, der Löß wurde an den steileren Hängen abgespült, und die stellenweise nur wenige Dezimeter unter der Oberfläche liegenden nährstoffarmen Kie-

se und Sande traten an die Oberfläche. Die Freilegung dieser sandig-kiesigen Standorte begünstigte die Ansiedlung der Kiefern. Noch heute werden sandige, ehemalige Heideareale mit der anspruchslosen Kiefer aufgeforstet.

Der Bruch zwischen dem landwirtschaftlichen System der Urnenfelderzeit und vor allem demjenigen der jüngeren Eisenzeit ist signifikant: Steht das Landschaftsbild der Urnenfelderzeit noch dem waldreichen Bild der frühbäuerlichen Jungsteinzeit nahe, erinnert die Verteilung von Kultur- und Nutzland gegenüber Wald in der späten Eisenzeit, der Latènezeit, nun an Verhältnisse, wie sie die im frühen 19. Jahrhundert angefertigte Tranchot-Karte zeigt. Es existierten nun großflächige Ackerflächen mit artenreichen Unkrautfluren. Die Restbestände der ehemaligen Wälder wurden intensiv - stellenweise bis zur Verheidung - beweidet, und in den Auengebieten dehnte sich Grünland aus. Am Ende der Eisenzeit existierten in den Lößbörden so gut wie keine Reste der ursprünglichen, natürlichen Vegetation mehr.

## Die römische Zeit

*(53 v. Chr. – 459 n. Chr. )*
*Klimaphase: Subatlantikum*

Die bereits am Ende der Latènezeit einsetzende Klimagunst hielt zur Römerzeit an. Im Rheinland herrschten Temperaturen wie heute. Wenn auch diese im Vergleich zu vorangegangenen und nachfolgenden Epochen relativ günstigen Klimabedingungen langsam und stetig seit der Zeitenwende abnahmen,

Abb. 10:

*In der späten Eisenzeit wies die überwiegend durch landwirtschaftliche Nutzflächen geprägte Landschaft bereits Züge auf wie in der vorindustriellen Neuzeit. Der Wald war fast völlig verdrängt, und großflächig hatte sich Ackerland und in den Auen Grünland ausgedehnt. Die Degeneration der Vegetationsdecke führte zu verstärkter Abspülung des Bodens. Die vorherigen Streusiedlungen wurden nun von kleineren, ortsfesten Dörfern abgelöst. Im Bild gruppiert sich der Ort um einen Kultpfahl. Neben den relativ kleinen Wohnhäusern gab es kleine, hochpfostige Speicherbauten. Außerhalb der Dörfer standen die Rennfeuer-Öfen für die Eisenverhüttung. Aus den sumpfigen Böden in Flußnähe konnte das Raseneisenerz gewonnen werden. Die Grabhügel der älteren Eisenzeit verfielen nunmehr. Aus dem Kultplatz ist ein Baumheiligtum geworden.*

begann der eigentliche Klimaumschwung zu einer deutlich kälteren und feuchteren Phase erst zwischen 350 und 450 n. Chr.

Erstmals sind wir über die Römerzeit im Rheinland nicht nur durch archäologische Zeugnisse, sondern auch durch schriftliche Quellen, beispielsweise Caesars eigene Beschreibungen des gallischen Krieges, informiert. Im Verlauf der gallischen Feldzüge unternahm Caesar ab 55 v. Chr. militärische Vorstöße auch in das Rheinland. Von weitreichender Bedeutung war im Jahre 53 v. Chr. die fast vollständige Ausrottung des vom Eifelnordrand bis etwa zur Linie Roermond - Krefeld lebenden Stammes der Eburonen, die einer Strafaktion Caesars anläßlich eines Aufstandes zum Opfer fielen. Erst unter den Statthalterschaften Agrippas (37 und 19 v. Chr.) wurden die weitgehend entvölkerten Gebiete durch die Ansiedlung von Ubiern aus dem rechtsrheinischen Raum zwischen Sieg und Lahn allmählich wieder aufgefüllt. Diese auf Betreiben oder zumindest mit Billigung der Römer erfolgte Umsiedlung führte im vorletzten oder letzten Jahrzehnt v. Chr. zur Gründung des Oppidum Ubiorum, des Hauptortes der Ubier und Vorläufer des späteren römischen Köln. Zusätzlich wurde am Niederrhein um 8 v. Chr. eine erhebliche Zahl von ehemals rechtsrheinischen Sugambrern angesiedelt. Da diese Maßnahmen jedoch immer noch keine stabilen Verhältnisse im Rheinland bewirkten, entschloß sich Kaiser Augustus, die Bedrohung Galliens durch die Eroberung der rechtsrheinischen germanischen Gebiete bis zur Elbe endgültig zu beseitigen. Die unter den kaiserlichen Prinzen Drusus, Tiberius und Germanicus in den Jahren 12 v. Chr. bis 16 n. Chr. geführten Feldzüge erreichten die gesteckten Ziele nicht auf Dauer, sondern scheiterten letztlich an den fortwährenden, hartnäckigen germanischen Widerständen und unter anderem an der Varus-Niederlage im Jahre 9 n. Chr. Dies veranlaßte Kaiser Tiberius, auf die schon erfolgten rechtsrheinischen Eroberungen zu verzichten und den Rhein langfristig als Verteidigungslinie zu konsolidieren. Sitz der militärischen und zivilen Verwaltung wurde das oben erwähnte Oppidum Ubiorum, das im Jahre 50 n. Chr. als Colonia Claudia Ara Agrippinensium (= CCAA) Stadtrechte erhielt.

Das zunächst durch das Militär verwaltete Niedergermanien wurde in den 80er Jahren durch die Einrichtung einer Zivilverwaltung zur Provinz Germania inferior. Im Rheinland wurde die Ostgrenze durch die Legionslager Bonn, Neuss und Vetera, die Flottenstation in Köln-Alteburg und eine dichte Kette dazwischenliegender kleinerer (Auxiliar-)Kastelle geschützt. Neben der Provinzhauptstadt Köln, dem Sitz des Statthalters und der Verwaltungen für Finanzen, Steuern und Zölle sowie weiterer Behörden, war die 119 als Stadt gegründete Colonia Ulpia Traiana = CUT (nördlich Xanten) Verwaltungszentrum eines großen niederrheinischen Territoriums.

Die römische Zivilisation, welche sich in Stadtanlagen nach festem Schema (mit Umfassungsmauern, Toren, Kanalisation, Straßen und öffentlichen Gebäuden wie Praetorien, Tempeln, Bädern und Amphitheatern) manifestierte, brachte für das Rheinland bedeutende und bis in unsere Zeit nachwirkende Neuerungen mit sich. Zu den Städten kamen auf dem Lande kleinere geschlossene Siedlungen (vici) an größeren Straßen, Kreuzungen und Flußübergängen, wie Juliacum = Jülich oder Tolbiacum = Zülpich und Belgica = Euskirchen-Billig sowie Gewerbe- und Kurorte wie Aquae Granni = Aachen.

Hauptmerkmal der flächendeckenden ländlichen Besiedlung waren jedoch die in großer Zahl über das Land verteilten Gutshäuser samt Wirtschaftsgebäuden, die von Mauern, Zäunen und gelegentlich Gräben umgebenen, inmitten ihrer Acker- und Weideflächen liegenden villae rusticae. Sie wurden von einheimischen Pächtern oder ausgedienten Soldaten bewirtschaftet. Die zunächst als Fachwerkhäuser und später als aufwendige Steinbauten ausgeführten Wohnhäuser orientierten sich an der südländischen Architektur. Der Wohnkomfort reicher villae war mit Hypokaust-(Fußboden-/Wand-)Heizungen, Bädern, verglasten Fenstern, marmorverkleideten und bemalten Wänden sowie gelegentlich Mosaikfußböden den Annehmlichkeiten gehobener städtischer Haushalte durchaus vergleichbar. Der eigentliche Gutsbezirk schloß Zier- und Nutzgartenanlagen ein; Gesindebauten, Ställe, Speicher, Scheunen, Schuppen, Backöfen, Brunnen gruppierten sich um das Wohnhaus. Neben einem dichten Netz von gut ausgebauten Straßen dienten der Rhein und seine Nebenflüsse als Transportwege zwischen Städten, Militärlagern und den ländlichen Siedlungen.

Insgesamt entstand eine im Vergleich zur vorrömischen Eisenzeit hoch entwickelte Infrastruktur, bei der alle Lebens- und Wirtschaftsbereiche gleichermaßen profitierten. So konnten die Römer nun auch den Reichtum an Bodenschätzen stärker nutzen. Zu nennen sind Eisen-, Blei- und Buntmetallerze aus der Gegend von Nideggen sowie Festgesteine aus Eifel und Siebengebirge und Sande und Kiese der Rheinterrassen als Baumaterial. Köln wurde über eine mehr als 90 km lange, heute noch als Römerkanal bekannte Wasserleitung mit Frischwasser aus den Nordeifeler Kalkmulden versorgt.

Die nach Abschluß der Eroberungskriege bis 257 n. Chr. dauernde Friedenszeit endete mit den vermehrten Einfällen der zum Frankenbund zusammengeschlossenen Germanen. Unter den Kaisern Diokletian und Maximian gegen Ende des 3. Jahrhunderts sowie vor allem unter Konstantin dem Großen gelang im frühen 4. Jahrhundert noch einmal die Sicherung des Rheinlimes, unter anderem mit neuen Festungsanlagen am Brückenkopf in Köln-Deutz oder in Haus Bürgel bei Monheim, Bonn und Neuss. Die Kämpfe mit plündernden Franken rissen jedoch seit der Mitte des 4. Jahrhunderts nicht mehr ab; um spätestens 413 dürfte der spätantike Limes endgültig aufgegeben worden sein. Mit dem Fall Kölns, spätestens im Jahre 459, wurde der Schlußstrich unter die römische Herrschaft am Rhein gezogen. In den ländlichen Gebieten ist schon seit der Mitte des 3. Jahrhunderts eine um sich greifende und letztlich irreparable Zerstörung der aus einem dichten Netz von villae rusticae und eingestreuten kleineren vici bestehenden römischen Siedlungsstruktur nachgewiesen. Archäologisch belegt sind Brandschatzungen und Zerstörungen; viele Gebäude wurden nicht wieder aufgebaut, das Land war jetzt zunehmend dünner besiedelt.

Die wechselvolle römische Geschichte hat sich auch deutlich in den Pollendiagrammen niedergeschlagen. So macht sich das Bevölkerungsvakuum nach der Vernichtung der Ebu-

*Abb. 11:*

*Dargestellt ist eine Situation aus der Blüte der römischen Kaiserzeit im 2. Jh. n.Chr.*
*Mit der Erhebung Kölns zur „Colonia Claudia Ara Agrippinensium" im Jahre 50 n.Chr.*
*wurden in den Lößbörden zahlreiche Landgüter (villae rusticae) gegründet, deren wichtig-*
*ste Aufgabe die Versorgung der Städte und Militärlager mit Getreide war. Die Lößbörden*
*wurden daher von ausgedehnten Ackerflächen geprägt. Die Viehhaltung mit Rindern und*
*Pferden basierte jetzt wohl ausschließlich auf Grünlandwirtschaft mit Wiesen und Weiden.*
*Da die in der Eisenzeit verbreiteten verheideten Magerrasen kaum noch mit Schafen und*
*Ziegen beweidet wurden, konnten sich hier Kiefern stärker ausbreiten. Das beherrschende*
*Landschaftselement waren die Landgüter. Sie hatten auf den fruchtbaren Lößböden eine*
*Größe von rund 50 ha und lagen durchschnittlich 1 km voneinander entfernt. Zum Hof*
*gehörte das Hauptgebäude, ein Bad, Gebäude für Gesinde, Werkstätten, Brunnen und ein*
*kleines Heiligtum. Der Hofbezirk war auch im Außenbereich gestaltet und mit Mauern*
*eingefaßt. Von den Höfen etwas entfernt lagen die Ziegel- und Töpferöfen.*
*Auf einem Hügel erhebt sich ein befestigtes römisches Militärlager, von dem aus eine*
*Straße mit Schiffsbrücke und Wachttürmen den Fluß überquert. Im Hintergrund des*
*Bildes ist eine Holzbau-Architektur zu erkennen. Ein Fortbestehen kleinbäuerlicher*
*einheimischer Tradition mit „eisenzeitlichem" Charakter ist archäologisch überliefert.*
*Am Flußufer befindet sich ein kleiner Hafen mit Speicherbau. Der Fluß hatte sich ver-*
*breitert und war mit Sandbänken durchsetzt. Die Flußverflachung war eine Folge des*
*starken Sedimenteintrages; denn jetzt wurden auch die Böden am Eifelrand großflächig*
*genutzt und durch Erosion abgetragen.*

ronen durch Caesars Armee direkt in der Vegetation der linksrheinischen Lößbörden durch eine Waldregeneration bemerkbar. Der Rückgang der Pollenkurven vieler Siedlungszeiger markiert deutlich den Zusammenbruch der späteisenzeitlichen, großflächigen Landesnutzung.

Den römischen Landesausbau fassen wir pollenanalytisch etwa 100 Jahre später durch einen Anstieg der Getreidepollenkurve, die ihre bis dahin höchsten Werte erreicht. Mit der Erhebung Kölns zur Colonia Claudia Ara Agrippinensium wurden in den Lößbörden zahlreiche Landgüter gegründet, die die Städte und Militärlager mit Getreide (besonders dem Dinkel) versorgten. Die Viehhaltung mit Rindern und Pferden basierte jetzt wohl ausschließlich auf Grünlandwirtschaft mit Wie-

sen und Weiden. Dagegen hatte die Schaf-
und Ziegenhaltung in der römischen Landwirtschaft wohl kaum noch Bedeutung; die
in der Eisenzeit verbreiteten Heideflächen
wurden vernachlässigt, so daß sich hier Adler-
farn und sogar die Kiefer ausbreiten konnten
(s. Abb. 11).

Getreidepollen und Sporen von Hornmoo-
sen, die auf kahlen, lehmigen Böden wachsen und damit gepflügte Äcker anzeigen, belegen intensiven Getreideanbau. Allerdings fehlt
nun die für die späte Eisenzeit und die frühe
römische Kaiserzeit so charakteristische Zusammensetzung der Ruderalpflanzen (Beifuß,
Gänsefußgewächse, Breitwegerich und Vogelknöterich). Offensichtlich veränderte sich in der
frühen römischen Kaiserzeit das Ackerbausy-
stem. Brachen spielten wohl keine große Rolle

mehr im Anbauzyklus, da sie durch Kalkdüngung der Felder überflüssig geworden waren. Belege dafür sind archäologisch nachgewiesene römische Mergelgruben und das erste Auftreten des kalkliebenden Ackerunkrautes Großblütiger Breitsame. In dieser Zeit treten zum ersten Mal in den Niedermooren der rheinischen Lößbörden Pollenkörner von Walnuß und Edelkastanie in Erscheinung, die in Verbindung mit der von den Römern importierten Obstkultur zu sehen sind.

Um die Mitte des 3. Jahrhunderts zeigen die Pollendiagramme der Lößbörden erneut eine Waldregeneration, die von den Pioniergehölzen Birke und Hasel eingeleitet wurde. Erstmals konnte sich nun die Hainbuche in den Wäldern ansiedeln. Auch die Talauen verbuschten, und aus den vormals verbreiteten Feuchtwiesen und -weiden entstanden naturnahe Erlenbruchwälder und Erlen-Mischwälder. Dies alles spricht dafür, daß die Viehwirtschaft deutlich zurückgegangen war.

Die Veränderungen im Pollenspektrum des 3. Jahrhunderts beruhen auf einer Reduzierung der Ackerflächen, wahrscheinlich als Folge einer schon in der ersten Hälfte des 3. Jahrhunderts einsetzenden massiven Wirtschaftskrise im gesamten Imperium Romanum. Diese Krise und die damit verbundene Reduzierung der Grenztruppen am Limes erleichterten die Frankeneinfälle ab 257 n. Chr. in das linksrheinische Gebiet. Aus dieser Zeit sind archäologisch etliche Wüstungen bekannt, und die wüstliegenden Nutzflächen der verlassenen villae rusticae gaben Gehölzen wie Birke, Hasel und Hainbuche Möglichkeiten zur Ausbreitung.

Die erneute Sicherung des Rheinlimes im 4. Jahrhundert hat sich auch im pollenanalyti-

schen Befund niedergeschlagen, wo wir erneut eine kurzfristige erneute Intensivierung der landwirtschaftlichen Aktivitäten beobachten können. Sie zeigt sich besonders darin, daß die zwischenzeitlich mit Erlen aufgestockten Auenwälder wieder zugunsten von Grünland gerodet wurden.

Während die Pollendiagramme in dem von den Römern kolonisierten linksrheinischen Lößbörden deutliche Unterschiede zwischen eisenzeitlicher und römischer Landwirtschaft zeigen, gelang es in einer rechtsrheinisch, gegenüber Köln gelegenen Siedlung, die kontinuierliche Anwesenheit der einheimischen Bevölkerung während der frühen Römerzeit zu fassen. In deren Wirtschaftssystem spielte weiterhin die Waldwirtschaft eine große Rolle und eichenreiche Wirtschaftswälder blieben bis in die ersten nachchristlichen Jahrhunderte großflächig bestehen. Offensichtlich wurde hier die „eisenzeitliche" Wirtschaft mit dem Schwergewicht auf Viehhaltung in Weidewäldern bis in frührömische Zeit praktiziert, die in deutlichem Gegensatz zu der feldfrüchtedominierten Landwirtschaft der römischen Landgüter stand.

## Die Zeit der Völkerwanderungen und die fränkische Landnahme

*Frühmittelalter: Merowingerzeit
(5.–7. Jh. n. Chr.)
Klimaphase: Subatlantikum*

Mit der ersten, deutlich kühler-feuchteren Phase zwischen 350 und 450 n. Chr. neigte sich auch die Gunstzeit der römischen Epoche dem Ende entgegen. Wahrscheinlich wurde die nun beginnende große germanische Völkerwanderung durch diese etwas kühlere Klimaperiode in Mittel- und Nordeuropa zumindest begünstigt. Auch wenn man davon ausgeht, daß die Völkerwanderung primär durch die von Osten heranrückenden mongolischen Reiterheere verursacht wurde, stände wiederum eine Klimaänderung am Anfang der Kausalkette, denn Zentralasien litt zwischen 300 und 800 n. Chr. unter stärkerer Trockenheit. Dadurch wurden die Weideareale der Nomaden eingeschränkt und deren Sturm nach Westen ausgelöst. Auch im nördlichen und östlichen Mitteleuropa führten die um 1 °C niedrigeren Jahresmitteltemperaturen zu Mißernten und Hungersnöten. Am Niederrhein folgte einer leichten Klimaverbesserung zwischen 450 und 550 n. Chr. eine erneute kühle Klimaschwankung, die bis ca. 610 n. Chr. dauerte.

Die Grenze zwischen Spätantike und frühestem Mittelalter wird unterschiedlich definiert. Hier wird der Zeitraum um die Mitte des 5. Jahrhunderts gewählt, da der Fall Kölns im Jahre 459 eine Zäsur darstellt.

Schon zwei Jahrhunderte vor dem Ende der römischen Herrschaft am Rhein wurde die Provinz Niedergermanien immer wieder von den Franken bedroht und verwüstet. Nach der Aufgabe des spätantiken Rheinlimes und dem Fall Kölns setzte die fränkische Herrschaft am Rhein allerdings nicht sofort ein, wie man es aufgrund historischer Quellen vermuten könnte. Vielmehr belegen die archäologischen Zeugnisse das 5. Jahrhundert nur vergleichsweise dürftig und lassen erst für das 6. und 7. Jahrhundert klare Vorstellungen von den gewandelten Verhältnissen gewinnen.

Schon im Laufe des 4. Jahrhunderts sind starke Vermischungen römischer und einheimischer Elemente festzustellen; sie beruhen nicht zuletzt auf der Tatsache, daß sich die „römischen" Grenztruppen überwiegend aus Germanen rekrutierten. Von einer scharfen Zäsur am Übergang von der Spätantike zum Frühmittelalter kann demnach keine Rede sein. Zur lückenlosen Beibehaltung und Pflege der hochentwickelten römischen Infrastruktur waren die Franken offensichtlich nicht willens oder in der Lage. Jedoch wurden wichtige Elemente übernommen, so beispielsweise Grundzüge des römischen Rechts und die Organisation des spätantiken Kaiserreiches, die bis heute in der Organisation der Kirche in Bistümern und Diözesen weiterlebt.

Archäologisch läßt sich die Kontinuität von der Spätantike zum Frühmittelalter besonders augenfällig im Gräberfeld von Krefeld-Gellep fassen, das vom 4. bis 7. Jahrhundert n. Chr. von Römern, Föderaten (germanischen Bundesgenossen der Römer) und schließlich Franken belegt wurde. Eine römisch-fränkische Siedlungskontinuität ist allerdings nur für einige Städte (z.B. Köln, Maastricht) nachgewiesen.

Während für das 4. bis 6. Jahrhundert nur wenige archäologische Zeugnisse zur fränkischen Besiedlung vorliegen, erfassen wir ab der zweiten Hälfte des 6. Jahrhunderts eine stetig zunehmende Zahl ländlicher Siedlungen. Allerdings wurden die alten römischen Plätze der villae rusticae nicht weiter benutzt, sondern es entstanden neue Hofstellen, welche vielfach die Keimzellen der heutigen Dörfer bildeten. Die ländlichen Hofanlagen bestanden nicht aus Steinen und Ziegeln wie in der römischen Epoche, sondern aus flachgegründeten, vergänglichen Holzpfosten-, Ständer-, Schwellbalken- und Fachwerkbauten mit lehmverputzen Flechtwänden und Stroh- oder Rieddeckung sowie gelegentlich aus Grubenhäusern.

Das vorwiegend auf landwirtschaftlicher Selbstversorgung, lokalem Handel und ortsgebundenem Kleingewerbe basierende Leben der fränkischen Bevölkerung steht in krassem Gegensatz zu den großen Landgütern der römischen Zeit und erinnert eher an späteisenzeitliche Verhältnisse. Bei Handwerken wie der Töpferei und Glasherstellung sowie der Eisengewinnung und -verarbeitung lebte das römische Erbe aber weiter. Dies betrifft in besonderem Maße die Bunt- und Edelmetallverwendung.

Im Gegensatz zu den dürftigen Befunden von Wohn- und Arbeitsstätten sind die fränkischen Reihengräberfelder mit zum Teil mehreren hundert Bestattungen außerordentlich zahlreich und bezeugen eine entsprechend dichte Besiedlung. Aus der Lage und Verteilung dieser Gräberfelder läßt sich ablesen, daß die Besiedlung zunächst die günstigeren Böden besetzte. Die Reihengräberfelder geben neben Hinweisen auf den Totenkult auch einen Einblick in die soziale Schichtung der Bevölkerung. Zudem dokumentieren die Gräber je nach Region die unterschiedlich starke Vermischung römischer und germanischer Traditionen. Heidnischer Beigabenbrauch und Christentum waren auch im 6. und 7. Jahrhundert durchaus noch miteinander vereinbar und wurden nur allmählich von der Kirche unterbunden. Im 6. und 7. Jahrhundert entstanden auf dem Lande bei den großen Herrenhöfen die ersten Kirchen. Auch sie wurden, ebenso wie die Wohn- und

Wirtschaftsbauten, in der Regel aus Holz errichtet und sind daher archäologisch nur schwer faßbar.

Administrativ ist die frühfränkische Zeit kaum mit der straffen römischen Verwaltungsorganisation vergleichbar. Die vor allem kriegerisch geprägte Struktur der ehemals in römischen Diensten stehenden, mitunter konkurrierenden Stammesverbände erlaubte erst gegen Ende des 5. Jahrhunderts die Entstehung eines fränkischen Staatswesens unter Chlodwig, der das Königsgeschlecht der Merowinger begründete. Daraus entwickelte sich ein Großreich, das die territoriale Grundlage des frühmittelalterlichen Europas bildete und dessen bestimmende Persönlichkeiten im ausgehenden 7. Jahrhundert die karolingischen Hausmeier wurden.

Einen genaueren Einblick in die Landwirtschaft zwischen Spätantike und Karolingerzeit geben die Pollendiagramme. Auch sie weisen das 5. Jahrhundert als eine Epoche der Unruhe, des wirtschaftlichen Niederganges und des Wechsels aus.

Die Auswirkungen der zusammenbrechenden römischen Landwirtschaft auf das Vegetationsbild unserer rheinischen Landschaft sind klar zu deuten: Durch nachlassende Bewirtschaftung und durch Wiederbewaldung der Freiflächen entstanden in dieser bevölkerungsarmen Zeit naturnahe Wälder mit Buchen, Hainbuchen und Eichen (s. Abb. 12). Ohne den Eingriff des Menschen würden diese durch die dichten Kronendächer der Buchen lichtarmen Wälder noch heute in Deutschland dominieren. Auch in den Talauen verbuschte das römische Grünland wieder, und dichte Erlenbruchwälder breiteten sich aus. Allerdings war die Landschaft nicht

*Abb. 12:*
*Die Auswirkungen der zusammenbrechenden römischen Landwirtschaft auf das Vegetationsbild sind deutlich: durch nachlassende Bewirtschaftung und durch Wiederbewaldung der Freiflächen drangen in dieser Zeit naturnahe Wälder mit Buchen, Hainbuchen und Eichen wieder vor. In den Auen verbuschte das römische Grünland und Erlenbruchwälder breiteten sich aus. Allerdings war die Landschaft nicht völlig menschenleer: Allmählich siedelten fränkische Siedler die linksrheinischen Lößbörden wieder auf, die Wirtschaftsflächen waren jedoch wesentlich weniger ausgedehnt als zuvor. Die aufgegebenen römischen Steinbauten wurden von den Franken nicht mehr benutzt. Sie errichteten Holz-Lehmbauten und Grubenhäuser als Speicherkeller. Auf den durch Erosion ausgelaugten Böden konnte es bei Weidenutzung wieder zu Verheidungen kommen.*

völlig menschenleer: Neben Ackerbauzeigern (Pollen von Getreide und Ackerunkräutern) belegen Pollen von Pflanzen der Magerrasen und des Grünlands, daß Wirtschaftsflächen - wenn auch wesentlich weniger ausgedehnt als in der gesamten vorausgehenden Römer- und Eisenzeit - noch immer existierten.

Erst in der zweiten Hälfte des 6. Jahrhunderts läßt sich im Pollendiagramm die frühmittelalterliche Landnahme fassen. Der Rückgang von Buche und Hainbuche zeigt die frühmittelalterliche Landnahme auf besseren Böden. Die gleichzeitig hohen Birkenwerte weisen darauf hin, daß man die schlechteren Böden - auf denen sich inzwischen ein Eichen-Birkenwald ausgebildet hatte - zunächst nicht erschloß. Erst später wurden diese Eichen-Birkenwälder in Heide und/oder Magerrasen für die Schaf- und Ziegenweide umgewandelt.

Das fränkische Wirtschaftssystem, das im Pollendiagramm ab der Mitte des 7. Jahrhunderts erkennbar wird, ist durch eine deutliche Trennung von Ackerflur, Grünland und Heide einerseits sowie naturnahen, von Buchen und Hainbuchen dominierten Wäldern andererseits geprägt. Große Waldgebiete waren vom Menschen nicht oder nur wenig beeinflußt, das heißt, sie waren offensichtlich nicht - wie in der Eisenzeit - in das landwirtschaftliche System einbezogen. Dies ist eine Folge der hohen Wertschätzung, die die adligen fränkischen Grundbesitzer dem Wald beimaßen, der geschützt wurde und besonderen Rechtsvorschriften unterlag. So entstand der heutige Hambacher Forst in der Merowingerzeit im Rahmen einer gezielten Aufgabe des in römischer Zeit intensiv genutzten Geländes als Königsforst. Obgleich große Waldgebiete von der bäuerlichen Nutzung ausgeschlossen waren, wurde der Viehwirtschaft in der Merowingerzeit große Bedeutung zugemessen. Hohe Nichtbaumpollen-Werte mit Sauerampfer, Heidekraut, Besenginster, Sandglöckchen und Wacholder weisen auf Heiden und Magerrasen hin, die durch permanente Beweidung von Grasfluren auf armen und verhagerten Böden entstanden. Auch die Erlen-Mischwälder in den Talauen waren wieder zu Weideland umgewandelt; die Bedeutung der Grünlandwirtschaft wird durch das Vorkommen von Spitzwegerich, Hahnenfuß, Flockenblume, wilde Möhre, Wiesenklee, Vogelwicke und Bibernelle unterstrichen. Auch nach archivalischen Quellen hatte im frühen Mittelalter die Viehwirtschaft eine größere Bedeutung als der Ackerbau. Von den Ackerflächen lag mindestens die Hälfte brach und wurde von der Dorfherde beweidet.

## Die Zeit des Landesausbaus

*Frühmittelalter: Karolingerzeit
(8.–9. Jh. n. Chr.)
Klimaphase: Subatlantikum*

Ab dem 9. Jahrhundert lassen sich in Europa ansteigende Temperaturen und trockenere Verhältnisse feststellen. Direkte Auswirkungen der klimatischen Gunst auf historische Ereignisse sind für diese Zeit, dank besserer Quellenlage, zweifelsfrei festzustellen: Die Besiedlung von Grönland und Island wurde erst in dieser Zeit (wieder) möglich. Die warmen Klimabedingungen begünstigten die Fahrten der „Nordmänner"

(Normannen), welche im Jahr 864 auch bis Xanten an den Niederrhein vorstießen.

Eine bedeutende Wendemarke in der frühmittelalterlichen Entwicklung bezeichnete die Übernahme der Regierungsgewalt im fränkischen Reich durch die Karolinger.

Der im Jahre 800 in Rom zum Kaiser gekrönte Karl der Große machte Aachen zur bevorzugten Residenz und das Rheinland zur zentralen Region des Karolingerreiches. Die Einheit des Reiches währte jedoch nicht lange, sondern zerbrach bei den Auseinandersetzungen unter den Enkeln Karls seit dem Tode Ludwigs des Frommen im Jahre 840. Die im Vertrag von Verdun 843 besiegelte Dreiteilung wies Eifel, Ardennen und die niederrheinischen Gebiete dem Mittelreiche Lothars zu. Nur 30 Jahre später kam es 873 im Vertrag von Meersen zur Aufteilung der Mittelregion zwischen West- und Ostreich. Dabei wurde das Rheinland dem Ostreich Ludwigs des Deutschen zugeschlagen, während die übrigen Gebiete an das Westreich Karls des Kahlen fielen.

Diese instabilen Verhältnisse nutzten die Normannen als willkommene Gelegenheit, um mit ihren schnellen und leistungsfähigen Schiffen über die Einfallswege der großen Ströme (Loire, Seine und - in unserem Raum - Maas und Rhein) weite Landstriche ein halbes Jahrhundert lang zu verwüsten und auszurauben. Die Normanneneinfälle führten zur vermehrten Anlage kleinerer Burgen in unmittelbarer Nähe der Herrenhöfe. Die frühen Wehranlagen wurden entweder auf geeigneten Bergkuppen als Turmburgen mit Schutzwällen und Gräben oder in der Ebene auf künstlich angeschütteten und von Wassergräben umgebenen Turmhügeln (Motten) errichtet.

Da die fränkische Landnahme des 6. und 7. Jahrhunderts offenbar noch große kultivierbare Flächen ausgelassen hatte, konnten in der Karolingerzeit durch umfangreiche Neurodungen bis dahin unbesiedelte Gebiete in Form einer Binnenkolonisation erschlossen werden.

Die inneren politischen Gliederungs- und Ordnungsstrukturen wurden durch die karolingische Grafschaftsverfassung gewährleistet, die weitgehend den alten fränkischen Gauteilungen entsprach. Diese werden nun auch in Urkunden des 9. Jahrhunderts vielfach mit den betreffenden Gaugrafen erwähnt. Kirchlich gehörte das Rheinland zur Kölner Kirchenprovinz mit dem Erzbistum Köln im zentralen Bereich und den Bistümern Lüttich, Utrecht und Münster. Die Machtbestrebungen zwischen den kirchlichen Territorien (einerseits untereinander und andererseits gegen die Königsmacht) bestimmten in den folgenden Jahrhunderten mit dem Aufstieg Kurkölns die Entwicklungen am Rhein.

Der karolingerzeitliche Landesausbau zeigt sich im Pollenspektrum durch eine Zunahme der Ackerbauzeiger auf Kosten der Grünlandpflanzen. Der Anteil an Getreidepollen nimmt deutlich zu, wobei nun der Roggen erstmals eine größere Rolle spielt. Mit der Kornblume wird jetzt auch ein typisches Ackerunkraut der Wintergetreideäcker erfaßt. Dies dürfte mit der Einführung der ertragreicheren Dreifelderwirtschaft in Verbindung zu bringen sein, die die vorangehende Feld-Graswirtschaft mit längeren Brachzeiten ablöste. Möglich wurde die Dreifelderwirtschaft erst nach Einführung des von Pferden gezogenen Wendepflugs; der nun im

Rheinland auch nachgewiesene Anbau von Hafer als Futterpflanze für die Pferde dürfte dadurch gefördert worden sein. Es dauerte, wie die Pollendiagramme durch hohe Roggen-Werte und kontinuierliche Nachweise der Kornblume deutlich machen, allerdings bis etwa 1000 n. Chr., bis sich die reglementierte Dreifelderwirtschaft endgültig und großflächig durchgesetzt hatte (s. Abb. 13). Ein Pollendiagramm aus der Jülicher Lößbörde (Jülich-Boslar) zeigt für die Zeit um 900 n. Chr. einige bemerkenswerte Phänomene: die Getreidewerte gehen deutlich zurück, zunächst steigen die Werte der Birke und Erle, daran anschließend auch diejenigen der Buche und Hainbuche an. Es ist verlockend, diesen kurzfristigen „Waldvorstoß" in Zusammenhang mit den vielen folgenschweren Normanneneinfällen der Jahre 879 bis 892 im Maas-Rhein-Gebiet zu sehen.

## Die hochmittelalterliche Dreifelderlandschaft

*Hochmittelalter (10.–13. Jh. n. Chr.)*
*Klimaphase: Subatlantikum*
*(„Mittelalterliches Optimum")*

Die mittelalterliche Warmphase, in der die Jahresmitteltemperaturen mindestens 1 °C über den heutigen lagen, war fast schon vergleichbar mit den Bedingungen im atlantischen Klimaoptimum und wird daher auch das *Kleine* oder *Mittelalterliche Optimum* genannt. Konnte sich im ersten Klimaoptimum vor über 7000 Jahren die bäuerliche Kultur ausbreiten, so vollzog sich im zweiten Optimum, im Hochmittelalter, der wirt-

schaftliche und kulturelle Aufschwung der Völker West-, Mittel- und Nordeuropas. In dieser Zeit schob sich das Ackerland weit in heute als ungünstig angesehene Regionen hinein vor (z.B. in höhere Lagen der Mittelgebirge und der Alpen) und erreichte eine nicht wieder erlangte Ausdehnung. Weinbau war im Hochmittelalter selbst am Niederrhein üblich, so im Bereich der Abtei Camp bei Rheinberg. Wein wurde in England, in Pommern, ja sogar in Südschottland angebaut. Zusammen mit dieser landwirtschaftlichen Expansion entstand auch die neue Stadtkultur des Mittelalters.

Die bessere Quellenlage erlaubt erstmals einen konkreteren Blick auf die regionalen Klimaverhältnisse am Niederrhein: Nach dem bisherigen Forschungsstand war das Klima zwischen ca. 900 und ca. 1050 n. Chr. wie in ganz Europa warm und trocken, während die Zeit zwischen 1100 und 1300 eine Phase relativer Ungunst war, gekennzeichnet durch eine Häufung von Rheinüberschwemmungen, von Eisgängen und Sturmfluten an der holländischen Küste.

Für das Hochmittelalter ist im mitteleuropäischen Bereich allgemein und damit auch für das Rheinland eine erhebliche Zunahme der Bevölkerung historisch belegt. Dieser schon in der Karolingerzeit einsetzende Vorgang beschleunigte sich im 10. und 11. Jahrhundert zunehmend und ging - unterstützt durch die günstigen Klimabedingungen - mit einer enormen Ausdehnung der Siedlungs- und Anbauflächen einher. Das Altsiedelland wurde durch umfangreiche Rodungs- und Kultivierungsmaßnahmen nicht nur in den Ebenen und auf den Lößflächen, sondern vermehrt auch in den Mittelgebirgslagen erheblich ausgeweitet. Diese Ortsgründungen erfolgten bis ins 12. Jahrhundert. Durch den Landesausbau dehnten sich die im Frühmittelalter noch kleinen Siedlungskammern und -streifen immer mehr in die großen Waldflächen, durch die sie zunächst getrennt waren, aus und wuchsen zusammen. Aus kleineren Weilern wurden auf den günstigen Böden nun größere Dörfer. Das hochmittelalterliche Siedlungsbild bestimmte auch der befestigte Adelssitz, je nach den landschaftlichen Gegebenheiten in den Mittelgebirgsregionen als Höhenburg (möglichst auf steilen Inselfels- und Spornlagen), im Voreifelraum und in den niederrheinischen Tieflandgebieten als Turmhügel-/Motten-, Niederungburg oder häufig als Wasserburg. Besonderen Rang hatten später die überregional bedeutenden Landesburgen des Kölner Erzstiftes und der Grafen und Herzöge von Jülich und Berg.

Der Landesausbau hatte Folgen für die allgemeine Agrarverfassung; die bisher starren Abhängigkeitsverhältnisse zwischen freien Grundherren und der dienstpflichtigen Landbevölkerung begannen sich zu lockern. So wurden den Rodungsbauern für ihre mühsame Landerschließung vorteilhaftere Besitzrechte und gelockerte Dienstpflichten gewährt.

Neben Dörfern auf dem Lande gab es - zum Teil schon früher einsetzend - städtische Gemeindebildungen. In den Städten wohnten vor allem Bevölkerungsgruppen wie Händler, Kaufleute und Handwerker, welche nicht unmittelbar von der Landwirtschaft lebten. In den großen alten Bischofssitzen wie in Köln hatten sich Reste städtischen Lebens seit der Römerzeit erhalten, so daß sich vor allem hier seit dem 10. Jahrhundert ein zunehmend selbstbewußteres Bürgertum entwickeln konnte. Außer diesen civitates römischen Ursprungs entstanden an zentralen und verkehrsmäßig günstig gelegenen Plätzen wie Fiskal- und Pfalzorten oder Stifts- und Klosterplätzen im 11. und 12. Jahrhundert Märkte sowohl für den Fernhandel als auch für die regionale und lokale Versorgung. Als Märkte an ursprünglichen Fiskal- und Pfalzorten sind zum Beispiel Aachen, Duisburg und Neuss zu nennen, während in Bonn, Essen, Xanten, Werden, Siegburg und Rees Märkte an Plätzen entstanden, die primär durch Stifte und Klöster geprägt waren. Diesen Marktorten fehlten zwar in der Regel noch etliche Merkmale der echten Stadt; sie sind jedoch zweifellos als Vorstufen der spätmittelalterlichen Stadtentwicklung im Rheinland anzusehen.

Die hochmittelalterliche Entwicklung ist in politischer Hinsicht im Rheinland vor allem durch die Ausbildung kleinerer Territorien geprägt, in denen die wirtschaftlichen, kulturellen und religiösen Lebensbereiche unterschiedlich strukturiert waren. Bestimmend wurden im 12. und 13. Jahrhundert vor allem die Machtbestrebungen der Kölner Erzbischöfe, gegen die jedoch die Bürger der Stadt Köln in der Schlacht bei Worringen (1288) ihre alte Reichsfreiheit behaupten und die Bildung eines erzbischöflichen Großterritoriums verhindern konnten. Westlich schlossen sich die Einflußbereiche der Grafen, später Markgrafen und schließlich Herzöge von Jülich an. Mit den Gebieten der Edlen, später Grafen von Berg, Mark und Ravensberg, den Landflächen des Grafen-, später Herzogtums Kleve und der Grafschaft Geldern sowie weiteren kleinen Territorien,

*Abb.13:*

*Dargestellt ist eine Situation am Ende des Hochmittelalters: In dieser Zeit schob sich das Ackerland weit in heute als ungünstig angesehene Regionen hinein vor (z.B. auch in höhere Lagen der Eifel) und erreichte eine nicht wieder erlangte Ausdehnung. Die sich nun voll etablierte Dreifelderwirtschaft führte zu einer noch stärkeren Intensivierung des Ackerbaus. Die Ackerflur war wegen des in den Lößbörden üblichen Realerbteilungsrechtes bereits in kleinere Parzellen eingeteilt. Die wenigen noch vorhandenen Waldreste bestanden fast ausschließlich aus Eichen. Nun waren auch die letzten durch Erlen dominierten Auenwälder verschwunden; Grünland dehnte sich seither in der Aue aus. Selbst in unserer Region hat es Weinbau gegeben.*

*Inmitten der Aue erhebt sich eine typische hochmittelalterliche Motte (Turmhügel mit wehrhaftem Charakter). Am Flußufer sind immer noch Reste des römischen Hafens erkennbar. Selbst an kleinen Flüssen existierten Schiffsmühlen, die je nach Wasserstand versetzt werden konnten.*

*Der wirtschaftliche Aufschwung manifestierte sich auch in der Dichte und Nähe der Dörfer. Nunmehr war alles vorhanden, was zu einem „echten" Dorf gehörte, Kirche und Ziehbrunnen bilden den Mittelpunkt, es gibt Taubenhäuser, die Häuser sind erstmals mit Schornsteinen ausgestattet. Die Imkerei spielte eine wichtige Rolle als Honig- und Wachslieferant. Im Vordergrund des Bildes sind Röstgruben zur Wässerung des Leins zu erkennen. Im Hintergrund steht eine Bockwindmühle.*

*In dieser Zeit entstand die neue Stadtkultur des Mittelalters.*

wie beispielsweise Moers, bot das Rheinland im Hochmittelalter politisch ein vielfältiges, buntes Bild, das auch in späteren Epochen durch schrittweise Zusammenlegungen nicht zu einem einheitlichen niederrheinischen Staatsgebilde führte. Die kirchliche Gliederung des Rheinlandes in Archidiakonate, Dekanate und Pfarreien lehnte sich zum Teil den politischen Grenzen an. Dazu kam die große Zahl von geistlichen Institutionen wie Kanoniker- und Kanonissen-Stiften sowie Klöstern verschiedener Orden in Stadt und Land. Sie bestimmten das kulturelle und wirtschaftliche Leben entscheidend mit, da sie vor dem Aufkommen städtischer Schulen und Gymnasien die einzigen Bildungsanstalten und außerdem bedeutende Auftraggeber für Künstler und Handwerker waren.

Wirtschaftlich blieb das Rheinland im Hochmittelalter (und weit in die Neuzeit hinein) hauptsächlich Wald- und Bauernland. Verschiedene Gewerbe nutzten, verarbeiteten und verhandelten allerdings schon früh die örtlichen Bodenschätze und Produkte: so in den bergigen Regionen seit der vorrömischen Zeit die Eisenvorkommen; am Vorgebirge bei Brühl und später Frechen sowie rechtsrheinisch bei Siegburg und im Westen bei Langerwehe, Aachen und Wegberg die reichen Tonlagerstätten zu überregional bedeutenden Töpfereiprodukten; an Rur und Inde die Steinkohle; im Stolberger Raum die Galmeivorkommen zur Messingherstellung; am Niederrhein Leinen und Wolle. Dreh- und Angelpunkt des rheinländischen Fernhandels war Köln, das sich als Mitglied der Hanse führend am großen Warenaustausch zwischen Ost und West sowie (über den Rhein) maßgeblich am England-Handel beteiligte. Daneben gab es mittelgroße und kleinere Städte, die für den regionalen Handel Bedeutung besaßen.

Ab etwa 1000 n. Chr. wird auch in den Pollendiagrammen ein deutlicher Umbruch in der Landnutzung erfaßt: die naturnahen, für die Jagd geschützten, von Buchen und Hainbuchen dominierten Bannwälder der Karolingerzeit wurden nun erneut und diesmal massiv - und endgültig - durch die Neurodungen der hochmittelalterlichen Siedlungsexpansion verdrängt. Ab dem 9. Jahrhundert sinkt der Anteil der Baumpollen in einigen Pollendiagrammen bis weit unter 50 %, was auf eine weitgehend waldfreie Landschaft hinweist. Die noch bestehenden Restwälder wurden nun wieder in die bäuerliche Nutzung einbezogen. Es entstanden Eichen-Wirtschaftswälder, die nach Ausweis der niedrigen Haselwerte für die Waldweide in Anspruch genommen wurden. Die nun wieder möglich gewordene bäuerliche Nutzung der Wälder dürfte primär mit den geschwächten Hoheitsrechten und der Aufsplitterung der alten Grafschaften in unzählige kleine Einheiten im 10. und 11. Jahrhundert in Zusammenhang stehen; die im 13. Jahrhundert archivalisch belegten Rechte auf Waldweide dürften bereits in dieser Zeit ihre Wurzeln haben.

Der Ackerbau spielte im hochmittelalterlichen Wirtschaftssystem eine bedeutende Rolle: die Pollenkurve des Roggens nimmt markant zu und die Kornblume wird - neben weiteren Ackerunkräutern wie Klatschmohn und Acker-Steinsame - kontinuierlich nachgewiesen. Die Pollendiagramme zeigen eine

Intensivierung des Ackerbaus, die mit der Reglementierung der Dreifelderwirtschaft zusammenhängen dürfte; die damit verbundene Produktionssteigerung war sicherlich mit ein Grund für die Bevölkerungszunahme des 11. bis 13. Jahrhunderts.

Das Rheinland war zu dieser Zeit eine reine Agrarlandschaft mit Feldern bis an den Horizont (s. Abb. 13). Im Unterschied zu heute war die Ackerflur jedoch in kleinere Parzellen eingeteilt; diese sind erst in den letzten Jahrzehnten unseres Jahrhunderts der Flurbereinigung gewichen. Die wenigen, noch vorhandenen Wälder wurden fast ausschließlich aus Eichen aufgebaut. Die Eiche ist aber, wie oben schon oft betont, im Vergleich zur natürlichen potentiellen Vegetation „nur" ein Kulturfolger - eine Folge der nutzungsbedingten Zerstörung der naturnahen Buchenwälder. Ulme, Linde und Hainbuche verschwanden beinahe vollständig aus der Lößlandschaft, ebenso wie die letzten durch Erlen dominierten Auenwälder, an deren Stelle sich seither Grünland ausdehnt.

In der Blütezeit des Mittelalters - etwa ab der zweiten Hälfte des 13. Jahrhunderts - kommt es zu weiteren Rodungen und Neugründungen, in deren Verlauf nun auch die ärmeren Böden stärker in die Nutzung einbezogen wurden. In diese Zeit fällt der erste pollenanalytische Beleg des Buchweizens, der durch Makroreste im Niederrheingebiet erst aus dem 14. Jahrhundert nachgewiesen ist. Buchweizenanbau findet in der Regel nur auf den ärmsten Böden statt. Auf dem Kulturland mehren sich die Anzeichen intensiver Nutzung, ja Übernutzung und Auslaugung. Dem Landesausbau fielen wohl auch die Wälder für die Waldweide zum Opfer, und auf den ausgelaugten Böden entstanden ausgedehnte Heide- und Magerrasenflächen, denn damals konnten die Umweltsünden noch nicht durch den Einsatz von Chemie übertüncht werden. Die starken Anteile von Heidepflanzen zeigen die Existenz übernutzter verheideter Areale.

Die Übernutzung vor allem nährstoffarmer Sandgebiete ging soweit, daß es im Mittelalter wieder zur Anwehung von Dünen kam, wie am Ende der Kaltzeit. Der Mensch simulierte also spätglaziale Vegetationskargheit. Mittelalterliche Dünenaktivierung ist beispielsweise für die Wisseler Dünen in der Nähe von Kalkar nachgewiesen.

# Der Herbst des Mittelalters

*Spätmittelalter (14.–15. Jh. n. Chr.)*
*Klimaphase: Subatlantikum (Beginn der „Kleinen Eiszeit")*

Zu Beginn des 14. Jahrhunderts endete das mittelalterliche Klimaoptimum und damit auch die hohe Zeit der mittelalterlichen Kultur. Es begann der „Herbst des Mittelalters" mit seinem wirtschaftlichen und kulturellen Niedergang.

Das Ende des mittelalterlichen Klimaoptimums ist durch starke Witterungsextreme gekennzeichnet: einerseits Überschwemmungen, Eisgänge, Sturmfluten, kalte Sommer und strenge Winter, andererseits Dekaden mit großer Sommerhitze und Trockenheit. Eine erste sich katastrophal auswirkende Klimaverschlechterung fand europaweit zwischen 1310 und 1320 statt. Vor allem die Jahre zwischen 1313 und 1317 führten mit kalten, feuchten Sommern und

strengen Wintern zu schlimmen Hungersnöten. Aus dieser Zeit, die unzähligen Menschen das Leben kostete, sind sogar Berichte über Kannibalismus in Europa überliefert.

Möglicherweise ist es kein Zufall, wenn die großräumige Aufgabe von Hof- und Ackerland, die sogenannte spätmittelalterliche Wüstungsphase, gerade mit dem Beginn der Klimaverschlechterung am Anfang des 14. Jahrhunderts einsetzt. Belegt ist, daß die Aufgabe ganzer Dörfer - in Deutschland sind mehrere tausend verlassene Weiler und Dörfer bekannt - schon vor der ersten Pestepidemie (1348) einsetzte. Die erste kühlfeuchte Klimaphase zu Beginn des 14. Jahrhunderts hatte vermehrte Mißernten und damit eine Mangelernährung der Bevölkerung zur Folge, die zu höherer Sterblichkeit führte. Die schlechte Versorgung erhöhte auch die Anfälligkeit gegenüber Krankheiten wie der Pest.

Sicher nachweisbar ist ein Zusammenhang zwischen einer tödlichen Krankheit und dem kühleren und feuchteren Klima im Falle der Mutterkornvergiftung, die auffällig häufig für das 14. und 15. Jahrhundert belegt ist. Das schwarze Mutterkorn bildet sich unter feuchten Bedingungen durch Mehltaubefall von Roggenkörnern. Selbst ein minimaler Anteil dieses hochgiftigen Korns im Brot kann zu Halluzinationen, Gewebenekrosen bis hin zu tödlichen Krämpfen führen.

Die zweite Etappe der Klimaverschlechterung lag in den Jahren von ca. 1430 bis 1450. Erneut häuften sich in Europa kühle und feuchte Sommer und kalte Winter, in deren Folge wieder katastrophale Hungersnöte (1433 bis 1435) auftraten.

Dank der Chronik der Abtei Camp bei Rheinberg ist ein detaillierter Blick auf den Klimagang am Niederrhein im Spätmittelalter möglich: Im Gegensatz zum übrigen Mitteleuropa war am Niederrhein das 14. Jahrhundert noch durch eine relativ warme und stabile Phase gekennzeichnet. Hier erreichte das *Mittelalterliche Optimum* seinen Höhepunkt erst zwischen 1300 und 1400. In dieser Zeit gediehen bei der Abtei Camp Weinreben und Nußbäume und infolge der trockenen Sommer war der Rhein häufig ausgetrocknet - ein heute unvorstellbarer Anblick. Gegen Ende des 14. Jahrhunderts häuften sich jedoch auch in unserer Region extreme Klimaereignisse. Das 15. Jahrhundert ist geprägt durch große Schwankungen: Rheinüberschwemmungen, Eisgänge, Stürme, heftige Regenfälle, harte und lange Winter wurden aufgezeichnet. Im extrem harten Winter von 1481 erfroren dem Kloster Camp fast sämtliche Weinreben und Nußbäume.

Die regionale Klimageschichte wird durch die Befunde der Pollenanalyse bestätigt. Die in großen Teilen Europas bereits im 14. Jahrhundert einsetzende landwirtschaftliche Krise macht sich im Rheinland erst ab 1400 in den Pollendiagrammen bemerkbar: Die Getreidewerte sinken um etwa ein Drittel, gleichzeitig nehmen diejenigen von Gehölzen, besonders von Eichen, Haseln, Birken und sogar von Buchen, wieder zu. Als erstes wurden die ungünstigen, ärmeren Böden aufgegeben, im Falle des Rheinlandes waren dies die Heideareale. Sie wurden nicht mehr beweidet, und so stellten sich auf diesen Flächen wieder anspruchslose Kiefern ein (s. Abb. 14). Auf den reichen Böden der Lößbörden kamen großflächige Ackerlandwüstungen - wie sie beispielsweise auf den ärmeren Böden Nordwesteuropas üblich waren - wohl nicht vor.

Dennoch hatten sich die international dramatisch gesunkenen Getreidepreise letztlich auch hier ausgewirkt. Allerdings waren Ackerbau und Grünlandwirtschaft nicht völlig zurückgegangen: Noch immer hohe Werte von Getreide-, Gräser- und Kräuterpollen belegen weiterhin eine bedeutende Landwirtschaft in den Lößbörden. Die Agrarkrise dauerte etwa bis zum Bauernkrieg (1524/25); erst danach stiegen die Getreidepreise wieder an, und die Landwirtschaft erlebte einen neuen Aufschwung.

Insgesamt ist das Spätmittelalter eine ambivalente Epoche, denn dieser Zeitraum erfuhr neben tiefgreifenden Krisen in Gesellschaft und Wirtschaft zugleich die Blütezeit der Städte und den Aufstieg des Bürgertums. Zwei folgenreiche Ereignisse markieren das Ende des Spätmittelalters: die Entdeckung Amerikas im Jahre 1492 und die Reformation von 1517.

Die politische Entwicklung des 14. und 15. Jahrhunderts wird im Rheinland vor allem durch die Festigung der in den Jahrhunderten zuvor ausgebildeten kirchlichen und weltlichen Territorien bestimmt. Wenige mittelgroße Territorialstaaten waren von einer großen Zahl intern sehr unterschiedlich organisierter kleiner und kleinster Territorien umgeben.

Dieser Konsolidierungsprozeß kommt unter anderem durch die Verleihung der Kurfürstenwürde an die Kölner Erzbischöfe mit der Goldenen Bulle (1356) zum Ausdruck. Das westlich an das Erzstift Köln anschließende Jülicher Land wurde 1356 Herzogtum und vereinigte sich 1393 mit Geldern. Ebenfalls zu Herzogtümern wurden 1380 Berg und 1417 die Herrschaft Kleve erhoben, 1423

Abb. 14:
Von der spätmittelalterlichen Wüstungsphase infolge Überbevölkerung, Klimaverschlechterung, Hungersnöten und Pestepidemien seit der ersten Hälfte des 14. Jh. war auch das Rheinland - wenn auch nicht so katastrophal wie andere Gebiete - betroffen. Auch in den Lößgebieten wurden ärmere Böden aufgegeben, dort konnten sich wieder die anspruchslosen Kiefern einstellen. Allerdings waren Ackerbau und Grünlandwirtschaft nicht allzu stark zurückgegangen. Die Dörfer blieben in den Lößbörden weitgehend bestehen, aber die Bevölkerungsdichte sank, so daß einige Häuser zerfielen.
Der Fluß führt gerade Hochwasser. Tatsächlich läßt sich belegen, daß die Hochwassertätigkeit in dem kühleren und feuchteren Klima der „Kleinen Eiszeit" stärker war als zuvor.

vereinigten sich Jülich und Berg durch Personalunion. Die Versuche Karls des Kühnen von Burgund, mit der Eroberung Gelderns (1473) und der (erfolglosen) Belagerung von Neuss (1474/75) die Eigenständigkeit der rheinischen Territorien zu erschüttern, scheiterten. Die Grundzüge der territorialen Gliederung des Rheinlandes sollten für das folgende halbe Jahrtausend die politische Geschichte bestimmen.

Im Spätmittelalter war das Rheinland zwar weiterhin primär von agrarischen Strukturen geprägt, doch schon im 13. Jahrhundert wurden zahlreiche landesherrliche Städte gegründet und Stadtrechte an bestehende Siedlungen verliehen. Damit gewann neben dem Landleben die städtische Komponente immer mehr an Gewicht. Grundlagen für die wirtschaftliche Existenz der Städte und ihren zum Teil beachtlichen Reichtum waren vor allem die zahlreichen, schon im Hochmittelalter ausgebildeten, nun aufblühenden Gewerbe (am Niederrhein besonders die Textilsparte mit Flachsanbau und Leinenweberei sowie Wollproduktion und -verarbeitung). Der rheinische Handel beschränkte sich nicht auf lokale, kleinräumige Aktivitäten, sondern pflegte vielfältige überregionale und internationale Kontakte. Neben den Landverbindungen war dazu vor allem der Rhein von größter Bedeutung, zumal die einzelnen Landesherren durch Errichtung von Zollstätten am Strom beständig und in erheblichem Maße vom Handel profitierten. Die seit der Schlacht von Worringen (1288) freie Reichsstadt Köln, deren Privilegien 1475 durch Kaiser Friedrich III. bestätigt wurden, gehörte ebenso wie etliche andere niederrheinische Städte der Hanse an.

# Die Neuzeit

*(16.–19. Jh. n. Chr.)*
*Klimaphase: Subatlantikum*
*(„Kleine Eiszeit" und anthropogene*
*Klimaveränderungen)*

Die Klimaschwankungen des Spätmittelalters leiteten die deutlich kühlere Phase der „Kleinen Eiszeit" ein. Ihr Beginn und Ende werden unterschiedlich datiert: Nach der bereits erwähnten ersten Etappe der Klimaverschlechterung (1310 bis 1320) lag eine weitere Ungunstphase um 1430 bis 1450. In der ersten Hälfte des 16. Jahrhunderts war es wieder recht warm in Europa - ebenso warm, wie in der ersten Hälfte unseres Jahrhunderts. Aber mit der dritten signifikanten Klimaverschlechterung ab 1550 kippte das Klima endgültig zur *Kleinen Eiszeit* um. Dank detaillierter Auswertungen von schriftlichen Quellen weiß man, daß in dieser Zeit ca. 1,5 °C kältere Jahresmitteltemperaturen herrschten als heute. Der im engen Sinne *Kleine Eiszeit* genannte Kernabschnitt wird daher zwischen 1550 und 1700 datiert, mit einem Temperaturminimum um 1615.

Die etwas übertriebene Benennung dieser Klimaepoche gründet in der auffälligen Häufung von „Winterbildern" im 16. und 17. Jahrhundert: Schlittschuhläufer und Schneelandschaften sind typische Sujets für flämische und niederländische Maler dieser Zeit. Ein Beispiel hierfür ist das Bild „Jäger im Schnee" von Pieter Bruegel dem Älteren, gemalt unter dem Eindruck des harten Winters von 1564/65. Mit diesem Bild wurde die Tradition der Winterbilder eingeleitet.

Zahlreich sind nun auch die schriftlichen Quellen, dank derer die Klimaschwankungen immer jahrgenauer zu rekonstruieren sind. So zeigen uns die im 16. Jahrhundert durch Ernteausfälle steil ansteigenden Getreidepreise die Klimaungunst ebenso an wie der Rückgang des Weinbaus in nördlichen Lagen. An der Küste machte sich das wechselhafte Klima in einer Häufung von Sturmfluten bemerkbar. Katastrophal war zum Beispiel die in den Annalen genannte Sturmflut von 1570. Am Niederrhein häuften sich Überschwemmungen, Eisgänge und Deichbrüche. Auch die Gletschervorstöße in den Alpen belegen die Klimaungunst: Die Gletscher erreichten teilweise ihre größte Ausdehnung seit dem Ende des Boreals vor 8000 Jahren. Exakt nachvollziehbar wird der Klimagang dann seit den ersten Instrumentenaufzeichnungen in der zweiten Hälfte des 17. Jahrhunderts.

Trotz der klimatischen Ungunst konnte sich in den Lößbörden nach dem Ende der Bauernkriege die Landwirtschaft wieder erholen. Mit dem Aufblühen der Landwirtschaft, das sich in den Pollendiagrammen durch eine Zunahme von Getreidepollen und Ackerunkräutern bemerkbar macht, setzten in der Lößlandschaft so intensive Abtragungsvorgänge ein, daß die tiefgelegenen Gebiete - und damit auch die Niedermoore - mit mächtigen Kolluvien überdeckt wurden. Nun endete die Torfbildung, und damit wurde das wichtigste Archiv der Landschaftsgeschichte der Nacheiszeit geschlossen.

Ebenso schrittweise wie die *Kleine Eiszeit* begonnen hatte, klang sie im 18./19. Jahrhundert aus: In der ersten Hälfte des 18. Jahrhunderts trat eine Erwärmung ein, in der zumindest die Sommertemperaturen bereits wieder den heutigen entsprachen, ja diese sogar übertrafen. Aber wie schon am Beginn der Phase ist eine große Schwankungsbreite des Klimaganges bemerkenswert: Auch die Zeit der Erwärmung am Ende der *Kleinen Eiszeit* wird immer wieder durch frostige Winter unterbrochen. Ab der zweiten Hälfte des 18. Jahrhunderts, mit Schwankungen bis ca. 1850 anhaltend, sank die Jahresmitteltemperatur erneut auf die kühlen Werte der *Kleinen Eiszeit*. Eine Theorie sieht diese Abkühlungsphase in Zusammenhang mit den zwischen ca. 1750 und 1840 gehäuften Vulkanausbrüchen auf Island, den Philippinen, Hawai, den Antillen und Indonesien, deren lange Zeit in der Atmosphäre kreisende Staubwolken den Himmel regelrecht verdunkelten. Der Staubschleier mag nach dem Klimahistoriker Lamb sogar die charakteristisch diesigen Bilder des englischen Malers William Turner (Anfang des 19. Jh.) erklären. In diese Zeit fällt auch die vor allem Westeuropa betreffende Hungerkatastrophe von 1816 - ein Jahr, von dem die Zeitgenossen als dem „Jahr ohne Sommer" sprachen. Dieser Katastrophe war 1815 der Ausbruch des Tambora-Vulkans auf Indonesien vorausgegangen, der eine gewaltige Aschenmasse in die Atmosphäre schleuderte.

Mit dem letzten Gletschervorstoß in den 1850er Jahren endete vorerst diese kühle Phase, der gegenüber unser Klima als relativ warm zu bezeichnen ist. Die langsame aber stete Erwärmung in den ersten Dekaden des 20. Jahrhunderts mündete vorerst zwischen ca. 1930 und ca. 1950 in einem Abschnitt mit den bislang sonnenreichsten und wärmsten Sommern unseres Jahrhunderts.

Seit den 50er Jahren läßt sich ein leichter Rückgang der Temperaturen feststellen. Zwar macht es die Nähe zur Gegenwart schwierig, langfristige Klimatrends aus den normalen jährlichen Schwankungen herauszufiltern, aber die 30 Jahre zwischen 1950 und 1980 lassen den Schluß zu, daß sich die Jahresmitteltemperatur in dieser Zeit etwa um 0,1 bis 0,2 °C leicht abgekühlt hatte..

Ein aktueller Trend der letzten 30 bis 40 Jahre scheint eine zunehmende Wechselhaftigkeit des Klimas und eine gewisse Zunahme extremer Ereignisse, wie strenge Winter, extrem trockene Sommer, große Überschwemmungen und Hitzewellen, zu sein. Ob und wie weit hieran der Mensch beteiligt ist, ist eine der offenen Fragen der Klimaforschung. Sicher ist nur, daß der Mensch seit der Industrialisierung im 19. Jahrhundert in der Lage ist, das Klima unmittelbar zu verändern.

Die Rekonstruktion der Vegetation der letzten zwei Jahrhunderte bedarf kaum noch der Pollenanalyse. Dafür geben nunmehr exakte Karten, Akten und botanische Dokumentationen einen Eindruck von den Vegetationsveränderungen am Niederrhein. Wichtige Quelle sind zum Beispiel die ersten genauen, Anfang des 19. Jahrhunderts aufgenommenen Karten des Rheinlandes im Maßstab von ca. 1 : 25000. Aufgrund militärischer Notwendigkeit führten zunächst die Franzosen unter Leitung von Oberst Tranchot eine Landesaufnahme der linksrheinischen Gebiete durch, die seit 1814 von den Preußen (Generalmajor von Müffling) für das südliche rechtsrheinische Rheinland fortgesetzt wurde. Diese Karten zeigen, daß im vorindustriellen Rheinland die landwirtschaftlichen Nutzflächen mit ausgedehnten Äckern und Grünland dominierten. Zusammenhängende

Waldgebiete waren die Ausnahme; selbst ungünstige Sandböden am nördlichen Niederrhein wurden nicht als Wald sondern als offenes Heideland genutzt.

In der ersten Hälfte des 19. Jahrhunderts ließ die preußische Regierung Ödlandflächen aufforsten. Erst mit diesen Pflanzungen kamen Nadelbäume (wieder) ins Rheinland. Daneben wurde aber auch das Nutzland bis in die Zeit nach dem Zweiten Weltkrieg weiter ausgebaut; so wurden beispielsweise Auenflächen und sumpfige Randsenken entwässert und in Grünland oder Pappelforste umgewandelt.

Der Rückgang der landwirtschaftlichen Nutzfläche ist hingegen erst ein Phänomen der letzten Jahrzehnte des 20. Jahrhunderts und geht einher mit einer Ertragssteigerung auf den verbliebenen Arealen infolge massiven chemischen und technischen Einsatzes.

In der politisch-historischen Geschichte des Rheinlandes spielt zu Beginn der frühen Neuzeit - wie in ganz Mitteleuropa - der Dreißigjährige Krieg (1618 bis 1648) eine wichtige Rolle, wenn auch die Belastungen und Verluste aufgrund der geschickten Neutralitätspolitik der rheinischen Fürsten nicht so gravierend waren wie in manchen benachbarten Gebieten. Der Westfälische Friede im Jahre 1648 bezeichnete für das Rheinland keinen markanten Zeitschnitt. Im weiteren Verlauf des 17. Jahrhunderts ist das Rheinland immer wieder Schauplatz von Kriegen: zum Beispiel dem französisch-niederländischen Krieg (bis 1679) und die Erbfolge- und Sukzessionskriege, in deren Folge zahlreiche rheinische Städte und Burgen durch französische Truppen verheerend zerstört wurden. Von den weiteren kriegerischen Ereignissen des 18. Jahrhunderts (Polnischer und Österreichischer Erbfolgekrieg, Siebenjähriger Krieg) wurde das Rheinland weitgehend verschont.

Der Zeitraum nach dem Dreißigjährigen Krieg bis 1794 wird auch als das „Ancien Regime" bezeichnet. Er wurde im Rheinland durch einige bemerkenswerte, auch heute noch populäre Persönlichkeiten geprägt, wie Johann-Wilhelm, volkstümlich Jan Wellem (1690 - 1716), der in Düsseldorf residierte, sowie den Kölner Kurfürsten Clemens-August (1723 - 1761).

Das absolutistische Gebaren der Territorialherren führte letztlich dazu, daß 1794 die französischen Revolutionstruppen im Rheinland von der Bevölkerung mit offenen Armen empfangen wurden. Die umfangreichen Besitzungen der geistlichen Kurstaaten, Klöster und Pfarreien verfielen der Säkularisation. Die Aufhebung der Privilegien von Adel und Geistlichkeit, die Religions- und Gewerbefreiheit sowie 1804 die Einführung des Code Napoléon als einheitliche Rechtsgrundlage wurden trotz hoher Steuerbelastungen als wesentliche Fortschritte empfunden. Insgesamt bewirkten diese Ereignisse den nachhaltigen Bruch mit der alten Reichstradition und Kleinstaaterei. Die dem französischen Vorbild entsprechende, straffe und effektive Verwaltungsgliederung brachte für Wirtschaft, Handel und Verkehr eindeutige Vorteile.

Nach dem Ende der französischen Besatzung wurde das Rheinland 1815 im Wiener Kongreß Preußen zugesprochen.

Über die wirtschaftlichen Verhältnisse in der frühen Neuzeit sind wir durch eine steigende Zahl von Akten, Dokumenten und anderen schriftlichen Zeugnissen gut informiert. In der zweiten Hälfte des 16. Jahrhunderts gab es mehrfach Mißernten, die mit der *Kleinen Eiszeit* in Verbindung gebracht werden. Für die bäuerlichen Betriebe kam erschwerend hinzu, daß in Gebieten mit Realteilung (der Besitz wird unter allen Erbberechtigten aufgeteilt) die Zahl kleinbäuerlicher Betriebe rapide wuchs, die auf ihren stark geschrumpften Ackerflächen häufig nicht einmal den Eigenbedarf decken, geschweige denn Produkte für den Verkauf hervorbringen konnten. In Gebieten mit Anerbenrecht hatten die steigenden Bevölkerungszahlen ein Ansteigen der unterbäuerlichen Schicht zur Folge, da die nicht erbberechtigten jüngeren Söhne als landlose Häusler ihr Auskommen suchen mußten.

Dies förderte besonders in den Anerben-Regionen - wie den Mittelgebirgen - den gewerblichen Bereich, wo man für die Metallgewinnung und -verarbeitung zunehmend die Wasserkraft nutzte. Die Nordeifel sowie das Bergische und Siegerland waren die wichtigsten Regionen, in denen Hütten, Hämmer und Werkstätten an allen geeigneten Wasserläufen in großer Zahl und gelegentlich auch Überbesetzung entstanden, so daß die Wälder oft schon nach kurzer Zeit einem regelrechten Raubbau zum Opfer gefallen waren.

Im 18. Jahrhundert wurde die Ernährungssituation aufgrund der starken Bevölkerungszunahme immer problematischer. Flächenausweitungen waren mangels Ödlandreserven nur begrenzt möglich; denn gegen die Auflösung und Privatisierung der zu allgemeiner Nutzung bestimmten Gemeindeländereien gab es erhebliche rechtliche Bedenken und massiven Protest, vor allem von sei-

Abb. 15:
In der frühen Neuzeit, vor allem im 18. Jh., begann mit dem Einfluß aufgeklärter Landesfürsten die strikte Regulierung der Natur. So wurden nun z.B. Flußregulierungen durchgeführt, Parkanlagen gestaltet und Fischteiche angelegt. Ausdruck des gestärkten landesherrlichen Selbstbewußtseins waren auch die zahlreichen Schlößchen. Manches Dorf konnte zu einem Marktflecken heranwachsen. Die Areale und Bauten der verschiedenen Stände sind auszumachen: Adel = Schloß, Klerus = Kloster, Bauer = Gutshof und Bürger = Stadthaus.

*Abb. 16:*
*Das heutige Landschaftsbild wird von städtischen Siedlungsformen und zahlreichen Verkehrswegen geprägt: Die Landschaft ist zersiedelt. Außerhalb der Siedlungen, die kaum noch agrarisch geprägt sind, dehnen sich große flurbereinigte Feldfluren aus. Baum- und Heckenreihen sind weitgehend verschwunden.*
*Die Ufer des begradigten, kanalisierten Flusses sind kahl oder mit angepflanzten Pappeln bestanden. Freizeitindustrie macht sich am Flußufer breit.*

ten der landlosen Unterschichten. Trotz dieser Beschränkungen gelang es jedoch durch intensivierten Anbau von Futterpflanzen - vor allem Klee, der den Boden zudem mit Stickstoff anreicherte - sowie vermehrte Aufstallung von Vieh, beachtliche Produktionssteigerungen zu erreichen.

Strukturell war die rheinische Landwirtschaft einerseits durch die begrenzte Zahl großer Pachtgüter adeliger und geistlicher Grundherren sowie andererseits durch eine Vielzahl mittlerer, kleiner und zunehmend kleinster Einheiten gekennzeichnet, die oft am Rande des Existenzminimums wirtschafteten. Als wahrer Segen erwies sich die Einführung der Kartoffel, die pro Flächeneinheit fast so viel Eiweiß und die doppelte Menge an Kohlenhydraten wie Getreide produziert und damit vor allem für die Unterschichten überlebenswichtig wurde. Sie wurde zunächst in den bergigen Gegenden angebaut, während man auf den Lößebenen bis weit ins 19. Jahrhundert hinein am Getreidebau festhielt.

Im ausgehenden 18. Jahrhundert begann das Industriezeitalter mit den ersten großen, nach englischen Vorbildern errichteten Fabrikgebäuden, wie zum Beispiel - als erste auf dem Kontinent - die mechanische Baumwollspinnerei des Johann-Gottfried Brügelmann in Ratingen (1784).

Mit der industriellen Revolution findet in der zweiten Hälfte des 19. Jahrhunderts die seit der Bandkeramik im Rheinland bestehende agrarische Landschaft ihr Ende.

# Geschichte der Nahrungs- und Nutzpflanzen im Rheinland

KARL-HEINZ KNÖRZER,
RENATE GERLACH

## Was sind Nutzpflanzen?

Alle Pflanzen, die der Mensch in irgendeiner Weise für sich nutzen kann, sei es zur Ernährung, als Heil- oder Färbemittel oder als Werkstoff, sind Nutzpflanzen im umfassenden Sinne. Unter diesen Begiff fallen daher neben den vom Menschen gezüchteten (domestizierten) Kulturpflanzen - wie Getreide - oder den im Garten kultivierten, aber mit den Wildformen identischen Anbaupflanzen - wie die meisten Gewürze und Heilkräuter - auch alle der Natur entnommenen Sammelpflanzen - wie wilde Brombeeren oder Haselnüsse. Auch Waldbäume sind Nutzpflanzen, da von ihnen fast jeder Bestandteil verwendet werden kann: Ihr Holz ist Brenn-, Werk- und Baumaterial, ihre Blätter, Zweige und Triebe können zum Beispiel als Viehfutter oder medizinisch genutzt werden.

Paläoethnobotaniker fassen den Begriff Nutzpflanzen aber meist enger. Für sie zählen zunächst alle Nahrungspflanzen dazu: Getreide, Hülsenfrüchte, Nüsse, Ölfrüchte, Gemüse- und Salatpflanzen, Gewürzkräuter sowie Obst- und Beerenfrüchte. Diesen Pflanzen ist gemeinsam, daß der Mensch sie bewußt als Nahrungspflanzen anbaute oder zumindest, wie beim Wildobst, in der Nähe seiner Siedlungen schonte und pflegte. Daneben sind auch die Öl- und Gespinstpflanzen Nutzpflanzen, zum Beispiel der Lein, der bis heute sowohl als Ölpflanze (Leinöl aus den Samen) als auch als Faserpflanze zur Textilherstellung (Flachs, Leinen aus den faserigen Anteilen der Stengel) genutzt wird. An dieser Stelle seien auch Färbepflanzen erwähnt, wie der Färberwaid oder Deutscher Indigo, aus dem die Farbe Blau gewonnen wird, und die Färberresede (Gilbkraut) mit einem gelb färbenden Inhaltsstoff. Die Karde hingegen hatte eine ganz andere Funktion: diese stachelige Distel wurde zum Aufrauhen der Wollstoffe genutzt.

In der Archäobotanik fällt es oft schwer zu entscheiden, ob eine Nutzpflanze tatsächlich angebaut wurde. In erster Linie ist die Fundhäufigkeit entscheidend. Zum Beispiel werden am Niederrhein einzelne Körner des Roggens bereits in eisenzeitlichen Siedlungen entdeckt. Es ist jedoch anzunehmen, daß der Roggen damals noch nicht bewußt angebaut wurde, sondern über lange Zeit hinweg als eine Art Unkraut in den Getreidefeldern wuchs. Die Menschen erkannten durchaus den Nutzen dieser Pflanze und tolerierten sie als Beigetreide auf den Feldern, ernteten, verzehrten und säten sie sogar zum Teil aus. Wenn ein solches Beigetreide sich im Laufe der Zeit als genügsamer in seinen Ansprüchen gegenüber Bodenbeschaffenheit und Nährstoffen oder als widerstandsfähiger gegen Krankheiten und Witterungsschwankungen erwies, wurde es gesondert angebaut. Mehrere unserer Getreidearten haben diesen Weg vom Unkraut über das Beigetreide zum Anbau durchlaufen. So erlebte auch der Roggen ab dem Frühmittelalter einen rasanten Aufstieg und wurde das Hauptgetreide im Rheinland.

Eine Nutzpflanze konnte aber auch wieder zum Unkraut werden. So wuchsen die Trespengräser (Acker-/Roggentrespen) - den Fundmengen auf archäologischen Fundstellen nach - in großer Zahl neben den Hauptgetreiden Einkorn und Emmer auf den jungsteinzeitlichen Feldern des Rheinlandes. Die Trespen wurden damals als Getreide mitgeerntet. Nach der Rössener Kultur kommen ihre Körner aber nur noch vereinzelt in den Getreidefunden vor, sie waren also wieder zu einer nicht mehr geförderten, sondern nur noch in geringen Mengen auftretenden Beimischung geworden.

Nicht immer stammen die bei archäologischen Grabungen gefundenen Reste von Nahrungspflanzen aus dem heimischen Anbau. In der Römerzeit und im Mittelalter wurden viele Genußpflanzen importiert, und so finden wir in der Liste der niederrheinischen Nahrungspflanzen auch „Exoten" wie Reis, Feigen, Pfeffer und Oliven, die hier zwar verzehrt, aber nicht angebaut wurden.

Ebenfalls zu den Nahrungspflanzen gehören Obst und Nüsse. Wegen ihres Wohlgeschmacks und Nährstoffgehaltes wurden sie schon immer genutzt. Das Kulturobst brachten erst die Römer ins Rheinland.

Schwierig ist es, die Nutzung von Heilpflanzen zu belegen. Eine Fülle von Wildpflanzen wurde sicher von unseren Vorfahren als Heilpflanzen genutzt, zugleich konnte manche Nahrungs- und Ölpflanze auch Heilpflanze sein. Der Mohn ist dafür ein Beispiel: sein Samen ist Ölfrucht und Gewürz, und sein Milchsaft ist Heil- und Rauschmittel.

Auch viele Küchenkräuter, wie Petersilie und Dill, können zu Heilzwecken eingesetzt werden. Wenn schriftliche Überlieferungen fehlen, wie es sie in Deutschland erst seit den Kräuterbüchern des Mittelalters gibt (z.B. von Hildegard von Bingen), ist es kaum möglich, aus den archäologisch geborgenen Pflanzenresten früherer Epochen diejenigen Wild- oder Nahrungspflanzen herauszufinden, die mit Sicherheit als Heilpflanzen verwendet wurden. Für fast alle Epochen wurde daher auf die Auflistung möglicher Heilpflanzen verzichtet, nur die Heilpflanzenliste aus der römischen Zeit kann als gesichert gelten, da hier Pflanzenfunde aus der „Apotheke" des römischen Militärkrankenhauses zu Neuss eingegangen sind (s. S. 98).

Der paläoethnobotanische Nachweis einer Pflanzenart wird fast ausschließlich über die gut erhaltungsfähigen Samen und Früchte geführt. Daher werden bei diesen Untersuchungen in der Regel nur solche Nutzpflanzen nachgewiesen, von denen Samen und Früchte als Nahrungsmittel dienten, wie Getreide, Hülsenfrüchte, Obst und Nüsse. Nachweise des Anbaus und der Nutzung von Salat- und Gemüsepflanzen, bei denen die vergänglichen Teile wie Blatt, Stengel oder Wurzel verzehrt wurden, sind dagegen weit schwieriger, da sie bei Ausgrabungen nur selten gefunden werden. Wenn sie gefunden werden, verraten die Reste der Gemüse- und Salatpflanzen häufig nicht, ob es sich um eine Wild- oder eine Kulturpflanze handelt. So lassen sich beispielsweise die Spaltfrüchte der Möhre nicht Wild- oder Kulturformen zuordnen. Aufgelistet werden nur diejenigen Gemüse- und Salatpflanzen, die mit hoher Wahrscheinlichkeit auch angebaut worden sind.

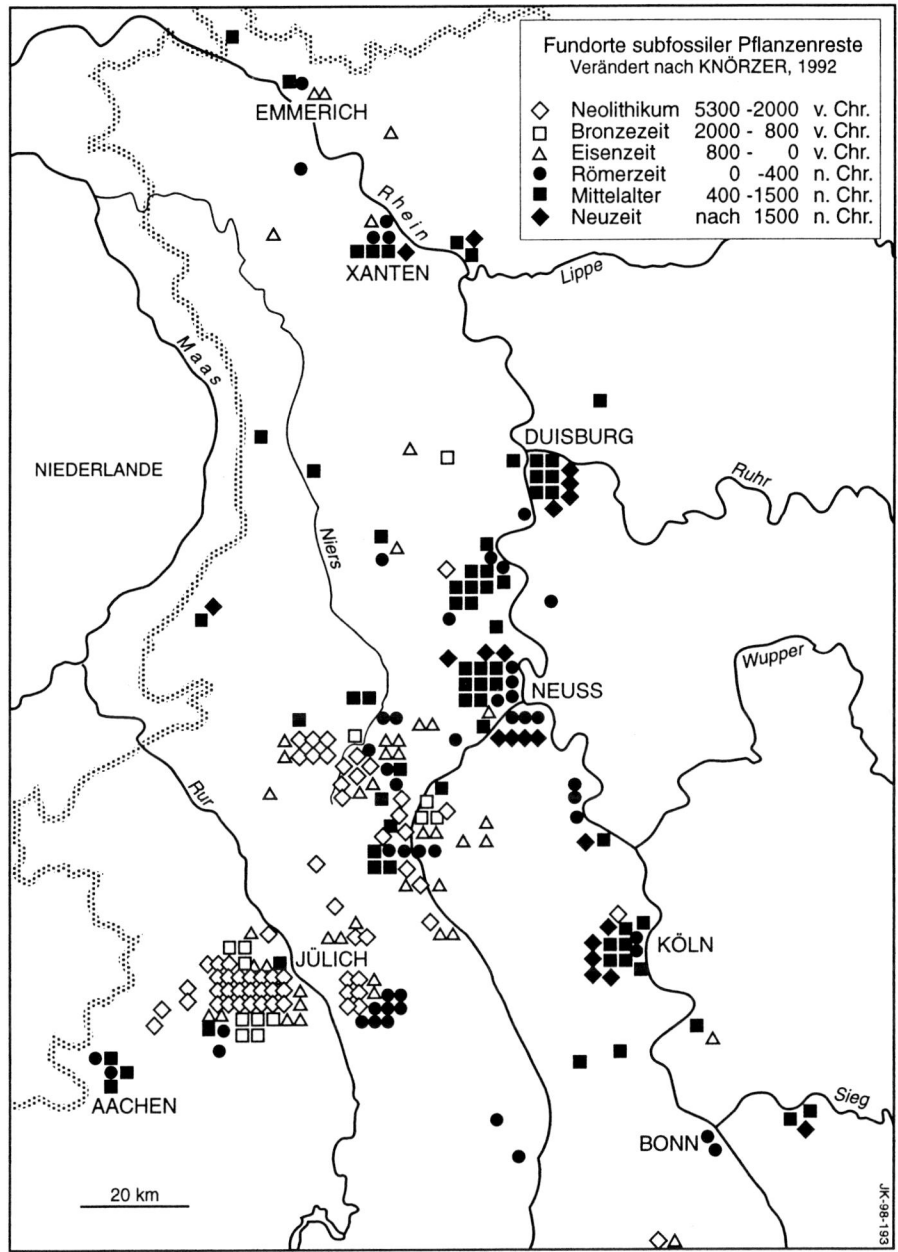

Abb. 17:
*Fundkarte archäobotanischer Pflanzenreste im Rheinland*

## Woher wissen wir von den Nutzpflanzen der vergangenen Zeit?

Die Grundlage der Geschichte der Nutzpflanzen am Niederrhein bildet die Analyse der Samen und Früchte. Als Fachterminus für diesen Zweig der Archäobotanik wurde der Begriff Paläoethnobotanik geprägt. Anders als Keramik oder Steinwerkzeuge können sich organische Reste wie Holz, Samen und Früchte nur unter speziellen Bedingungen erhalten. Ideale Bedingungen für die Erhaltung von Pflanzenresten bieten wassergesättigte und daher sauerstoffarme Sedimente in Mooren, Sümpfen und unter Wasser, wo ihre natürliche Zersetzung gehemmt ist. Im Rheinland sind solche Feuchtboden-Fundplätze selten; daher spielt hier vor allem die Erhaltung der Großreste in verkohlter Form eine wesentliche Rolle. In diesem Zustand konnten sich widerstandsfähige Pflanzenteile selbst in durchlüfteten Bodenschichten bis heute erhalten. Pflanzenreste verkohlen zum Beispiel durch sauerstoffarme, schwache Brände am Rande eines Herdfeuers, aber auch bei Unglücksbränden wurden Pflanzenreste durch Verkohlung konserviert. Die verkohlten Reste blieben liegen oder wurden als Abfall in die nächste Grube gekehrt, aus der sie dann von den Archäologen wieder ausgegraben werden.

Ein ähnlich sauerstoffarmes und konservierendes Milieu wie in Feuchtbodenablagerungen existiert am Grunde von alten verfüllten Brunnen und in Latrinen. Latrinen sind ein ausgezeichneter Fundort, um die tatsächlich verzehrten pflanzlichen Lebensmittel zu ermitteln, denn die Analyse des Kotes (Koproanalyse) erlaubt einen recht genauen Einblick in die Nahrungsgewohnheiten der Menschen. Da die Nahrungsreste aus den Latrinen bereits den Menschen „passiert" haben, sind sie mehr oder minder zerkaut und verdaut, was ihre Bestimmung oft erschwert. Andere, nicht der Ernährung dienende Nutzpflanzen, wie zum Beispiel Textilpflanzen, sind in Latrinen jedoch unterrepräsentiert und konnten nur in diese gelangen, wenn dort der normale Hausmüll entsorgt wurde. Latrinen sind vor allem für das Mittelalter und die frühe Neuzeit eine wichtige archäobotanische Quelle. Ältere, zum Beispiel römische, Latrinen sind zwar ebenfalls bekannt, aber äußerst selten.

Eine untergeordnete Fundgattung stellen in unserem Klima trocken konservierte Pflanzenfunde dar. Trockenkonservierung, wie in einem ariden Klima, kann bei uns nur in den sogenannten Wellerböden, den Strohschichten unter den mittelalterlichen Hausfußböden, vorkommen. Als weitere spezielle Fundgattung sind die Abdrücke von Pflanzen in Hüttenlehm und in Keramik zu nennen. Beim Formen der Keramik kamen Pflanzenteile unbeabsichtigt oder als bewußt eingesetztes Magerungsmittel in den Ton. Zwar hat sich die organische Substanz nicht mehr erhalten, dafür aber deren Hohlräume und Abdrücke mit bestimmbaren Strukturen.

Bevor die Pflanzenreste untersucht werden können, müssen diese zuerst aus dem Boden, in den sie eingebettet sind, herausgeschlämmt und ausgesiebt werden. Ihre Bestimmung erfolgt dann unter einer Stereolupe bei 10- bis 40facher Vergrößerungen, wobei die fossilen Pflanzenreste durch Vergleich mit rezenten Früchten und Samen identifiziert werden. Oft ist es aber nicht einfach, die kleinen

Reste einem charakteristischen Pflanzensamen oder einer Frucht zuzuordnen.

Nach jahrzehntelanger Forschung, die anfänglich noch Pioniercharakter besaß, da unter anderem eine zur Bestimmung erforderliche Vergleichssammlung von Früchten und Samen fehlte, zählt das Niederrheingebiet heute zu den am besten untersuchten Regionen Europas (Abb. 17). Hier ist die Vegetationsgeschichte vom Mesolithikum bis in die Neuzeit gut erforscht, wenn auch noch viele Fragen offen sind. Die Geschichte der Nutzpflanzen ist ein Teilbereich dieser Vegetationsgeschichte. Mit Hilfe der Analyse der Großreste werden aber auch andere Fragestellungen verfolgt, zum Beispiel die Geschichte der Grünlandwirtschaft oder die Veränderungen der natürlichen Vegetation im Laufe der Zeit. Häufig ergänzen sich dabei Pollen- und Großrestanalyse, denn während die schweren und meist nicht weit transportierten Früchte und Samen detailreich die Vegetation in der unmittelbaren Umgebung eines Fundplatzes widerspiegeln, repräsentieren die eingewehten Pollen auch die Vegetation des weiteren Umlandes.

## Wie sind die Pflanzenlisten zu lesen?

Nach der Beschreibung jeder Epoche folgt eine Übersicht über die in den archäologischen Befunden nachgewiesenen Früchte und Samen von Nutzpflanzen. Wenn möglich, wurde eine Rangfolge nach Fundhäufigkeit angegeben. Allerdings muß diese nicht unbedingt auch die Bedeutung in Anbau und Verbrauch wiedergeben, da die Auffindungs-

und Erhaltungschancen der verschiedenen Pflanzenteile aus den oben genannten Gründen recht unterschiedlich sein können. Dort, wo die Fundumstände und Fundhäufigkeiten eine Reihung nicht zuließen, wurden die Arten alphabetisch aufgelistet.

Erstnachweise für das Rheinland sind mit einem Sternchen (*) markiert. Pflanzen, deren Anbau (noch) nicht sicher belegt werden konnte - wie die Beigetreide, oder solche, die auch als Wildpflanzen vorkommen können - wurden in Klammern ( ) gesetzt. Im Anhang sind nochmals alle archäobotanisch nachgewiesenen Nutzpflanzen zusammengestellt.

## Die Zeit der Sammelwirtschaft

*Mesolithikum (9500 - 5300 v. Chr.)*

Aus der bisher geringen Menge von Pflanzenfunden mesolithischer Zeitstellung lassen sich kaum archäobotanische Erkenntnisse gewinnen. Es ist aber wahrscheinlich, daß fast alle unsere heimischen Wildgemüse- und Wildobstarten zur Nahrung der Menschen beigetragen haben. In mesolithischen Feuerstellen im Rheinland wurden Schalenreste von Haselnüssen so häufig gefunden, daß anzunehmen ist, daß deren Inhalt gegessen wurde, während man die Schalen ins Feuer warf. Die lichtliebenden Haselsträucher fanden an den alljährlich aufgesuchten Rastplätzen eine Umgebung, in der sie reichlich gedeihen konnten. Es ist möglich, daß sie dort von den Jägern und Sammlern schon geschont wurden und somit als Nutzpflanzen im engeren Sinne angesprochen werden können. Ähnliches gilt für die Samenfunde des Wei-

*Allen Abbildungen der Samen und Früchte ist ein Maßstab beigefügt, der in der Natur 1 mm entspricht.*

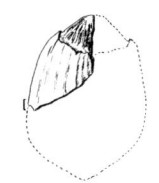

*Abb. 18: Corylus avellana, Haselnuß*

Auswahl von Sammelpflanzen, die wahrscheinlich zu allen Zeiten ab dem Mesolithikum genutzt worden sind:

Abb. 19:
**Rosa spec.,**
*Rose (Hagebutte)*

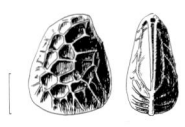

Abb. 20:
**Rubus fruticosus,**
*Brombeere*

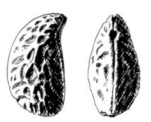

Abb. 21:
**Rubus idaeus,**
*Himbeere*

Abb. 22:
**Fragaria vesca,**
*Walderdbeere*

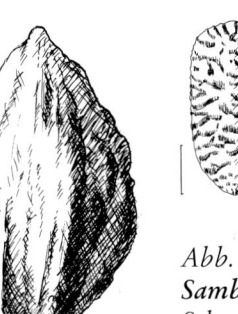

Abb. 23:
**Prunus spinosa,**
*Schlehe*

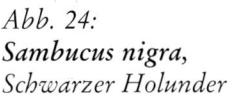

Abb. 24:
**Sambucus nigra,**
*Schwarzer Holunder*

*Abb. 25 (l.):*

**Corylus avellana,** *Haselnuß: Eine Sammel-frucht, die so häufig in mesolithischen Feuerstellen gefunden wurde, daß ihre Nutzung archäobotanisch als bewiesen gelten kann.*

*Darüber hinaus gab es Sammelpflanzen, von denen wir annehmen können, daß sie ab dem Mesolithikum genutzt worden sind, auch wenn ihr Nachweis erst für spätere Kulturen gelang:*

*Abb. 26 (u.l.):*
**Rosa spec.,** *Rose (Hagebutte): Seit dem Altneolithikum nachgewiesen*

*Abb. 27 (u.r.):*
**Rubus fruticosus,** *Brombeere: Seit dem Mittelneoli-thikum nachgewiesen*

*Abb. 28 (l.):*
**Rubus idaeus,**
*Himbeere: Seit dem Altneolithikum nachgewiesen*

*Abb. 29 (r.):*
**Fragaria vesca,**
*Walderdbeere: Zwar erst seit der jüngeren Eisenzeit nachgewiesen, wuchs sie aber schon in den Jahrtausenden davor in den Wäldern.*

*Abb. 30 (l.):*
**Prunus spinosa,**
*Schlehe: Seit dem Altneolithikum nachgewiesen*

*Abb. 31 (r.):*
**Sambucus nigra,**
*Schwarzer Holunder: Seit dem Altneolithikum nachgewiesen*

ßen Gänsefußes an einem mesolitischen Fundplatz an der Erft. Dieses einjährige, eßbare Kraut ist möglicherweise an diesem künstlich freigehaltenen Lagerplatz schon geerntet und vielleicht auch gepflegt worden.

## Die ersten Ackerbauern

*Altneolithikum: Linienbandkeramik (5300 - 5000 v. Chr.)*

Die „neolithische Revolution", in deren Folge der Mensch seßhaft wurde und zur bäuerlichen Lebensweise überging, begann in der Alten Welt um ca. 9000 v. Chr. mit der bewußten Aussaat großkörniger Wildgräser am Fuße der kleinasiatischen Gebirge vom Libanon bis nach Persien. Dies war die Geburtsstätte der Landwirtschaft.
Durch den Anbau der Feldfrüchte war eine Vorratshaltung über den aktuellen Bedarf hinaus und infolgedessen ein ganzjähriger Aufenthalt an einem Ort möglich. Die Seßhaftigkeit mit all ihren Folgen, wie Hausbau, Tierhaltung und Keramikproduktion, wurde zum neuen Lebensstil dieser Menschen. In rund 1000 Jahren entwickelten sich aus großkörnigen Wildgräsern die ältesten Getreide: Einkorn, Emmer, Nacktgerste. Zu den ersten Kulturpflanzen zählen auch die Hülsenfrüchte Erbse und Linse sowie die Öl- und Faserpflanze Lein.
Ausgehend vom diesem Gebiet, dem Fruchtbaren Halbmond, breiteten sich die Kulturpflanzen und die neolithische Lebensweise auch nach Europa aus und erreichten in der zweiten Hälfte des sechsten Jahrtausends v. Chr. das Rheinland. Hier sind Seßhaftigkeit

und Ackerbau mit der Kultur der Bandkeramik ab 5300 v. Chr. nachweisbar. Die bandkeramischen Siedlungen konzentrierten sich, wie die aller nachfolgenden neolithischen Kulturen, auf die fruchtbaren linksrheinischen Lößbörden. Alle archäobotanischen Proben neolithischer Datierung stammen daher aus den Lößgebieten zwischen den Städten Köln, Aachen und Mönchengladbach. Insgesamt konnten 37 Fundstellen untersucht werden, wobei sich vor allem die in den 70er Jahren durchgeführten Ausgrabungen der Universität zu Köln im Bereich des Merzbachtales auf der Aldenhovener Platte (südwestlich von Jülich) als ertragreich erwiesen (s. Abb. 17).
Auf den noch kleinen Äckern der Bandkeramiker wuchsen die Getreidearten Einkorn und Emmer sowie die zu den Wildgräsern zählende Trespe (Acker-/Roggentrespe).
Nach der Häufigkeit der Funde zu schließen, dominierte damals auf den Feldern im Rheinland Einkorn noch vor Emmer. Diese beiden Weizenarten waren im Vorderen Orient entstanden und im Zuge der Neolithisierung auch in die Rheinlande eingeführt worden. Emmer und Einkorn gehören ebenso wie der erst viel später, in der frühen Eisenzeit, angebaute Dinkel zu den Spelzweizenarten, das heißt, ihre Körner sind von Spelzen fest umschlossen. Diese Spelzen müssen vor der Verwendung zum Kochen oder Backen erst in einem gesonderten Arbeitsgang entfernt werden. Bei den sogenannten Nacktgetreiden, wie dem heutigen Saatweizen, ist keine gesonderte Entspelzung erforderlich.
Der Name Einkorn (*Triticum monococcum*) bezieht sich darauf, daß sich in einem Ährchen nur jeweils ein einzelnes Korn befindet, wäh-

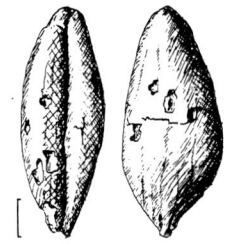

*Abb. 32:*
**Triticum monococcum**, *Einkorn*

*Abb. 33:*
**Triticum dicoccum**, *Emmer*

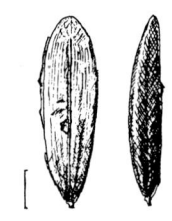

Abb. 34:
*Bromus arvensis/*
*secalinus,*
*Acker-/Roggentrespe*

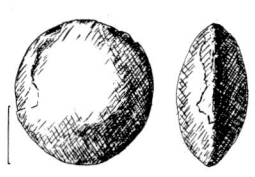

Abb. 35:
*Lens culinaris,*
*Linse*

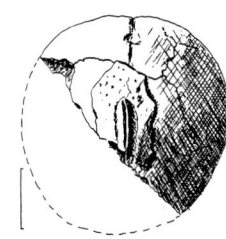

Abb. 36:
*Pisum sativum,*
*Erbse*

rend in den Ährchen des Emmers zwei Körner sind(„Zweikorn").

Einkorn und Emmer waren über Jahrtausende die wichtigsten Getreidefrüchte. Beide Weizenarten kamen in den Proben vom Niederrhein stets zusammen vor und wurden wohl gemeinsam auf den Feldern angebaut (Mischanbau). In Südwestdeutschland (besonders in Württemberg) wurden Einkorn und Emmer noch bis in unser Jahrhundert hinein kultiviert. Heute spielen sie in Deutschland keine Rolle mehr. Im Rheinland sind sie schon im Mittelalter nicht mehr angebaut worden und kamen seither nur noch als Beigetreide auf den Feldern vor. In den bandkeramischen Proben konnte vereinzelt eine dritte Weizenart, der zu den Nacktweizen zählende Zwergweizen, nachgewiesen werden. Er war aber nur von geringer Bedeutung.

Es ist eine Besonderheit des Rheinlandes, daß in allen bandkeramischen Proben die Trespe (Acker-/Roggentrespe) in großer Zahl nachgewiesen wurde. Sie machte neben den Kulturgetreiden Einkorn und Emmer oft bis zu einem Drittel aller großkörnigen Grasfunde aus. Von allen mitteleuropäischen Wildgräsern besitzen die Trespen die größten Früchte. Es scheint so, daß sie von den ersten Bauern auf den Einkorn-Emmer-Mischfeldern erwünscht und deshalb dort auch wieder ausgesät worden sind. So konnten sie sich in den ersten Jahrhunderten der bäuerlichen Kultur zusammen mit Einkorn und Emmer auf den Feldern behaupten, obwohl die Körner-Ausbeute der Trespen im Vergleich zum Weizen gering ist. (Zum Vergleich: um ein Gramm Körner ohne Spelzen zu gewinnen, benö-

tigt man ca. 120 Körner der Roggentrespe, aber nur ca. 30 Körner vom Einkorn.)

Von Beginn der bäuerlichen Wirtschaft an bildeten beinahe überall die beiden Hülsenfrüchte Erbse und Linse als Eiweißlieferanten zusammen mit den Weizenarten Einkorn und Emmer den Grundstock der pflanzlichen Nahrung. Auch in den niederrheinischen Pflanzenfunden aus bandkeramischer Zeit kommen Erbsen und Linsen häufig vor. Im Rheinland dominierte anscheinend der Anbau von Erbsen, denn zumeist fanden sich in den Proben doppelt so viele Erbsen wie Linsen. Beide sind gemeinsam mit dem Getreide als Kulturformen aus dem östlichen Mittelmeerraum zu uns gekommen. Da der Anbau dieser einjährigen Leguminosen eine besondere Pflege durch mehrfaches Hacken und Jäten benötigte, lagen die mit ihnen bestellten Flächen, wie heute noch in ländlichen Gebieten, sicher in Hausnähe, wo sie auch besser vor wilden Tieren geschützt werden konnten.

Ergänzt wurde das pflanzliche Nahrungsangebot durch den Anbau der Ölpflanze Lein. Der ebenfalls aus dem vorderasiatischen Raum stammende Lein läßt sich zweifach nutzen: einmal als Ölfrucht (Samen), zum anderen als Faserpflanze (Stengel). Ob die Bandkeramiker bereits Fasern aus der Pflanze gewonnen haben, ist mangels entsprechender Funde bisher fraglich. Auch ein Auspressen des Leinöls konnte noch an keiner Fundstelle nachgewiesen werden. Die ölhaltigen Samen werden daher eher als Ganzes oder zu einem Brei gequetscht verzehrt worden sein.

Daneben stand den ersten Bauern im Rheinland als ölhaltige Pflanze der Borstenmohn zur Verfügung, dessen Samen für diese Epoche bislang nur am Niederrhein, in den Niederlanden und in Frankreich nachgewiesen sind; andernorts taucht der Mohn erst in Siedlungen ab dem Mittel- bis Jungneolithikum auf. Da der Borstenmohn aus dem westlichen Mittelmeergebiet stammt, wird angenommen, daß diese Nutzpflanze - im Gegensatz zu den anderen aus dem Südosten eingeführten Kulturpflanzen - aus dem (Süd-)Westen kommend Mitteleuropa erreicht hat. Noch vor kurzem war der Borstenmohn aus neolithischen Siedlungen nur durch einige wenige Körner belegt, bis man in der Verfüllung des bandkeramischen Brunnens von Erkelenz-Kückhoven mehr als 6000 Mohnsamen auslesen konnte. Aufgrund dieses massenhaften Vorkommens kann vermutet werden, daß der Mohn in bandkeramischer Zeit am Niederrhein nicht Unkraut war, sondern als Nutzpflanze auf eigenen Feldfluren stand.

Der kleinwüchsige Borstenmohn, von dem vermutlich unser heutiger Schlafmohn abstammt, konnte vielfältig verwendet werden. Da die Samen zu über 40 % aus Öl, zu 16 % aus Kohlenhydraten und zu 14 % aus Eiweiß bestehen, ist er ein fett- und eiweißreiches Nahrungsmittel und zur Ölgewinnung geeignet. Es ist zu vermuten, daß man schon in prähistorischer Zeit um die heilende und betäubende Wirkung des Milchsaftes aus der grünen Kapselwand gewußt hatte, der seine Wirkung den Inhaltsstoffen Morphin (Morphium), Noscapin und Codein verdankt.

Neben dem Anbau von Getreide, Hülsenfrüchten, Lein und Mohn nutzten die Menschen weiterhin das Angebot der Natur in Form von Wildobst und Haselnüssen: Damals, in dem etwas wärmeren Klima des Atlantikums (s.o.), kam noch der Wild- (oder Holz-)Apfel in den Wäldern vor; heute ist diese Art bei uns ausgestorben. Die kleinen, harten und säuerlichen Holzapfelfrüchte wurden ebenso gepflückt und gesammelt wie Schlehe (Schwarzdorn), Hagebutte (Wildrose), Kratzbeere (Acker-Brombeere), Himbeere, Schwarzer Holunder und Mehlbeere. Die Liste der genutzten Wildobstarten ist jedoch mit Sicherheit nicht vollständig, denn Wildobst-Reste lassen sich für urgeschichtliche Zeiten nur selten nachweisen, da sie zumeist frisch verzehrt wurden und kaum zu bevorraten waren. Sammelfunde, die auf Vorratshaltung schließen lassen, gibt es aus der Bandkeramik bislang nur von Holzapfel und Kratzbeere.

Beliebte Vorratsfrüchte blieben durch alle Zeiten hindurch die Haselnüsse. Für Haselsträucher gilt dasselbe wie für die meisten Wildobstarten, sie kamen zwar wild in der Natur vor, ihre Existenz wird aber von den ersten Bauern durch eine gewisse Schonung gefördert worden sein (Heckenkultur am Rande der Rodungsinseln).

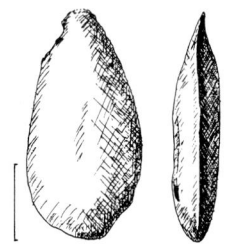

Abb. 37:
*Linum usitatissimum,*
*Gebauter Lein, Flachs*

Abb. 38:
*Papaver setigerum,*
*Borstenmohn*

**Nachgewiesene Nutzpflanzen im Altneo-lithikum: Bandkeramik (5300 - 5000 v. Chr.)**

**Getreidearten (nach Fundhäufigkeit)**
* *Triticum monococcum*            Einkorn
* *Triticum dicoccum*              Emmer
* *Bromus arvensis/secalinus* Acker-/Roggentrespe
* *(Triticum aestivo-compactum)* Zwergweizen

**Öl- und Gespinstpflanzen (alphab.)**
* *Linum usitatissimum*            Gebauter Lein,
                                   Flachs
* *Papaver setigerum*              Borstenmohn

**Hülsenfrüchte**
* *Pisum sativum*        Erbse
* *Lens culinaris*       Linse

**Nüsse**
*Corylus avellana*       Haselnuß

**Wildobst (alphab.)**
* *Malus sylvestris*     Holzapfel
* *Prunus spinosa*       Schlehe
* *Rosa* spec.           Rose (Hagebutte)
* *Rubus caesius*        Kratzbeere
* *Rubus idaeus*         Himbeere
* *Sambucus nigra*       Schwarzer Holunder
* *Sorbus aria*          Mehlbeerbaum

*Die wichtigsten
altneolithischen
Anbaupflanzen
im Rheinland:*

*Abb. 39 (l.):*
**Triticum dicoccum,**
*Emmer*

*Abb. 40 (r.):*
**Triticum
monococcum,**
*Einkorn*

Abb. 41 (l.): **Bromus arvensis/ secalinus,** Acker-/Roggentrespe: Im Altneolithikum wurden diese großfrüchtigen Gräser in größeren Mengen mitgeerntet.

Abb. 42 (r.): **Lens culinaris,** Linse

Abb. 43 (l.): **Pisum sativum,** Erbse

Abb. 44 (r.): **Linum usitatissimum,** Gebauter Lein, Flachs

## Der Ackerbau in Mittel- und Jung-neolithikum

*Mittelneolithikum: Großgartach,*
*Planig-Friedberg, Rössen, Bischheim*
*(5000 - 4400 v. Chr.)*
*Jungneolithikum: Michelsberg*
*(4400 - 3500 v. Chr.)*

Die Nutzpflanzenspektren der mittel- und jungneolithischen Kulturen unterscheiden sich wenig von dem der bandkeramischen Zeit. Allerdings fällt auf, daß in der Nutzpflanzenliste nun einige Arten fehlen. Das hängt nicht zwangsläufig mit dem Verschwinden der betroffenen Pflanze aus dem Anbau- oder Speiseplan der mittel- und jungneolithischen Bevölkerung zusammen, sondern kann auf eine Forschungslücke hinweisen, denn dieser Zeitabschnitt ist im Rheinland durch weit weniger Grabungen belegt als die Bandkeramik. Aus dem gesamten Zeitabschnitt sind im Rheinland archäobotanisch nur 20 Ausgrabungen (2 Großgartach, 9 Rössen, 2 Bischheim und 7 Michelsberg) untersucht worden; hinzu kommt, daß von diesen wesentlich weniger Bodenproben zur Verfügung standen als aus bandkeramischen Ausgrabungen. Die geringen Fundzahlen lassen nur für das besser dokumentierte Mittelneolithikum (vor allem die Rössener Zeit) eine Auflistung nach Fundhäufigkeiten zu. Die Liste aus der jungneolithischen Michelsberger Zeit ist lückenhaft. Die wenigen Pflanzenfunde lassen keine Reihung nach ihrer Bedeutung zu.

Zu den innerhalb des Zeitabschnittes nicht mehr nachweisbaren Nutzpflanzen zählen unter anderem die Linse und der Borstenmohn. Während das Ausbleiben des Borstenmohns wahrscheinlich auf einer Fundlücke beruht, könnte im Falle der Linse ein tatsächlicher Anbaurückgang vorliegen, denn insgesamt kann die Forschung in Deutschland seit der Rössener Kultur einen starken Rückgang des Anteils von Hülsenfrüchten an den Nahrungspflanzen-Funden feststellen. Erst in der Bronzezeit nahm deren Anteil wieder erkennbar zu, ohne allerdings den Stand der bandkeramischen Epoche zu erreichen. Da schon in der Bandkeramik die Linse nur halb so häufig wie die Erbse vorkam, mag erstere von dem allgemeinen Rückgang in der Rössener Zeit auch stärker betroffen gewesen sein als die weiterhin nachgewiesene Erbse. Zumindest ist im Rheinland die Linse seit dem Mittelneolithikum bis zum Beginn der Eisenzeit nicht mehr gefunden worden.

Auf den mittel- und jungneolithischen Feldern wurden noch immer Einkorn und Emmer im Mischanbau kultiviert, allerdings überwog nun der Emmer. Auch die Trespen waren noch mit hohen Anteilen in den Feldern vertreten. Die höchsten Trespengehalte wurden sogar in einer Probe aus einer Rössener Siedlung bei Inden festgestellt: Trespenkörner machten hier zwei Drittel aller Getreidekörner aus.

Als neues Getreide kam in der mittelneolithischen Zeit die Gerste hinzu. Sie ist im Rheinland erstmals ab der Rössener Zeit nachgewiesen. In Mitteldeutschland und im mittleren Neckartal ist sie bereits in der Bandkeramik angebaut worden; dort machte sie sogar oft mehr als die Hälfte des gefundenen Getreides aus. Die zumeist als Sommergetreide angebaute Gerste ist ein anpas-

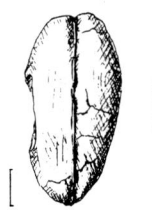

*Abb. 45:*
**Hordeum**
**hexastichon nudum**
*Sechszeilige*
*Nacktgerste*

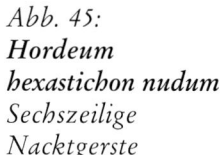

sungsfähiges Getreide: Sie gedeiht im Gebirge und im hohen Norden ebenso wie im dürregefährdeten Süden. Ihr Ursprung ist - wie bei Einkorn und Emmer - im Vorderen Orient zu suchen. Anders als beim Brotgetreide Weizen (zu dem u.a. Einkorn und Emmer zählen) fehlt der Gerste der Kleber; daher kann sie nicht zu Brot verbacken werden. Sie wurde ausschließlich zu Grütze zerstoßen und als grober Brei genossen.

Im Rheinland lassen sich in Rössener Zeit zwei Formen von Gerste nachweisen: Neben der dominierenden Nacktgerste kam die Gerste auch bespelzt vor (= Vierzeilige Spelzgerste). Beide Gersten sind aus einer zweizeiligen Wildgerste hervorgegangene Kulturformen. Nacktkörnige, unbespelzte Gerstenarten waren als Sommergetreide in vorgeschichtlicher Zeit recht häufig; später wurden sie von bespelzten Gersten abgelöst, die widerstandsfähiger sind. Die Nacktgersten sind heute nur noch sehr selten anzutreffen. Erstaunlich ist, daß die am Niederrhein gefundenen Gerstenkörner bereits in Rössener Zeit so groß waren wie heute.

In der Michelsberger Kultur kommt noch eine weitere Getreideart hinzu: der Saatweizen. Seit dieser Zeit findet man in ganz Mitteleuropa Spuren dieses „modernen" Weizentyps. Der Saatweizen gehört zusammen mit dem schon in bandkeramischer Zeit nachgewiesenen Zwergweizen zu den Nacktweizenarten (ohne Spelzen). Im Vergleich zu den heutigen Sorten trug der frühe Saatweizen aber noch deutlich kleinere Körner. Bis zur Römerzeit spielte er im Anbau nur eine untergeordnete Rolle. Proben aus Michelsberger Zeit zeigen, daß er wohl in geringem Umfang gemeinsam mit dem Zwergweizen

kultiviert wurde. Er kann daher als noch relativ unbedeutendes Beigetreide des Zwergweizens gewertet werden. Hauptgetreide blieben auch im Jungneolithikum Einkorn, Emmer und Gerste.

Im Falle der Wildobstarten wurde bereits erwähnt, daß sie in der Regel frisch verzehrt und selten bevorratet wurden. Dadurch ist ihre Überlieferungschance sehr viel geringer als beim Getreide. Da aus dem Mittel- und Jungneolithikum zudem weit weniger Proben als aus der Bandkeramik vorliegen, verwundert es nicht, wenn die ein oder andere Wildobstart verschwunden zu sein scheint. Neben den in mittel- bis jungneolithischen Proben gefundenen Holzapfel-, Hagebutten- und Brombeer-Resten werden sicherlich auch die seit der Bandkeramik genutzten Arten, wie Schlehe, Kratzbeere, Himbeere und Holunder (s.o.), das Nahrungsangebot weiterhin bereichert haben.

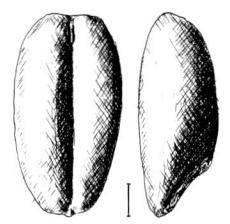

Abb. 46:
*Triticum aestivum*, Saatweizen

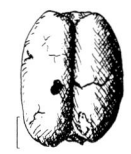

Abb. 47:
*Triticum aestivo-compactum*, Zwergweizen

## Nachgewiesene Nutzpflanzen im Mittelneolithikum: Großgartach, Rössen, Bischheim (5000–4400 v. Chr.)

### Getreidearten (nach Fundhäufigkeit)

| | |
|---|---|
| *Triticum monococcum* | Einkorn |
| *Triticum dicoccum* | Emmer |
| * *Hordeum hexastichon nudum* | |
| | Sechszeilige Nacktgerste |
| *Bromus arvensis/secalinus* | Acker-/Roggentrespe |
| *Triticum aestivo-compactum* | Zwergweizen |
| * *Hordeum vulgare vulgare* | Vierzeilige Spelzgerste |

### Hülsenfrüchte

| | |
|---|---|
| *Pisum sativum* | Erbse |

**Nüsse**
*Corylus avellana*            Haselnuß

**Wildobst (alphab.)**
*Malus sylvestris*           Holzapfel
*Rosa* spec.                 Rose (Hagebutte)

*Triticum aestivo-compactum*   Zwergweizen
\* (*Triticum aestivum*)        (Saatweizen)
*Triticum dicoccum*            Emmer
*Triticum monococcum*          Einkorn

**Nüsse**
*Corylus avellana*            Haselnuß

**Wildobst (alphab.)**
*Malus sylvestris*           Holzapfel
\* *Rubus fruticosus*         Brombeere

*Im Mittel und Jungneolithikum wird vor allem die Palette der genutzten Getreide im Rheinland erweitert:*

### Nachgewiesene Nutzpflanzen im Jungneolithikum (Michelsberg: 4400 – 3500 v. Chr.)

**Getreidearten (alphab.)**
*Hordeum hexastichon nudum*
                             Sechszeilige
                             Nacktgerste

*Abb. 48 (l.):*
**Hordeum hexastichon nudum,** *Nacktgerste (links)* **und Hordeum vulgare vulgare,** *Vierzeilige Spelzgerste (rechts).*

*Abb. 49 (r.):*
**Triticum aestivo-compactum,** *Zwergweizen (links) und* **Triticum aestivum,** *Saatweizen (rechts): Der Zwergweizen ist in der Rössener Zeit ein häufiges Anbaugetreide. Im Jungneolithikum tritt erstmals Saatweizen als Beigetreide auf.*

# Die Ausdehnung des Kulturlandes?

*Spätneolithikum (3500 – 2800 v. Chr.)*

Für diese archäologisch und archäobotanisch kaum faßbare Zeit kann bislang keinerlei Aussage zum Nutzpflanzenspektrum gemacht werden.

# Die Zeit der Viehzüchter?

*Endneolithikum: Schnurkeramik/*
*Rheinische Becherkultur, Glockenbecher*
*(3500–2200 v. Chr.)*
*Frühbronzezeitliche Becherkulturen*
*(2200–1900 v. Chr.)*

Auch diese vorgeschichtliche Epoche stellt eine Forschungslücke in der Paläoethnobotanik des Rheinlandes dar. Von den ohnehin nur sehr seltenen Ausgrabungen dieser Zeitstellung wurden bisher keine Proben untersucht.

# Der Ackerbau in der Bronzezeit

*Ältere Bronzezeit (1900–1200 v. Chr.)*
*Jüngere Bronzezeit: Urnenfelderzeit*
*(1200–700 v. Chr.)*

Auch für die Bronzezeit ist die archäologische Quellenlage im Rheinland eher dürftig. Während aus der ca. 3000jährigen Epoche des Neolithikums die pflanzlichen Großreste von 57 Fundplätzen in zum Teil großangelegten Untersuchungen bearbeitet wurden - die Mehrzahl davon aus bandkeramischer Zeit ,

waren es aus der rund 1000 Jahre dauernden Bronzezeit lediglich 14 Plätze mit meist nur wenigen Pflanzenfunden. Dabei stammen die meisten Proben aus dem jüngeren Abschnitt, der Urnenfelderzeit.

In den bronzezeitlichen Proben kamen Einkorn und Emmer mehrfach noch gemeinsam vor, also wurden sie wie im Neolithikum weiterhin im Mischanbau kultiviert, wiederum mit einem überwiegenden Anteil von Emmer. Unter den Gerstenfunden dominierte wie schon zuvor die Nacktgerste vor der Vierzeiligen Spelzgerste.

Die großkörnigen Gräser der Acker-/Roggentrespe, die im Neolithikum noch ein häufig geerntetes „Getreide" waren, verloren in der Bronzezeit ihre Bedeutung. Ihr Anteil an den Körnerfunden liegt nun unter 1 % und unterscheidet sich nicht mehr von den Anteilen der anderen mitgeernteten Ackerunkräuter, die bei der Reinigung des Erntegutes im Getreidevorrat verblieben. Man bemühte sich also, das Saatgut sorgfältig von den Trespenkörnern zu reinigen, um sie nicht weiter auf den Feldern zu fördern.

Als neue Arten kamen auf den bronzezeitlichen Feldern erstmals zwei Hirsearten sowie Hafer und Dinkel vor. Den spärlichen Fundresten nach hatten Hafer und Dinkel damals jedoch erst die Bedeutung eines Beigetreides; da sie später eine größere Rolle spielen sollten, ist ihr erstes Vorkommen bereits in der Bronzezeit aber bemerkenswert.

Aus der jüngeren Bronzezeit (Urnenfelderzeit) wurde erstmals Hafer im Rheinland - wenn auch nur in geringer Zahl - nachgewiesen. Es konnten sowohl die Wildform, der Flughafer, als auch die (heutige) Kulturform, der Saathafer, belegt werden. Sie beide waren geduldete Begleiter in den Emmer-, Einkorn- und Gerstenfeldern. Der Flughafer unterscheidet sich vom Saathafer dadurch, daß die reifen Ährchen an der Basis leicht abbrechen. Daher ist der Flughafer nicht als Anbaugetreide geeignet, eine Ernte ist immer mit großen Verlusten an Körnern verbunden. Die genetisch nahe verwandten Flug- und Saathafer stammen aus dem Gebiet nördlich des Schwarzen Meeres, wo beide zunächst als „Unkräuter" in Getreidefeldern wuchsen. Als Unkräuter kamen sie auch gemeinsam nach Mitteleuropa. Die Entdeckung beider Haferarten in einer urnenfelderzeitlichen Probe aus dem Rheinland widerlegte die ältere Ansicht, der Saathafer habe sich während der Bronzezeit erst in Mitteleuropa aus dem Flughafer entwickelt. Während der Flughafer stets Unkraut blieb, sollte der Saathafer später, ab der Frankenzeit, ein wichtiges Anbaugetreide in den Rheinlanden werden. Da Hafer auch in einem kühlgemäßigten und feuchten Klima gedeiht, konzentriert sich sein Anbau heute auf West- und Nordeuropa. Sein erstmaliges Auftreten in der Bronzezeit wurde möglicherweise von dem im Vergleich zum Atlantikum nun kühleren und feuchteren Klima des Subboreals unterstützt.

Ebenfalls im jüngeren Abschnitt der Bronzezeit wurde auch an fast allen Fundplätzen des Rheinlandes Dinkel gefunden, allerdings nur mit jeweils wenigen Körnern. Dinkel muß daher - wie der Hafer - als Beigetreide gewertet werden; einen Reinanbau von Dinkel gab es am Niederrhein frühestens in der Eisenzeit.

Anders als Hafer und Dinkel wurden Rispen- und Kolbenhirse als eigenständige Anbaufrüch-

te auf gesonderten Hackfruchtfeldern als Sommerfrüchte angebaut. Freilich blieb der Anteil der Hirse, die vor allem auf anspruchslosen sandigen Böden gut gedeiht, in den rheinischen Lößbörden gegenüber den drei Hauptgetreidearten Einkorn, Emmer und Gerste noch gering. Da Hirse ähnlich wie Gerste keinen Kleber ausbildet, konnte sie nicht zum Backen verwendet werden: aus Hirse wurde Brei gekocht. Die Rispenhirse kam als Kulturform aus den kontinentalen Klimaregionen Zentral- und Ostasiens nach Mitteleuropa. Die Herkunft der Kolbenhirse, die anstelle der Rispen einen großen, lappig gegliederten Kolben aufweist, ist noch fraglich. Ihre Wildform, die grüne Borstenhirse, kommt auch in Mitteleuropa vor; daher könnte die Kolbenhirse auch in Europa entstanden sein. Der früheste Nachweis der Kolbenhirse stammt allerdings aus Afghanistan.

Unter den Hülsenfrüchten trat in der Bronzezeit erstmals die bis heute als rheinische Spezialität beliebte Feld- oder Ackerbohne (auch Dicke Bohne genannt) auf. Als Ursprung der Kulturform kommt eine mediterrane Wildform in Frage. Die Bezeichnung Dicke Bohne hatte die vorgeschichtliche Varietät der Ackerbohne noch lange nicht verdient, denn alle ihre gefundenen Samen sind bis zum Mittelalter kleinkörnig mit Längen von 4 bis 10 mm; die heutigen Formen sind mehr als doppelt so groß. Möglicherweise hängt auch der Anbau der Ackerbohne mit der subborealen Klimaverschlechterung zusammen, denn sie gedeiht am besten in mäßig kühlem, feuchtem Klima. So ist es vielleicht kein Zufall, daß die Ackerbohne fast schlagartig in Mitteleuropa am Ende der Bronzezeit auftaucht. Heute wird die früher

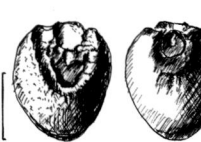

*Abb. 50:*
**Panicum miliaceum,**
*Rispenhirse*

*Abb. 51:*
**Setaria italica,**
*Kolbenhirse*

weit verbreitete Varietät dieser Hülsenfrucht in Deutschland vor allem als Viehfutter angebaut; nur im Rheinland, in Westfalen und in Teilen Norddeutschlands sind die frischen, grünen Samen der Ackerbohne auch weiterhin eine Nahrungsspezialität.

Die seit der Bandkeramik angebaute Erbse ist in bronzezeitlichen Proben wieder vermehrt nachgewiesen, jedoch nicht die Linse, die nach den archäobotanischen Beobachtungen vermutlich schon in jungneolithischer Zeit kaum oder nicht mehr angebaut wurde. Generell nahm jedoch von der Bronzezeit an der Anteil der eiweißreichen Hülsenfrüchte gegenüber dem Getreide wieder zu.

An Ölfrüchten standen der rheinischen Bevölkerung der Bronzezeit außer dem Borstenmohn nun auch der Leindotter zur Verfügung. Diese heute nicht mehr angebaute, gelb blühende Pflanze hat eine ähnliche Geschichte wie der Hafer. Wie dieser war der Leindotter zunächst als Unkraut, wahrscheinlich zusammen mit dem Lein (daher sein Name, denn Lein und Leindotter sind nicht verwandt und nicht ähnlich), auf die Felder gekommen. Zur Kulturform wandelte sich der Leindotter, dessen Wildformen aus Südosteuropa und Südwestasien stammen, nicht wie viele andere Pflanzen im Gebiet des Fruchtbaren Halbmondes, sondern erst in Europa. Die bereits im Spätneolithikum bis ins Alpenvorland eingeschleppte Wildform verlor ihre Wild-Eigenschaften infolge der unbeabsichtigten Kultivierung auf den Leinfeldern. Die Kulturform unterscheidet sich von der Wildform vor allem durch ihre größeren Samen. Am Niederrhein lassen sich bereits die ersten Funde des Leindotters aus der Bronzezeit als seine groß-

samige Kulturform identifizieren. Das Fehlen eines eindeutigen Sammelfundes macht es jedoch wahrscheinlich, daß er damals noch nicht angebaut wurde. Ein Reinanbau ist erst ab der Eisenzeit belegt. Leindotter wird in der Bronzezeit daher mehr zufällig als öl- und eiweißhaltiger Begleiter des Leins verzehrt worden sein. Heute wird Leindotter nicht mehr angebaut, am Niederrhein verlor er schon im Mittelalter seine Bedeutung als Nahrungspflanze.

Der erneute Beleg des Borstenmohns in bronzezeitlichen Proben spricht dafür, daß sein scheinbares Fehlen am Niederrhein in der mittel- bis endneolithischen Zeit eher auf einer Forschungslücke beruht als auf einem tatsächlichen Anbaurückgang. Das gleiche gilt für die schlecht nachweisbaren Wildobstarten. Die relativ geringe Zahl archäobotanisch bearbeiteter bronzezeitlicher Fundplätze erschwert ihren Nachweis zusätzlich. Auch weiterhin werden alle bekannten Wildobstarten und Nüsse gesammelt und verzehrt worden sein.

Allmählich scheinen sich in der Bronzezeit die Nahrungsgewohnheiten der Menschen am Niederrhein in größerem Ausmaße geändert zu haben: Als gesicherte neue Anbaupflanzen kommen Hirse und Ackerbohne hinzu. Dinkel und Hafer sind ebenfalls neu, wurden aber noch nicht angebaut, sondern als „nützliches" Unkraut auf den Äckern mitgeerntet. Das Hinzukommen neuer Kulturpflanzen verbreiterte die Ernährungsgrundlage und machte die Grundversorgung sicherer. Vor allem die gegenüber dem Klima robusteren, aus dem östlichen Zentralasien stammenden Nahrungspflanzen gewannen an Bedeutung.

Abb. 52:
*Vicia faba,*
*Feldbohne,*
*Ackerbohne*

An neuen, wichtigen Nutzpflanzen lassen
sich im bronzezeitlichen Rheinland u.a.
nachweisen:

Abb. 53 (o.l.):
**Panicum
miliaceum,**
Rispenhirse

Abb. 54 (o.r.):
**Setaria italica,**
Kolbenhirse

Abb. 55 (l.):
**Vicia faba,**
Feldbohne,
Ackerbohne

Nachgewiesene Nutzpflanzen in der
Bronzezeit:
Ältere Bronzezeit
(1900 - 1200 v. Chr.)
Jüngere Bronzezeit: Urnenfelderzeit
(1200 - 700 v. Chr.)

### Getreidearten (alphab.)

| | |
|---|---|
| * (Avena sativa) | (Saathafer) |
| Hordeum hexastichon nudum | Sechszeilige Nacktgerste |
| Hordeum vulgare vulgare | Vierzeilige Spelzgerste |
| * Panicum miliaceum | Rispenhirse |
| * Setaria italica | Kolbenhirse |
| Triticum aestivum | Saatweizen |
| Triticum aestivo-compactum | Zwergweizen |
| Triticum dicoccum | Emmer |
| Triticum monococcum | Einkorn |
| * (Triticum spelta) | (Dinkel) |

### Öl- und Gespinstpflanzen (alphab.)

| | |
|---|---|
| * (Camelina sativa) | (Leindotter) |
| Papaver setigerum | Borstenmohn |

### Hülsenfrüchte (alphab.)

| | |
|---|---|
| Pisum sativum | Erbse |
| * Vicia faba | Feldbohne, Ackerbohne |

### Nüsse (alphab.)

| | |
|---|---|
| Corylus avellana | Haselnuß |
| * Quercus robur | Stieleiche |

### Wildobst (alphab.)

| | |
|---|---|
| Malus sylvestris | Holzapfel |
| Sambucus racemosa | Traubenholunder |

# Die keltische Landwirtschaft

*Ältere Eisenzeit: Hallstatt- und Frühlatène-
zeit (700 –250 v. Chr.)*
*Jüngere Eisenzeit: Mittel- und Spätlatènezeit
(250–50 v. Chr.)*

Im Gegensatz zu den vorangehenden Epochen
ist die Eisenzeit im Rheinland archäobotanisch
wieder sehr gut belegt: Es konnten Proben aus
51 Grabungsorten untersucht werden. Die
deutliche Verbreiterung des Nahrungs- und
Nutzpflanzenspektrums ist aber nicht allein
mit der verbesserten Quellenlage zu erklären.
Außer einigen neuen Nutzpflanzen finden sich
etliche, die vorher nur in Spuren vorkamen,
nun so häufig, daß ihr Anbau als gesichert gelten kann.
Zunächst unterscheidet sich das Nutzpflanzenspektrum der älteren Eisenzeit nur wenig von dem der jüngeren Bronzezeit; denn
der eigentliche landwirtschaftliche Umbruch,
der zur eisenzeitlichen Wirtschaft führte, lag
bereits in der Urnenfelderzeit.
Die eisenzeitliche Getreidevielfalt ging zu Las-
ten der alten Arten Einkorn und Emmer, deren Anteil am Gesamtgetreide schon in der
Bronzezeit gesunken war und nun weiter ab-
nahm. Vom Rückgang war am stärksten der
Einkorn-Anbau betroffen, während Emmer am
Niederrhein bis in die Römerzeit ein wichtiges Getreide blieb. Übereinstimmend mit den
Verhältnissen in anderen Regionen wurde am
Niederrhein besonders viel Gerste, wiederum
in erster Linie Nacktgerste, angebaut.
Zu den Hauptgetreiden zählen nun die beiden Hirsearten Rispen- und Kolbenhirse. Die
Häufung von Hirsefunden ist geradezu cha-
rakteristisch für die eisenzeitliche Epoche im

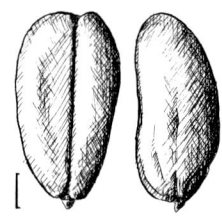

Abb. 56:
*Triticum spelta*,
*Dinkel*

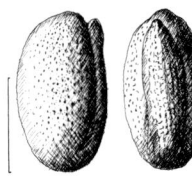

Abb. 57:
*Camelina sativa*,
*Leindotter*

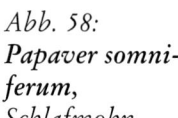

Abb. 58:
*Papaver somni-
ferum*,
*Schlafmohn*

Rheinland; damals gehörte der Hirsebrei zu den Grundnahrungsmitteln der Bevölkerung. Neben der überall in Mitteleuropa vorkommenden Rispenhirse wurden in den rheinischen Proben seit der Bronzezeit auch immer wieder größere Anteile der Kolbenhirse gefunden. Da bis heute Funde der Kolbenhirse ansonsten nur aus Portugal, Spanien und Italien bekannt sind, sie jedoch aus Mittel-, Ost- und Nordeuropa fehlen, scheint es sich um eine weitere frühe rheinische Besonderheit gehandelt zu haben.

Größere Fundzahlen belegen eine gestiegene Bedeutung des erstmals in bronzezeitlichen Proben entdeckten Dinkels. Der Dinkel wurde in 60 % aller archäobotanisch untersuchten eisenzeitlichen Siedlungen des Rheinlandes gefunden. Da Dinkel meist zusammen mit Emmer nachgewiesen wurde, kann vermutet werden, daß es hier keine reinen Dinkelfelder gegeben hat, sondern daß er als Begleiter des ebenfalls zu den Spelzweizenarten zählenden Emmers angebaut wurde (Mischanbau). Wie zuvor wurden außer den Spelzweizenarten auch weiterhin die beiden Nacktweizenarten Zwerg- und Saatweizen angebaut.

Erstmals konnten in ältereisenzeitlichen Proben aus dem Rheinland Roggenkörner gefunden werden; die wenigen Funde legen jedoch nahe, daß er zunächst nur als Unkraut in den Wintergetreidefeldern stand. Der Roggen wurde bereits Jahrtausende vorher im vorderasiatischen Raum zur Kulturpflanze und kam als Unkraut von dort nach Westeuropa. Der erste Nachweis des Roggens in der Eisenzeit ist für das Rheinland bemerkenswert, sollte er sich doch im Mittelalter zum wichtigsten Anbaugetreide entwickeln. Seine spätere Ausbreitung und Bedeutung verdankt er

vor allem seiner Unempfindlichkeit gegen Nässe, Trockenheit und Kälte, weshalb er sowohl im Norden wie in Bergländern gut gedeiht. Auch der schon für die Bronzezeit belegte Saathafer kam zwar in etlichen eisenzeitlichen Proben vor, aber noch immer so vereinzelt, daß auch er nur als geduldetes „Unkraut" mitgeerntet wurde.

Bei den Ölpflanzen wurde der Leindotter - wie Sammelfunde beweisen - ab der jüngeren Eisenzeit bewußt angebaut. Wegen seines scharfen, an Rettich und Senf erinnernden Geschmacks wird der Leindotter nicht nur als ölreiche Nahrungspflanze, sondern auch als Gewürz gedient haben.

Wurde von den Mohnarten bisher nur der Borstenmohn genutzt, wächst nun auf den Feldern der älteren Eisenzeit auch der Schlafmohn. Beide - Borsten- und Schlafmohn - sind schon als Kulturpflanzen anzusehen, wobei sich der Schlafmohn wohl aus dem in Samen und Kapsel kleiner ausgebildeten Borstenmohn entwickelt hat. Anders als der uns vertraute Klatschmohn an den Feldrändern besitzen sowohl Borsten- als auch Schlafmohn vorwiegend weiß-violette und nicht rote Blüten.

Die eiweißreichen Hülsenfrüchte Erbse, Akkerbohne und die ab der älteren Eisenzeit wieder nachgewiesene Linse bildeten weiterhin zusammen mit den Getreiden die pflanzliche Nahrungsgrundlage. Als eine mögliche neue Hülsenfrucht wurde in eisenzeitlichen Proben die Linsenwicke gefunden. Diese Wicke sieht wegen ihrer länglichen Blattfiedern der Linse sehr ähnlich, ist aber insgesamt derber und dickstengeliger. Sie hat ihre Heimat im Mittelmeergebiet und in der Türkei. In Deutschland wurde sie noch gelegentlich in der ersten Hälfte unseres Jahrhunderts als Viehfutter für das Milchvieh angebaut. Ihre Verwendung als Nahrungspflanze muß trotz ihres prähistorischen Nachweises fraglich bleiben, weil sie im rohen Zustand wegen eines Giftstoffes, der Magenkrämpfe, Erbrechen oder Durchfall hervorruft, unverträglich ist, allerdings kann der Giftstoff durch Auslaugen und Dämpfen unschädlich gemacht werden.

Wie oben erwähnt, ist es schwierig, den Anbau von Gemüse- und Salatpflanzen archäobotanisch zu belegen, denn die hauptsächlich genutzten Pflanzenteile wie Blätter, Stengel und Wurzelknollen haben sich in der Regel nicht erhalten. Man ist daher allein auf die Funde ihrer widerstandsfähigen Samen und Früchte angewiesen; Gemüse- und Salatpflanzen werden jedoch in der Regel vor Ausbildung ihrer Samen geerntet. Es ist nicht auszuschließen, daß man gelegentlich auch die Samen selbst genutzt hatte: So werden bis heute die Samen vieler Kohlarten auch als Senfkörner (weißer und schwarzer Senf sind zwei Kohlarten) und/oder als Öllieferanten (Raps) verwendet. Eine weitere Schwierigkeit besteht darin, daß sich die Früchte und Samen vieler Gemüse- und Salatpflanzen nicht von denen ihrer Wildformen unterscheiden lassen.

Beginnend mit der Eisenzeit können erstmals archäobotanisch nachgewiesene Gemüse- und Salatpflanzen wie Möhre, Feldsalat und Rübsen, wenn auch mit gewissen Vorbehalten, aufgeführt werden. Die wilde Möhre wächst bei uns auf trockenen Wiesen, an Wegen und als Ruderalpflanze. Ihre Kulturform hatte sich im Mittelmeerraum spätestens in der Eisenzeit entwickelt. Allerdings lassen sich die Früchtchen der einheimischen wilden Möhre nicht von denen der Kulturform unterscheiden.

Auch die Kulturform hatte zur damaligen Zeit noch kleine, weiße und holzige Wurzeln; aus ihr wurde unsere gelbrote Gemüsemöhre erst in der frühen Neuzeit gezüchtet. Obwohl angenommen werden kann, daß die Möhre im eisenzeitlichen Rheinland bereits angebaut wurde, läßt sich dies anhand der ohnehin nur selten zu findenden Früchte nicht eindeutig belegen.

Ähnliche Nachweisprobleme stellen sich für den Anbau des Feldsalates. Feldsalat kommt in mehreren Arten vor, die alle auch als Unkraut auf Getreidefeldern und auf Brachen wachsen. In eisenzeitlichen Proben wurde der Gefurchte Feldsalat anhand seiner Früchte identifiziert, dieser entspricht dem heute in Gärten gezogenen Feldsalat. Nach den Funden könnte er schon in der älteren Eisenzeit genutzt worden sein; sein Anbau muß aber fraglich bleiben.

Die wilden Rübsen, auch Rübenkohl oder Feldkohl genannt, sind auf der Nordhalbkugel mit vielen regionalen Rassen beheimatet. Im Rheinland wurden seine Samen erstmals in Proben der jüngeren Eisenzeit entdeckt. Ob der Feldkohl wegen seiner Wurzelverdickung (heutige Zuchtform z.B. Teltower Rübchen), wegen seiner Blätter und Stengel (heutige Zuchtformen: Chinakohl und Stielmus) oder wegen seines ölhaltigen Samens, der aufgrund seiner senfähnlichen Schärfe auch als Würzmittel Verwendung findet, gesammelt oder schon angebaut wurden, ist für das eisenzeitliche Rheinland noch ungeklärt. Die Fundumstände in einer jungneolithisch datierten Probe aus einer Seeufersiedlung bei Solothurn in der Schweiz legen es nahe, daß man bereits damals, lange vor der Eisenzeit, den Anbau von Rübsen zusammen mit dem von Getreide, Hülsenfrüchten und Mohn kannte.

Abb. 59:
*Daucus carota,*
*Wilde Möhre*

Abb. 60:
*Valerianella locusta,*
*Echter Feldsalat*

Abb. 61:
*Valerianella rimosa,*
*Gefurchter Feldsalat*

Abb. 62:
*Brassica rapa*
*campestris,*
*Rübenkohl*

## Nachgewiesene Nutzpflanzen in der älteren Eisenzeit: Hallstatt- und Frühlatènezeit (700–250 v. Chr.)

### Getreidearten (nach Fundhäufigkeit)

| | |
|---|---|
| *Panicum miliaceum* | Rispenhirse |
| *Triticum dicoccum* | Emmer |
| *Hordeum hexastichon nudum* | Sechszeilige Nacktgerste |
| *Triticum spelta* | Dinkel |
| *Setaria italica* | Kolbenhirse |
| *Hordeum vulgare vulgare* | Vierzeilige Spelzgerste |
| *Triticum aestivo-compactum* | Zwergweizen |
| *Triticum monococcum* | Einkorn |
| *Triticum aestivum* | Saatweizen |
| * *(Secale cereale)* | (Roggen) |

### Öl - und Gespinstpflanzen (nach Fundhäufigkeit)

| | |
|---|---|
| *Camelina sativa* | Leindotter |
| *Papaver setigerum* | Borstenmohn |
| * *Papaver somniferum* | Schlafmohn |

### Hülsenfrüchte (nach Fundhäufigkeit)

| | |
|---|---|
| *Pisum sativum* | Erbse |
| *Vicia faba* | Feldbohne, Ackerbohne |
| *Lens culinaris* | Linse |
| * *(Vicia ervilia)* | (Linsenwicke) |

### Gemüse- und Salatpflanzen (alphab.)

| | |
|---|---|
| * *(Daucus carota)* | (Wilde Möhre) |
| * *(Valerianella locusta)* | (Echter Feldsalat) |
| * *(Valerianella rimosa)* | (Gefurchter Feldsalat) |

### Nüsse

| | |
|---|---|
| *Corylus avellana* | Haselnuß |

### Wildobst (alphab.)

| | |
|---|---|
| *Prunus spinosa* | Schlehe |
| *Rubus fruticosus* | Brombeere |
| *Rubus idaeus* | Himbeere |
| *Sambucus nigra* | Schwarzer Holunder |
| *Sambucus racemosa* | Traubenholunder |

## Nachgewiesene Nutzpflanzen in der jüngeren Eisenzeit: Mittel- und Spätlatènezeit (250–50 v. Chr.)

### Getreidearten (nach Fundhäufigkeit)

| | |
|---|---|
| *Triticum dicoccum* | Emmer |
| *Triticum spelta* | Dinkel |
| *Panicum miliaceum* | Rispenhirse |
| *Hordeum hexastichon nudum* | Nacktgerste |
| *Hordeum vulgare vulgare* | Vierzeilige Spelzgerste |
| *Setaria italica* | Kolbenhirse |
| *Triticum aestivum* | Saatweizen |
| *Triticum monococcum* | Einkorn |
| *Triticum aestivo-compactum* | Zwergweizen |
| *(Avena sativa)* | (Saathafer) |
| *(Secale cereale)* | (Roggen) |

### Öl- und Gespinstpflanzen (alphab.)

| | |
|---|---|
| *Camelina sativa* | Leindotter |
| *Linum usitatissimum* | Gebauter Lein, Flachs |
| *Papaver somniferum* | Schlafmohn |

### Hülsenfrüchte (nach Fundhäufigkeit)

| | |
|---|---|
| *Pisum sativum* | Erbse |
| *Lens culinaris* | Linse |
| *Vicia faba* | Ackerbohne |
| *(Vicia ervilia)* | (Linsenwicke) |

### Gemüse- und Salatpflanzen (alphab.)

| | |
|---|---|
| * *Brassica rapa campestris* | Rübenkohl |
| *Daucus carota* | Wilde Möhre |
| *(Valerianella rimosa)* | (Gefurchter Feldsalat) |

**Nüsse (alphab.)**
Corylus avellana       Haselnuß
Quercus robur          Stieleiche

**Wildobst (alphab.)**
* Fragaria vesca       Walderdbeere
Prunus spinosa         Schlehe
Rosa spec.             Rose (Hagebutte)
Rubus fruticosus       Brombeere
Rubus idaeus           Himbeere
Sambucus nigra         Schwarzer Holunder

*Auswahl einiger neuer oder wichtiger Pflanzen für die Eisenzeit:*

*Abb. 63:*
**Triticum spelta,** *Dinkel: Neben den Hirsen gewinnt nun der Dinkel an Gewicht. Vor allem in der jüngeren Eisenzeit zählt Dinkel zu einem Hauptgetreide des Rheinlandes.*

*Abb. 64 (l.):*
**Camelina sativa,** *Leindotter: Den Funden nach wird der Leindotter in der jüngeren Eisenzeit feldmäßig angebaut worden sein.*

*Abb. 65 (r.):*
**Papaver somniferum,** *Schlafmohn: Zum Borstenmohn tritt ab der älteren Eisenzeit nun der heute bekannte Schlafmohn.*

In der Eisenzeit gelang erstmals der archäobotanische Nachweis von Gemüse- und
Salatpflanzen:

Abb. 66 (o.l.):
**Daucus carota,**
Wilde Möhre: ab der älteren Eisenzeit

Abb. 67 (o.r.):
**Brassica rapa campestris,**
Rübenkohl: ab der jüngeren Eisenzeit

Abb. 68 (l.):
**Valerianella locusta,**
Echter Feldsalat: ab der älteren Eisenzeit

## Der Wandel der Landwirtschaft unter dem Einfluß Roms

*(53 v. Chr. – 459 n. Chr.)*

Die Römerzeit ist archäologisch und archäobotanisch die am besten erforschte Epoche des Rheinlandes, zumindest im linksrheinischen Teil der Provinz Niedergermanien. Hier konnten Proben aus 55 Lokalitäten bearbeitet werden, die zumeist eine Fülle von Pflanzenresten bargen. Aus dem rechtsrheinischen freien Germanien gibt es hingegen kaum archäobotanische Daten.

Von den aus der römischen Provinz bekannten 61 Nutzpflanzen sind mehr als die Hälfte (37 Pflanzenarten) Erstnachweise, Wildobst und Importfrüchte sowie Heilpflanzen nicht eingerechnet. Zu den schon in der Eisenzeit heimisch gewordenen Nutzpflanzen kamen nun weitere, welche die römischen Besatzer aus ihrem mediterranen Stammland mitbrachten. Eine Vielzahl neuer Nutzpflanzen wurde so in unserer Region heimisch. So gut wie alle dieser Nutzpflanzen sind uns bis heute vertraut, wie zum Beispiel die Würzkräuter Dill, Kümmel, Petersilie und Sellerie ebenso Walnuß und Edelkastanie sowie alle Kulturobstarten, unter anderem Süßkirsche, Pflaume, Pfirsich, Gartenapfel, Birne und Wein.

Zum erstenmal sind archäobotanisch nun auch Importfrüchte belegt: Reis, Oliven, Pfeffer, echter Thymian, Feigen, Datteln und Mandeln konnten im Rheinland nicht gedeihen, wurden aber - vermutlich hauptsächlich für das römische Militär - aus dem Süden eingeführt. Diese Importfrüchte werden sicherlich auch den Speisezettel wohlhabender Einheimischer bereichert haben.

Getreide blieb in der Römerzeit die Nahrungsgrundlage sowohl der einheimischen Bevölkerung als auch der römischen Soldaten. Die Bedeutung der Weizenarten nahm zu: Unter den nachgewiesenen Weizenarten Dinkel, Saatweizen, Zwergweizen, Emmer und Einkorn dominierten die drei erstgenannten. Einkorn, dessen Bedeutung bereits seit der Bronzezeit zurückgegangen war, konnte in römischen Proben nur noch selten gefunden werden. Diese seit der Bandkeramik genutzte Spelzweizenart war in römischer Zeit für die menschliche Ernährung unbedeutend geworden.

Demgegenüber steigt nun der Anteil des schon im Neolithikum als „Unkraut" nachgewiesenen Saatweizens. Sowohl der Saatweizen als auch der kleinkörnigere Zwergweizen zählen zu den Nacktgetreiden, das heißt, bei ihnen brauchen die Körner nicht in einem gesonderten Arbeitsgang entspelzt zu werden. Angesichts der riesigen Mengen an Getreide, die zur Versorgung der neuen städtischen und militärischen Siedlungen erforderlich waren, war dies sicher von Vorteil. Beim Nacktweizenanbau bevorzugte die römische Landwirtschaft erstmals den „modernen", bis heute geläufigen Saatweizen, wenn auch die damalige Rasse noch vergleichsweise kleine Körner hatte.

Vorratsfunde belegen, daß sich daneben auch noch ein Reinanbau von Zwergweizen behaupten konnte. Aus Gründen, die wir heute nicht mehr kennen, wurde dieser aufgrund seiner kleinen Körner und kurzen Ähren vergleichsweise ertragsarme Weizen über Jahrhunderte hinweg bis ins Mittelalter hinein angebaut. Einsichtiger erscheint uns heute der Aufstieg des Spelzweizens Dinkel zu einem

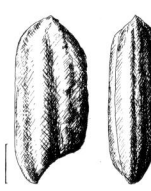

*Abb. 69:*
***Oryza sativa,***
***(Import)***
*Kulturreis*

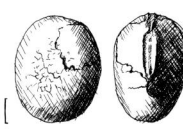

*Abb. 70:*
**Vicia sativa,**
*Saatwicke,*
*Futterwicke*

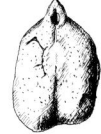

*Abb. 71:*
**Cicer arietinum,**
*(Import?)*
*Kichererbse*

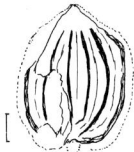

*Abb. 72:*
**Pastinaca sativa,**
*Pastinak*

Hauptgetreide in der Römerzeit, denn der Nachteil des Entspelzens konnte durch die Größe seiner Körner, die damals schon die Größe heutiger Hochleistungsrassen des Saatweizens hatten, ausgeglichen werden. Neben den Weizenarten blieb die Gerste auch in der Römerzeit eines der Hauptgetreide. Ebenso blieb der im Gebiet schon seit dem Altneolithikum angebaute Spelzweizen Emmer für die Nahrungsproduktion von Bedeutung.

Erstmals lassen sich in der Römerzeit bestimmte Verwendungsschwerpunkte der verschiedenen Getreidearten ausmachen. Signifikante Unterschiede gab es bei der Gerste: Im Militärlager von Neuss wurde fast doppelt so viel Gerste wie Weizen gefunden, in Proben aus der Zivilsiedlung von Xanten traten hingegen die Gersten deutlich hinter den Weizenarten zurück. Dies zeigt, daß die Grundlage der Soldatennahrung die Gerstengrütze war, während die zivile Bevölkerung das Brotgetreide vorzog. Als Brotgetreide nutzte die Xantener Bevölkerung vor allem Dinkel und Emmer (Saatweizenkörner haben hier nur einen Anteil von rund 2 % der Getreidefunde). Auch im Militärlager Neuss wurde Brot verzehrt, dort verwendete man jedoch den leichter zu verarbeitenden Saatweizen.

In allen römerzeitlichen Fundstätten wurden auch Körner des Saathafers und des Roggens gefunden. Keine dieser Kornarten liegt aber in römischer Zeit als eindeutiger Vorratsfund vor. Deshalb ist ein Reinanbau beider Getreidearten für diese Zeit nicht bewiesen.

Deutlich weniger als in der Eisenzeit wurde in der römischen Provinz Hirse angebaut; Vorratsfunde (z.B. aus dem römischen Militärlager von Neuss) zeigen aber, daß die Hirse ihre Wertschätzung nicht ganz verloren hatte. Als kurzlebige genügsame Sommerfrucht waren alle Hirsearten für eine Aussaat auch auf schlechteren Sandböden geeignet. Es war vielleicht die einheimische Bevölkerung, die an der Verwendung dieser nützlichen Körnerfrucht, aus der ein nahrhafter Brei bereitet werden konnte, festhielt. Zumindest deuten die wenigen untersuchten Fundstellen aus dem nicht römischen Rheinland darauf hin, daß die dortige Bevölkerung weiterhin viel Hirse anbaute.

Der Anbau von Hülsenfrüchten änderte sich in römischer Zeit nur wenig. Die auch in Italien bekannten Erbsen, Linsen und Ackerbohnen sowie die Linsenwicke waren auch schon in früheren Epochen im Rheinland angebaut worden. Den Funden nach spielten vor allem Erbse, Ackerbohne und Linse eine große Rolle in der Ernährung sowohl der Soldaten als auch der Zivilbevölkerung. Neu hinzu kam in der Römerzeit die aus dem Mittelmeerraum stammende Saatwicke.

Im römischen Militärlager von Neuss wurde ein verkohlter Vorrat von Kichererbsen gefunden. Dieser Fund blieb der einzige seiner Art. Wahrscheinlich wurden die Kichererbsen aus dem Mittelmeerraum importiert. Es ist aber auch möglich, daß es sich schon um eine Ernte aus heimischen Anbau handelte, zumal ein Kichererbsenanbau später für das Mittelalter und für die frühe Neuzeit in anderen Regionen Deutschlands belegt ist; im Rheinland gibt es dafür keinen archäobotanischen Nachweis.

In den römischen Proben kommen Samen von Gemüsepflanzen so häufig vor, daß der Schluß auf ihren gärtnerischen Anbau immer wahrscheinlicher wird. Vorratsfunde aus dem Militärlager von Neuss sprechen unter anderem für die Ansaat von Möhren, Rüben, Sellerie und Pastinak.

Mit Pastinak und Sellerie brachten die Römer zusätzlich zu den seit der Eisenzeit bekannten Gemüsen Möhre, Rübenkohl und Feldsalat zwei neue Arten aus ihrer mediterranen Heimat an den Niederrhein. Die weiße, etwas weiche Wurzel des mit der Möhre verwandten Pastinak wird erst in jüngster Zeit wieder auf den Märkten angeboten. Wie die Möhre ist ihre Wildform auf Plätzen, Wegrändern und offenen Schuttflächen in ganz Europa und Asien zu finden. Zuerst kultiviert wurde sie wahrscheinlich in Italien. Zur selben Familie wie Möhre und Pastinak (Familie der Doldenblütler) zählt auch der Sellerie. Er war bei den Römern vor allem wegen seines würzenden Grünkrautes (in der Liste daher unter Gewürzpflanzen aufgeführt) sehr beliebt. Bis in die frühe Neuzeit hinein wird Sellerie in erster Linie als Würzkraut und nicht als Knollengemüse genutzt. Selleriesamen wurden in allen römischen Lagern in Deutschland nachgewiesen. Reste der Würzpflanze Knoblauch konnte hingegen bislang nur im Neusser Römerlager gefunden werden. Wie schon im Falle des Kichererbsenfundes muß offen bleiben, ob Knoblauch bereits im Rheinland angebaut oder aus dem mediterranen Raum eingeführt worden ist.

Ebenfalls auf das Rheinland beschränkt sind die frühesten Nachweise von Rübensamen aus römischer Zeit. Die Rübe ist eine außerordentlich variantenreiche Nahrungspflanze. Sie wird heute in vier Rassen kultiviert: als Mangold, wenn Blatt und Stiel betont sind, als Rote Bete bei Ausbildung einer roten Wurzelknolle und als Futter- oder Zuckerrübe mit weißer Wurzelknolle. Die gefundenen Fruchtknäule lassen zwar den Nutzungstyp in römischer Zeit nicht erkennen, jedoch hält man es für sehr wahrscheinlich, daß vor allem die Blätter und Stiele als Mangold in der Küche Verwendung fanden.

Auch der aus Südeuropa und dem östlichen Mittelmeergebiet stammende Amarant wurde von den Römern als Blattgemüse angebaut. Amarant blieb zwar auch im Mittelalter bekannt, entwickelte sich aber nie zu einem verbreiteten Gemüse. Im 16. Jahrhundert wurde der Amarant durch den Spinat ersetzt. Die Pflanze läßt sich heute nur noch als Wege- und Ackerrandunkraut wiederfinden. Ebenfalls selten geworden ist auch die von den Römern eingeführte - nur in Neuss nachgewiesene - Salatpflanze Portulak. Als Blatt- und Salatgemüse machten die Römer auch die großblättrige Gartenkresse im Rheinland bekannt.

Die gegenüber der einheimischen Ernährung weitaus feinere römische Küche zeigt sich am deutlichsten anhand der langen Liste der erstmals nachgewiesenen Gewürzkräuter. Allein die im Neusser Militärlager gefundenen 3000 Samen von sechs verschiedenen Gewürzpflanzen belegen deren Wertschätzung in römischer Zeit. Fast alle Würzpflanzen wie Sellerie, Knoblauch, Dill, Petersilie, Kümmel, Koriander, Bohnenkraut, echter Thymian (der importiert wurde, da nur der Arznei-Thymian auch in unseren Breiten wächst) und Fenchel wurden von den Römern eingeführt und dann in hausnahen Kräutergärten kultiviert. Wie die Befunde aus Latrinen der *Colonia Ulpia Traiana* (Xanten) zeigen, wurden diese Gewürze fast allen Speisen wie Brei, Brot und Gemüse zugefügt; geht man von der Fund-

Abb. 73:
**Apium graveolens,**
Sellerie

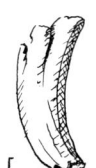

Abb. 74:
**Allium sativum,**
Knoblauch

Abb. 75:
**Beta vulgaris,**
Rübe (Fruchtknäuel)

Abb. 76:
**Portulaca oleracea,**
Portulak

Abb. 77:
**Lepidium sativum,**
Gartenkresse

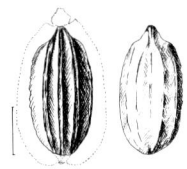

*Abb. 78:*
**Anethum graveolens,** *Dill*

*Abb. 79:*
**Satureia hortensis,** *Sommer-Bohnenkraut*

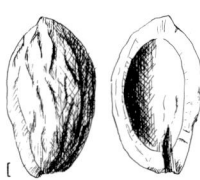

*Abb. 80:*
**Olea europaea, (Import)** *Ölbaum*

*Abb. 81:*
**Canabis sativa,** *Hanf*

häufigkeit aus, dann waren damals Koriander und Dill am beliebtesten.

Unter den Gewürzen ist auch der Hopfen, der in der Xantener Siedlung gefunden wurde, aufgeführt. Da er als Windepflanze auch natürlich in Auen- und Bruchwäldern vorkommt, muß seine Verwendung als Gewürz in römischer Zeit fraglich bleiben. Zum Würzen von Bier oder von bierähnlichen Getränken diente er wohl erst seit dem Hochmittelalter.

Als ölreiche Pflanzen wurden weiterhin Lein, Leindotter und Mohn angebaut. Aufgrund archäologischer Funde ist erstmals auch das Auspressen ihrer Samen zur Ölgewinnung belegt; für die früheren Zeiten konnte man dies nur vermuten. In römischer Zeit wurde viel pflanzliches Öl benötigt - als Speisezusatz, als Lampenöl und zur Körperpflege. Wie Funde aus Latrinen zeigen, wurden Samen der Ölpflanzen auch als Ganzes den Speisen beigegeben. Der Lein wurde damals sicherlich nicht nur zur Ölgewinnung, sondern auch zur Fasergewinnung feldmäßig angebaut.

Unter den Ölfrüchten ist auch die Olive aufgeführt. Die Olivenkerne stammen von importierten Früchten, deren Fruchtfleisch gegessen wurde.

Als neue Öl- und Faserpflanze ist aus römischer Zeit der Hanf nachgewiesen. Neben Lein und Flachs zählte der Hanf zu den wichtigsten Faserlieferanten in unseren Breiten. Die Hanffrüchte aus dem Lager von Neuss zählen zu den seltenen frühen Hanffunden und lassen es offen, ob die Pflanze ihrer ölhaltigen Früchte wegen oder als Textilrohstoff angebaut wurde. Die frühesten Funde von Hanffasern in Deutschland stammen aus dem Grab des Keltenfürsten von Hochdorf (bei Stuttgart) aus der älteren Eisenzeit.

Als Färbepflanze konnte erstmals die Färberresede nachgewiesen werden. Die Reste dieser auch Gilbkraut genannten, gelb färbenden Pflanze wurden unter anderem in Xanten, Neuss und Köln gefunden. Ihre Bindung an größere Kastelle oder Siedlungen spricht für ihre Nutzung zum Färben.

Die Einführung des Obstanbaus nördlich der Alpen zählt bis heute zu den nachhaltigsten Neuerungen der römischen Landwirtschaft. Zuvor waren Wildobst, Beeren und Nüsse nur aus siedlungsnahen Beständen gesammelt worden; zwar wurden die entsprechenden Bäume und Sträucher in ihrem Bestand sicherlich geschont, aber nicht gezielt angebaut und veredelt wie das Kulturobst. Auch in römischer Zeit wurde Wildobst weiterhin als vitamin- und geschmacksreiche Nahrungsergänzung geschätzt; sein Verzehr konnte durch Latrinenfunde zweifelsfrei belegt werden. Es wurden sogar „neue" Wildobstarten in römerzeitlichen Proben entdeckt, die freilich schon zuvor bei uns wuchsen, damals vielleicht aber nur selten genutzt wurden: Der Zwei- und Eingrifflige Weißdorn sowie der Attich.

Alle unsere Kulturobstbäume stammen ursprünglich aus dem Nahen Osten und wurden in römischer Zeit über die Südprovinzen des Imperiums auch in das Rheinland eingeführt. Damals wurden Apfel, Birne, Süß- und Kornelkirsche, Zwetschge, Pflaumen (bereits mit drei Rassen), Mispel, Maulbeere, Judenkirsche und der Walnußbaum bei uns heimisch; vielleicht auch der Pfirsich. Diese Bäume und Sträucher müssen in Obstgärten angepflanzt worden sein, denn ihre Wildformen gehörten nicht zum Bestand der bodenständigen Wälder. Alle diese Kulturobstarten wurden von der einheimischen Bevölkerung übernommen, und bis heute ist keine davon aus dem Rheinland verschwunden.

Wie die gefundenen Samen und Steinkerne zeigen, waren die Früchte noch deutlich kleiner als unsere heutigen. Das trifft vor allem für die *Prunus*-Arten (Kirschen, Pflaumen) zu. Die Kirschkerne waren so klein, daß sie oftmals verschluckt wurden und so in größeren Mengen in die Fäkaliengruben gelangen konnten. Gemessen an ihren Steinen waren aber viele Kulturkirschen schon deutlich größer als Wildkirschen, die etwa die Größe von Vogelbeeren hatten. Dieser archäobotanische Befund bestätigt Berichte von Plinius, der von mehreren guten Kirschsorten schrieb, die in Belgien und am Rhein wuchsen. Bei den Pflaumen konnte man bereits zwischen der primitiven kleinfruchtigen Haferpflaume und mehreren großfruchtigen Kulturrassen unterscheiden. Die in Form und Aussehen zwischen Kulturpflaumen und Schlehen stehenden Haferpflaumen behielten trotz der großfruchtigen Konkurrenz ihre Bedeutung als Nahrungsergänzung bis zur frühen Neuzeit bei.

Auch die Birne unterschied sich noch deutlich von unseren heutigen Kulturrassen; ihre Früchte enthielten viele harte Steinzellen, wie sie heute nur noch von den kleinfruchtigen Landsorten bekannt sind.

Erwähnenswert sind außerdem vier weitere Obstarten, die von den Römern ins Rheinland gebracht wurden: Mispel, Maulbeere, Kornelkirsche und Judenkirsche. Bis in die frühe Neuzeit hinein wurden sie noch am Niederrhein verzehrt, heute sind sie jedoch fast nur noch als Ziersträucher bekannt. Von den roten Beeren der Judenkirsche ist aus dem Mittelalter bekannt, daß sie zur Herstellung von Arzneiweinen dienten. Eventuell wurde die Judenkirsche auch in der Römerzeit nicht als Obst-, sondern als Heilpflanze genutzt.

Weinbeeren sind durch Funde ihrer Kerne belegt. Sie könnten zwar auch von getrockneten, aus dem Süden importierten Trauben stammen, doch ist es am Niederrhein durchaus möglich, Trauben zur Reife, wenn auch selten zu schmackhafter Süße zu bringen. Für das Mittelalter ist ein reger Weinanbau am Niederrhein bis weit nach Norden belegt.

Mit Sicherheit importiert wurden Feigen und Datteln. Beide sind vermutlich in getrockneter Form in das Rheinland verschickt worden. Vor allem Feigenkerne sind in allen römischen Siedlungen häufig gefunden worden, was für eine Beliebtheit der Feige und für ein gewisses Luxusleben der Bevölkerung spricht. Importiert wurden auch die erst jüngst in einem Xantener Brandgrab gefundenen Mandeln.

Bei den Nüssen ist erstmals die Buchecker nachgewiesen, die Frucht der heimischen Rotbuche wird aber mit Sicherheit schon vor der römischen Epoche verzehrt worden sein. Die Edelkastanie war in unseren Breiten nicht heimisch, auch wenn sie unter günstigen Umständen bei uns wachsen und fruchten kann. Sie gelangte erst in römischer Zeit in die Regionen nördlich der Alpen. Dabei kam sie vermutlich auch bis an den Niederrhein und wurde hier erstmals angebaut. Für die römische Zeit ist dieses Gehölz im Rheinland bisher nur pollenanalytisch nachgewiesen; den ältesten Fruchtfund gibt es erst aus einem fränkischen Grab bei Krefeld-Gellep. Walnußbäume wurden ebenfalls von den Römern im Rheinland angepflanzt; ihre Nüsse waren relativ häufig in römerzeitlichen Proben zu finden.

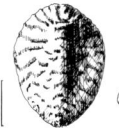

*Abb. 82:*
**Sambucus ebulus,**
*Attich*

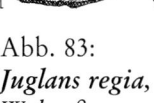

Abb. 83:
**Juglans regia,**
*Walnuß*

Aufgrund einer besonderen Fundsituation war es möglich, die Verwendung von Pflanzen als Heilpflanzen wahrscheinlich zu machen. So erwiesen sich Bodenproben aus einem Raum des Neusser Militärhospitals (*Valetudinarium*) als besonders pflanzenreich; eine medizinische Verwendung der Kräuter liegt auf der Hand. Die meisten von ihnen, wie Tausendgüldenkraut, Bilsenkraut, Bockshornklee und Eisenkraut werden in der römischen Literatur (Plinius, Dioskurides, Columella) als Heilpflanzen genannt. Aus diesen Schriften ist darüber hinaus eine medizinische Verwendung von Dill, Thymian und Koriander bekannt, die ebenfalls in der „Apotheke" von Neuss gefunden wurden. Sicherlich wurden etliche der „römischen" Heilpflanzen, wie zum Beispiel das vielseitig verwendbare Eisenkraut, schon vor der Römerzeit zu Heilzwecken genutzt, was aber archäobotanisch kaum bewiesen werden kann.

*Auswahl einiger neuer und wichtiger Nutzpflanzen in der Römerzeit :*

*Abb. 84 (o.):*
**Cannabis sativa,**
*Hanf*

*Vor allem die Vielfalt an Gemüsen und Gewürzen nahm unter dem Einfluß der römischen Besatzung enorm zu, u.a. werden seither folgende Gemüse- und Kräuter im Rheinland angebaut:*

*Abb. 85 (u.):*
**Beta vulgaris,**
*Rübe*

*Abb. 86 (l.):*
**Vicia sativa,**
*Saatwicke,*
*Futterwicke*

*Abb. 87 (r.):*
**Lepidium sativum,**
*Gartenkresse*

*Abb. 88 (l.):*
**Pastinaca sativa,**
*Pastinak*

*Abb. 89 (r.):*
**Portulaca oleracea,**
*Portulak*

*Abb. 90 (l.):*
**Anethum graveolens,**
*Dill*

*Abb. 91 (r.):*
**Satureia hortensis,**
*Sommer-Bohnen-kraut*

*Abb. 92 (l.):*
**Petroselinum crispum,**
*Gartenpetersilie*

*Abb. 93 (r.):*
**Apium graveolens,**
*Sellerie*

*Abb. 94 (l.) :*
**Thymus vulgaris, (Import?)**
*Echter Thymian*


*Neu waren auch alle Kulturobstarten (siehe Abbildungen im Kapitel Hochmittelalter) und die Nutzung von nicht-einheimischen Nüssen:*


*Abb. 95 (u. l.):*
**Juglans regia,**
*Walnuß*


*Abb. 96 (u. r.):*
**Prunus dulcis, (Import)**
*Mandel*

## Nachgewiesene Nutzpflanzen in der Römerzeit
(53 v. Chr.–459 n. Chr.)

### Getreidearten (nach Fundhäufigkeit)

| | |
|---|---|
| *Triticum spelta* | Dinkel |
| *Hordeum vulgare vulgare* | Vierzeilige Spelzgerste |
| *Triticum dicoccum* | Emmer |
| *Triticum aestivum* | Saatweizen |
| *Triticum aestivo-compactum* | Zwergweizen |
| *Hordeum hexastichon nudum* | Sechszeilige Nacktgerste |
| *Panicum miliaceum* | Rispenhirse |
| *Setaria italica* | Kolbenhirse |
| *Triticum monococcum* | Einkorn |
| (*Avena sativa*) | (Hafer) |
| (*Secale cereale*) | (Roggen) |
| * *Oryza sativa* (Import) | Kulturreis |

### Öl- und Gespinstpflanzen (nach Fundhäufigkeit)

| | |
|---|---|
| *Linum usitatissimum* | Gebauter Lein, Flachs |
| *Camelina sativa* | Leindotter |
| *Papaver somniferum* | Schlafmohn |
| *Papaver setigerum* | Borstenmohn |
| * *Cannabis sativa* | Hanf |
| * *Olea europaea* (Import) | Ölbaum |

### Hülsenfrüchte (nach Fundhäufigkeit)

| | |
|---|---|
| *Pisum sativum* | Erbse |
| *Lens culinaris* | Linse |
| *Vicia faba* | Feldbohne, Ackerbohne |
| * *Vicia sativa* | Saatwicke, Futterwicke |
| (*Vicia ervilia*) | (Linsenwicke) |
| * *Cicer arietinum* (Import?) | Kichererbse |

### Gemüse- und Salatpflanzen (alphab.)

| | |
|---|---|
| * *Allium sativum* (Import ?) | Knoblauch |
| * *Amaranthus blitum* | Aufsteigender Amarant |
| * *Beta vulgaris* | Rübe |
| *Brassica rapa campestris* | Rübenkohl |
| * *Cichorium intybus* | Zichorie |
| *Daucus carota* Wilde | Möhre |
| * *Lepidium sativum* | Gartenkresse |
| * *Pastinaca sativa* | Pastinak |
| * *Portulaca oleracea* | Portulak |
| *Valerianella locusta* | Echter Feldsalat |
| *Valerianella rimosa* | Gefurchter Feldsalat |

### Gewürzpflanzen (alphab.)

| | |
|---|---|
| * *Anethum graveolens* | Dill |
| * *Apium graveolens* | Sellerie |
| * *Carum carvi* | Wiesen-Kümmel |
| * *Coriandrum sativum* | Koriander |
| * *Foeniculum vulgare* | Fenchel |
| * *Humulus lupulus* | Hopfen |
| * *Petroselinum crispum* | Gartenpetersilie |
| * *Piper nigrum* (Import) | Schwarzer Pfeffer |
| * *Satureia hortensis* | Sommer-Bohnenkraut |
| * *Satureia montana* | Winter-Bohnenkraut |
| * *Sinapis arvensis* | Ackersenf |
| * *Thymus pulegioides* | Arznei-Thymian |
| * *Thymus vulgaris* (Import?) | Echter Thymian |

### Textilpflanzen

| | |
|---|---|
| * *Reseda luteola* | Färberresede |

### Nüsse (alphab.)

| | |
|---|---|
| *Corylus avellana* | Haselnuß |
| * *Fagus sylvatica* | Rotbuche (Bucheckern) |

| | |
|---|---|
| * *Juglans regia* | Walnuß |
| * *Pinus pinea* (Import) | Pinie |
| * *Prunus dulcis* (Import) | Mandel |

**Kulturobst (alphab.)**

| | |
|---|---|
| * *Cornus mas* | Kornelkirsche |
| * *Ficus carica* (Import) | Feigenbaum |
| * *Malus domestica* | Gartenapfel |
| * *Mespilus germanica* | Echte Mispel |
| * *Morus nigra* | Schwarze Maulbeere |
| * *Phoenix dactylifera* (Import) | Dattel |
| * *Physalis alkekengi* | Judenkirsche |
| * *Prunus avium* | Süßkirsche |
| * *Prunus domestica* | Zwetschge |
| * *Prunus insititia* | Pflaume |
| * *Prunus insititia juliana* | Haferpflaume |
| * *Prunus insititia oxycarpa* | Ovalpflaume |
| * *Prunus insititia subrotunda* | Rundpflaume |
| * *Prunus persica* (Import?) | Pfirsich |
| * *Pyrus communis* | Gartenbirne |
| * *Vitis vinifera* | Weinrebe |

**Wildobst (alphab.)**

| | |
|---|---|
| * *Crataegus laevigata* | Zweigriffliger Weißdorn |
| * *Crataegus monogyna* | Eingriffliger Weißdorn |
| *Fragaria vesca* | Walderdbeere |
| *Malus sylvestris* | Holzapfel |
| *Prunus spinosa* | Schlehe |
| *Rosa* spec. | Rose (Hagebutte) |
| *Rubus caesius* | Kratzbeere |
| *Rubus fruticosus* | Brombeere |
| *Rubus idaeus* | Himbeere |
| * *Sambucus ebulus* | Attich |
| *Sambucus nigra* | Schwarzer Holunder |
| *Sambucus racemosa* | Traubenholunder |
| *Sorbus aria* | Mehlbeerbaum |
| * *Vaccinium myrtillus* | Heidelbeere, Waldbeere |

Exkurs: Römische Heilpflanzen
(Erläuterung im Text)

| | |
|---|---|
| *Centaurium umbellatum* | Tausendgüldenkraut |
| *Hyoscyamus niger* | Bilsenkraut |
| *Hypericum perforatum* | Johanniskraut |
| *Plantago lanceolata* | Spitz-Wegerich |
| *Trigonella foenum-graecum* | Bockshornklee |
| *Verbena officinalis* | Eisenkraut |

## Niedergang oder Kontinuität?

*Frühmittelalter: Merowingerzeit
(5.–7. Jh. n. Chr.)*

Die ersten Jahrhunderte nach dem Ende der römischen Zeit, in denen sich die fränkische Vorherrschaft am Niederrhein etablierte, sind archäologisch kaum dokumentiert. Archäobotanische Proben konnten lediglich von insgesamt fünf Ausgrabungen ausgewertet werden: Bedburg-Königshoven, Bedburg-Kaster, Krefeld-Oppum, Wesseling und Duisburg (Alter Markt). Angesichts der schlechten Quellenlage muß davon ausgegangen werden, daß die Liste der Nutzpflanzenarten keinesfalls vollständig ist. Dennoch lassen sich Entwicklungen erkennen, die auf der Einführung der fränkischen Landwirtschaft beruhen. Am deutlichsten wird der Wandel bei den Getreidearten: Die in römischer Zeit geschätzten Weizenarten, Dinkel, Emmer, Zwerg- und Saatweizen, wurden mancherorts in Fortführung der römischen Landwirtschaft noch angebaut, können aber andernorts (rechtsrheinisch) schon fehlen oder sind nur in geringen Spuren nachgewiesen.

Zugenommen hat die relative Fundhäufigkeit von Gerste und vor allem vom bis dahin unbedeutenden Roggen. Diese beiden Getreidearten bildeten die Nahrungsgrundlage der eingewanderten fränkischen Bevölkerung. Die wenigen Funde deuten an, daß in der Regel mehr Roggen als Gerste angebaut wurde. Roggen, der im Rheinland erstmals in der Eisenzeit vereinzelt nachgewiesen werden konnte und den die Römer wohl wenig schätzten, war nun zum wichtigsten Brotgetreide der Bevölkerung geworden. Wahrscheinlich baute man Roggen als Wintergetreide und Gerste als Sommergetreide an.

Gerste wurde vor allem als Grütze gegessen. Bei Gregor von Tours (um 540–594) wird sie als tägliches Nahrungsmittel und als Fastenspeise erwähnt. An dritter Stelle in der Häufigkeit der Getreidefunde stand der Hafer, dessen Aufschwung zum Hauptgetreide während der Frankenzeit begann.

Allen diesen drei Getreidearten (Roggen, Gerste und Hafer) ist eine größere Widerstands- und Ertragsfähigkeit bei rauherem Klima und auf schlechteren Böden gemeinsam. Diese Vorteile waren den aus Osten und Norden kommenden fränkischen Einwanderern vertraut. So konnten sich diese Getreide angesichts des kühleren und feuchteren Klimas in der nachrömischen Zeit gegenüber den empfindlicheren Weizenarten auch am Niederrhein bewähren.

Die schlechte Quellenlage läßt Aussagen zum Anbaurückgang bestimmter Getreidarten nur bedingt zu: Einkorn wurde in den Proben aus der frühen Frankenzeit gar nicht mehr nachgewiesen, Emmer nur noch selten. Unter den Weizenarten behielt der Dinkel, zumindest in den linksrheinischen Siedlungen auf ehemals römischem Gebiet, eine gewisse Bedeutung; dieser Dinkelanbau kann als ein „Erbe" der römerzeitlichen Landwirtschaft gelten.

Bislang konnte aus fränkischer Zeit erst eine einzige rechtsrheinische Siedlung archäobotanisch untersucht werden (Duisburg, Alter Markt). Der Duisburger Kulturpflanzenbestand zeigt einige Unterschiede gegenüber dem des linksrheinischen Gebietes, vor allem durch die geringe Bedeutung oder sogar das Fehlen von Hirse, Weizen und Dinkel und der Abwesenheit von Kulturobst. Auch auf dem linksrheinischen Territorium ist allerdings mit einem vorübergehenden Rückgang des Obstbaus zu rechnen, denn dort wurde lediglich ein einziger Süßkirschenfund gemacht. In Duisburg deutet nur der (pollenanalytische) Nachweis von Walnußbäumen einen Kontakt mit der noch eher römisch geprägten Landwirtschaft des linken Niederrheins im 5. Jahrhunder n. Chr. an. Schalenreste der Edelkastanie wurden in einem Frankengrab des 6. Jahrhunderts in Krefeld-Gellep, also auf ehemaligem römischen Territorium, gefunden. Dies ist der erste Großrestnachweis; die Edelkastanie wurde jedoch bereits von den Römern ins Land gebracht. Wilde Obst- und Nußarten wurden hingegen auch weiterhin sowohl rechts- als auch linksrheinisch genutzt, zum Beispiel ließen sich Brombeeren, Kratzbeeren, Walderdbeeren, Himbeeren, Attich, Holunder, Bucheckern und Haselnuß nachweisen.

Neben den Kornfeldern müssen die Leinfelder in der frühen Frankenzeit eine Bedeutung gehabt haben; die ansonsten nur selten nachweisbaren Leinsamen waren in Duisburg in größerer Zahl gefunden worden. Lein diente zum einen der Speiseölgewinnung, zum anderen wohl auch zur Faserherstellung. Gregor von Tours erwähnt Leinen für Männer- und Frauenkleidung. In Duisburg wurden einige Kapseln vom Lein gefunden, die auf eine Fasergewinnung hinweisen, denn bevor die Flachsstengel in sogenannten Rösteteichen gewässert werden, müssen die Samenkapseln von den Stengeln getrennt werden. Solange jedoch keine Halmreste (Scheben) gefunden werden, ist ein eindeutiger Beweis der Flachsverarbeitung zur Fasernutzung nicht zu erbringen. Als weitere Textilpflanze ist die Färberresede zu nennen. Es ist jedoch fraglich, ob sie damals tatsächlich für die Stoffärbung angebaut wurde oder ob sie lediglich zur ruderalen Vegetation gehörte.

## Nachgewiesene Nutzpflanzen im Frühmittelalter: Merowingerzeit (5.–7. Jh. n. Chr.)

### Getreidearten (alphab.)

| | |
|---|---|
| *Avena sativa* | Saathafer |
| *Hordeum hexastichon nudum* | Sechszeilige Nacktgerste |
| *Hordeum vulgare vulgare* | Vierzeilige Spelzgerste |
| *Secale cereale* | Roggen |
| *Setaria italica* | Kolbenhirse |
| *Triticum aestivum* | Saatweizen |
| *Triticum aestivo-compactum* | Zwergweizen |
| *Triticum dicoccum* | Emmer |
| *Triticum spelta* | Dinkel |

### Öl- und Gespinstpflanzen

| | |
|---|---|
| *Linum usitatissimum* | Gebauter Lein, Flachs |

### Hülsenfrüchte (alphab.)

| | |
|---|---|
| *Lens culinaris* | Linse |
| *Pisum sativum* | Erbse |
| *Vicia faba* | Feldbohne, Ackerbohne |
| *Vicia sativa* | Saatwicke, Futterwicke |

### Gemüse- und Salatpflanzen (alphab.)

| | |
|---|---|
| *Brassica rapa campestris* | Rübenkohl |
| *Daucus carota* | Wilde Möhre |
| *Valerianella locusta* | Echter Feldsalat |
| *Valerianella rimosa* | Gefurchter Feldsalat |

### Gewürzpflanzen (alphab.)

| | |
|---|---|
| *Anethum graveolens* | Dill |
| *Sinapis arvensis* | Ackersenf |

### Textilpflanzen

| | |
|---|---|
| *(Reseda luteola)* | (Färberresede) |

Abb. 97:
*Castanea sativa*, Edelkastanie: Der früheste archäobotanische Fund einer Eßkastanie stammt erst aus einem fränkischen Grab bei Krefeld-Gellep. Dieser Baum ist aber bereits von den Römern ins Land gebracht worden und wächst seither bei uns an klimagünstigen Standorten.

**Nüsse (alphab.)**

| | |
|---|---|
| * Castanea sativa | Edelkastanie |
| Corylus avellana | Haselnuß |
| Fagus sylvatica | Rotbuche |
| | (Bucheckern) |

**Kulturobst**

| | |
|---|---|
| Prunus avium | Süßkirsche |

**Wildobst (alphab.)**

| | |
|---|---|
| Fragaria vesca | Walderdbeere |
| Rubus caesius | Kratzbeere |
| Rubus fruticosus | Brombeere |
| Rubus idaeus | Himbeere |
| Sambucus ebulus | Attich |
| Sambucus nigra | Schwarzer |
| | Holunder |

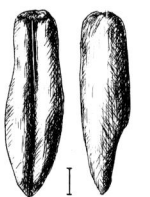

*Abb. 98:*
*Secale cereale,*
*Roggen*

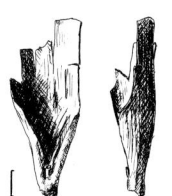

*Abb. 99:*
*Avena sativa,*
*Saathafer (Ährchen*
*mit Spelzresten)*

## Der Beginn der mittelalterlichen Landwirtschaft

*Frühmittelalter: Karolingerzeit*
*(8. – 9. Jh. n. Chr.)*

Wie in der Merowingerzeit ist auch in der Karolingerzeit die Anzahl der archäobotanisch untersuchten Bodenproben nicht sehr hoch. Aber unser Wissen ist dank Altstadtgrabungen vor allem in Duisburg, Köln und Krefeld schon sicherer als für die vorausgegangene Zeit; denn die Proben aus Stadtgräben, Abfallgruben, Brunnen und Latrinen bargen jeweils eine große Menge von Pflanzenresten. Außerdem kann man für diese Zeit bereits auf einige ausführliche schriftliche Quellen zu Nutz- und Nahrungspflanzen zurückgreifen, unter anderem auf das *Capitulare de villis* von Karl dem Großen aus dem 8. Jahrhundert, das

aber nur die Verhältnisse in Frankreich berücksichtigte.

In den karolingerzeitlich datierten Proben aus dem Rheinland sind wieder etliche Gemüse-, Salat-, Gewürzpflanzen und einige Kulturobstarten nachgewiesen, die in den spärlichen Proben der Merowingerzeit nicht vorhanden waren. Man kann daher davon ausgehen, daß es eine Kontinuität im Anbau gegeben hat. Auch die Kontakte zum Mittelmeergebiet scheinen nicht völlig abgerissen zu sein, denn durch Latrinenfunde ließ sich ein erneuter Import von Feigen feststellen.

Auf den Ackerfluren hatte sich die schon in der Merowingerzeit erkennbare Bevorzugung des Brotgetreides Roggen endgültig durchgesetzt. Dennoch kann die Archäobotanik weiterhin eine Fülle von Getreidearten, inklusive des seit der Jungsteinzeit angebauten Emmers, nachweisen. Aber die Zahl der Funde zeigt deutlich, daß sich das Schwergewicht von den Weizenarten hin zu Roggen, Gerste und zu dem nun in größeren Mengen nachweisbaren Hafer verlagert hat. Der Haferanbau konnte sich am Niederrhein vor allem auf den sandigen Böden ausbreiten. Diese Böden waren auch geeignet für den weiterhin belegten Hirseanbau.

Eine Ansammlung von Leinkapselfragmenten und Leinsamen aus dem 9. Jahrhundert in einem Dorfbrunnen (Krefeld-Oppum) weist bereits auf die große Bedeutung des Leinanbaus am Niederrhein hin. Da Leinfunde schon in Duisburger Ablagerungen aus dem 5. Jahrhundert vorkamen, ist der Nachweis erbracht, daß die fränkische Bevölkerung den in römischer Zeit am Niederrhein geförderten Leinanbau ohne Unterbrechung fortgeführt hat. Eine Bestätigung liefert die

*Lex salica*, das älteste westgermanische Volksrecht vom Anfang des 6. Jahrhunderts, in dem die Feldbestellung mit Flachs genannt wird. Zwar läßt der Flachsabfall in dem Krefelder Brunnen keine eindeutige Aussage zu dessen Verwendung zu; grundsätzlich bestand im Mittelalter für die beiden möglichen Produkte des Leins, Leinen sowie Leinöl (Speise- und Leuchtöl), ein großer Bedarf.

*Neue Nahrungspflanzen treten im Frühmittelalter zwar nicht auf, es wandelte sich aber der Anbauschwerpunkt beim Grundnahrungsmittel Getreide hin zu Saathafer und Roggen.*

*Abb. 100 (l.):*
**Avena sativa,**
*Saathafer*

*Abb. 101 (r.):*
**Secale cereale,**
*Roggen*

## Nachgewiesene Nutzpflanzen im Frühmittelalter: Karolingerzeit (8. - 9. Jh. n. Chr.)

### Getreidearten (alphab.)

| | |
|---|---|
| *Avena sativa* | Saathafer |
| *Hordeum hexastichon nudum* | Sechszeilige Nacktgerste |
| *Hordeum vulgare vulgare* | Vierzeilige Spelzgerste |
| *Panicum miliaceum* | Rispenhirse |
| *Secale cereale* | Roggen |
| *Setaria italica* | Kolbenhirse |
| *Triticum aestivum* | Saatweizen |
| *Triticum aestivo-compactum* | Zwergweizen |
| *Triticum dicoccum* | Emmer |
| *Triticum spelta* | Dinkel |

### Öl- und Gespinstpflanzen (alphab.)

| | |
|---|---|
| *Linum usitatissimum* | Gebauter Lein, Flachs |
| *Papaver setigerum* | Borstenmohn |

### Hülsenfrüchte (alphab.)

| | |
|---|---|
| *Pisum sativum* | Erbse |
| *Vicia faba* | Feldbohne, Ackerbohne |
| *Vicia sativa* | Saatwicke, Futterwicke |

### Gemüse- und Salatpflanzen (alphab.)

| | |
|---|---|
| *Amaranthus blitum* | Aufsteigender Amarant |
| *Beta vulgaris* | Rübe |
| *Brassica rapa campestris* | Rübenkohl |
| *Daucus carota* | Wilde Möhre |
| *Portulaca oleracea* | Portulak |
| *Valerianella locusta* | Echter Feldsalat |
| *Valerianella rimosa* | Gefurchter Feldsalat |

### Gewürzpflanzen (alphab.)

| | |
|---|---|
| *Anethum graveolens* | Dill |
| *Apium graveolens* | Sellerie |
| *Coriandrum sativum* | Koriander |
| *Humulus lupulus* | Hopfen |
| *Satureia hortensis* | Sommer-Bohnenkraut |
| *Satureia montana* | Winter-Bohnenkraut |
| *Sinapis arvensis* | Ackersenf |

### Textilpflanzen

| | |
|---|---|
| (*Reseda luteola*) | (Färberresede) |

### Nüsse (alphab.)

| | |
|---|---|
| *Corylus avellana* | Haselnuß |
| *Fagus sylvatica* | Rotbuche (Bucheckern) |
| *Juglans regia* | Walnuß |

### Kulturobst (alphab.)

| | |
|---|---|
| *Ficus carica* (Import) | Feigenbaum |
| *Malus domestica* | Gartenapfel |
| *Physalis alkekengi* | Judenkirsche |
| *Prunus avium* | Süßkirsche |
| *Prunus insititia* | Pflaume |
| *Vitis vinifera* | Weinrebe |

### Wildobst (alphab.)

| | |
|---|---|
| *Crataegus laevigata* | Zweigriffliger Weißdorn |
| *Fragaria vesca* | Walderdbeere |
| *Malus sylvestris* | Holzapfel |
| *Prunus spinosa* | Schlehe |
| *Rubus caesius* | Kratzbeere |
| *Rubus fruticosus* | Brombeere |
| *Rubus idaeus* | Himbeere |
| *Sambucus ebulus* | Attich |
| *Sambucus nigra* | Schwarzer Holunder |
| *Sambucus racemosa* | Traubenholunder |

# Die Blüte der mittelalterlichen Landwirtschaft

*Hochmittelalter (10. – 13. Jh. n. Chr.)*

Die vielen Proben aus hochmittelalterlichen Schichten, Brunnen, Latrinen und Gruben verdichten die bereits in Grundzügen aus den spärlichen Proben des Frühmittelalters gewonnenen Erkenntnisse zur mittelalterlichen Landwirtschaft. Anhand hochmittelalterlicher Proben aus dörflichen Brunnensedimenten läßt sich folgende Gewichtung ablesen: Roggen steht an erster Stelle, gefolgt von Gerste und Hafer, erst dann kommen die beiden Nacktweizenarten Saat- und Zwergweizen, daneben behauptete sich am Niederrhein ein geringer Dinkelanbau.

Rispenhirse und Kolbenhirse konnten zumindest lokal ebenfalls noch in größerer Anzahl gefunden werden. Insgesamt ist aber klar zu erkennen, daß im Vergleich zur Eisen- und Römerzeit der Anteil der Hirsen an der Nahrung stark zurückgegangen war. Die Hirsen werden überall dort vermehrt angebaut worden sein, wo sandige, nährstoffarme Böden überwogen, auf denen die anspruchslose Hirse besser gedieh als andere Getreidearten. Generell sind die Getreidearten Roggen und Hirse eher für die sandigen Böden und die Weizenarten eher für die fruchtbaren Lößböden geeignet.

Die Verwendung der unterschiedlichen Anbaugetreide war im Hochmittelalter die gleiche wie zuvor: Roggen und Weizen dienten wegen ihres Klebergehaltes zum Brotbacken, während Hafer, Hirse und Gerste als Grütze oder Brei gegessen wurden. Es sind aber auch andere Nutzungen denkbar: Gerste konnte unter anderem zum Bierbrauen und Hafer als Pferdefutter verwendet worden sein.

Die relativ hohe Funddichte läßt nun gesicherte Aussagen über tatsächlich „verschwundene" Nutzpflanzen zu. Ab dem hohen Mittelalter spielte Emmer am Niederrhein endgültig keine Rolle mehr, nachdem schon im frühen Mittelalter Einkorn nicht mehr nachgewiesen werden konnte.

In vielen hochmittelalterlichen Proben wurden ausgesprochen häufig Reste des Leins oder Flachs gefunden. Leinanbau, dessen Spur bis ins frühe Neolithikum zurückverfolgt werden kann, war nun im Rheinland generell verbreitet. Angesichts des allgemein hohen Textilbedarfes und der späteren (frühneuzeitlichen und neuzeitlichen) Bedeutung des Flachsanbaus am Niederrhein, ist anzunehmen, daß die Wurzeln des Textilgewerbes schon im Mittelalter zu suchen sind. Flachs ist bis in unsere Zeit als Faserlieferant unentbehrlich für die heimische Textilindustrie. Flachsmärkte in niederrheinischen Städten (z.B. in Krefeld) zeugen von der einstigen Bedeutung dieser wichtigen Textilpflanze.

Die zweitwichtigste Faserpflanze nach dem Lein war der Hanf, dessen Anbau erstmals für die Römerzeit belegt werden konnte. Die Gewinnung der Hanffasern erfolgt ähnlich wie beim Lein durch das Verrotten der Stengel in sogenannten Rösteteichen, anschließend werden die Stengel gebrochen und geschlagen und dann über Zinkenbretter gezogen und so lange ausgekämmt, bis die spinnfähigen Fasern von den kurzen Fasern (Werg) getrennt sind. Hanffasern dienten in erster Linie zur Herstellung relativ grober, derber Stoffe wie Säkke und Segeltuch sowie für Stricke und Taue. Daß die Menschen des Mittelalters Hanf als

Abb. 102:
*Prunus avium,*
*Süßkirsche*

Abb. 103:
*Prunus cerasus,*
*Sauerkirsche*

Abb. 104:
*Prunus insititia*
*juliana,*
*Haferpflaume*

Abb. 105:
*Prunus domestica,*
*Zwetschge*

Textilrohstoff kannten und nutzten, zeigt der früheste Fund von aus Hanf gewebten Stoffen im Grab der Merowingerkönigin Arnegunde in der Kathedrale St. Denis in Paris aus der zweiten Hälfte des 6. Jahrhunderts n. Chr. Vom Hanf wurden auch die ölhaltigen Früchte als Nahrungsmittel und als Öllieferant geschätzt. Noch in der Mitte des vorigen Jahrhunderts war der Hanf eine der wichtigsten Nutzpflanzen Mitteleuropas.

Sicherlich war damals auch die narkotisierende Wirkung der Hanfblätter und -blüten bekannt, die *Cannabis* in unserer Zeit als Rauschgiftpflanze in Verruf brachte, obwohl die Rauschgiftwirkung der europäischen Pflanzen gegenüber denen aus subtropischen Regionen recht gering ist.

Mit dem hohen Mittelalter lassen sich wieder alle in der Römerzeit am Niederrhein angebauten Kulturobstarten feststellen, und auch der Import von Früchten, wie zum Beispiel den Feigen, war wieder angestiegen. Hinzu kommen zwei neue Obstarten: Sauerkirsche und Speierling. Die große Zahl entsprechender archäobotanischer Funde aus Brunnen und Kloaken mittelalterlicher Städte und Dörfer zeigt die hohe Bedeutung, die das Obst für die Ernährung der Bevölkerung gehabt hatte. Dabei hat im hohen Mittelalter sicherlich auch das Vorbild der gut ausgestatteten und gepflegten Klöstergärten den Obstanbau in Stadt und Land gefördert. Das Obstangebot aus einheimischer Erzeugung war damals reichhaltiger als heute, Arten wie Mispel, Schwarze Maulbeere und Kornelkirsche sind heute kaum noch als Nahrungsfrüchte bekannt, und der Anbau von Wein, Edelkastanie und Walnußbaum wird am Niederrhein nicht mehr betrieben.

Eine der beliebtesten Obstarten am Niederrhein war den Funden nach die Süßkirsche, deren Steinkerne fast überall in größeren Mengen gefunden wurden. Die in der Regel relativ kleinen Kerne lassen darauf schließen, daß die Kulturkirschen der damaligen Zeit noch längst nicht die Größe heutiger Kirschen erreicht hatten. Im Vergleich zur Römerzeit läßt sich aber schon eine gewisse Vergrößerung und Sortenverbesserung feststellen. Es wurde bereits erwähnt, daß die kleinen Kirschkerne häufig mit verschluckt wurden und so in die Latrinen gelangten. Die vielen Kirschen werden im Mittelalter wohl nicht nur gegessen, sondern auch zu Saft verarbeitet worden sein. Da man keine andere Art der Konservierung kannte, ließ man den süßen Saft gären, um ihn als Kirschwein lagern zu können. Weit seltener verbreitet war im Mittelalter die ebenfalls römerzeitlich eingeführte Kornelkirsche, die heute im Rheinland in erster Linie als Zierstrauch angepflanzt wird. Neu war im hochmittelalterlichen Rheinland die heute allgemein bekannte Sauerkirsche (Erstnachweis aus dem 10./11. Jahrhundert in Meerbusch-Büderich). Sauerkirschen wurden der Fundhäufigkeit ihrer Steinkerne nach besonders seit dem späten Mittelalter häufiger angebaut.

Ähnlich beliebt wie die Kirschen waren die Pflaumen, von denen ja schon in der Römerzeit drei Rassen genutzt wurden. Einen hohen Anteil in den Obstbaumkulturen besaß im Mittelalter noch die primitive Rasse der kleinfruchtigen Haferpflaume. Ihre Kerne und Früchte sind nicht viel größer als die der wildwachsenden Schlehe. Sie wurde neben den beiden großfruchtigeren Pflaumenrassen

Oval- und Rundpflaume bis in das späte Mittelalter hinein angebaut. Heute ist sie durch verbesserte Sorten völlig verdrängt worden. Wie die Kirschen können Pflaumen zu Saft, Wein oder Mus weiterverarbeitet worden sein. Lagern lassen sich Pflaumen wie fast alle anderen Obstarten als Trockenfrüchte. Anders als heute wurden im hochmittelalterlichen Rheinland weit mehr Pflaumen angebaut als Zwetschgen. Zwetschgensteine werden zwar seit der Römerzeit gefunden, aber sie sind an den Fundplätzen meist nur mit wenigen Kernen vertreten.

Häufig finden sich in mittelalterlichen Proben die Kerne von Birne und Apfel. Beide traten in jeder archäobotanisch untersuchten Latrine auf: sie gehörten zur alltäglichen Obstnahrung der Menschen. Während sich die Kerne des Kulturapfels seit der Römerzeit schon deutlich von der weit kleinerfruchtigen Wildform unterschieden, müssen die mittelalterlichen Birnen hingegen recht primitiv gewesen sein. Es wurden immer wieder viele der harten Steinzellenkörner gefunden, die charakteristisch für die Landsorte der Holzbirnen sind. Solche Birnen waren wie die Wildbirnen nach der Ernte noch zu hart, um sie direkt zu verbrauchen. Sie wurden liegengelassen und im Winter als weiche, innen braune und nun süß schmeckende Früchte verzehrt oder weiterverarbeitet.

Weit seltener wurden Pfirsichsteine entdeckt. Pfirsiche waren im Rheinland seit der Römerzeit ein geschätztes Obst, das jedoch nicht in größeren Mengen zur Verfügung stand. Da die weichen Früchte keinen längeren Transport vertragen, werden sie wohl in einheimischen Gärten und Obstkulturen gewachsen sein.

Es ist anzunehmen, daß die nachgewiesenen Kerne von Weinbeeren aus heimischer Produktion stammen. Bei einem Vergleich aller mittelalterlichen Fundorte von Traubenkernen in Mitteleuropa stellte sich heraus, daß die meisten Funde aus dem Rheinland vorliegen. Hier müssen also Weintrauben recht beliebt gewesen sein. Gerade die Klimagunst des hohen und späten Mittelalters hat die Ausbreitung des Weinanbaus gefördert. Weinbau hat es nachweislich bis an die Hänge der Ruhr und sogar in Westfalen und im Sauerland gegeben. Am Michaelsberg bei Siegburg wuchsen bis ins 19. Jahrhundert hinein Weinreben. Im klimagünstigen Rheintal gab es im Hoch- und Spätmittelalter häufig, zum Beispiel in Kloster- und Stadtnähe, Weinpflanzungen. In den Außenbezirken von Köln bestanden etliche Weingärten, und in der Stadt selbst rankte Wein an den südexponierten Hauswänden.

Eine heute fast unbekannte Frucht ist die im Mittelalter allgemein verbreitete Mispel, die entweder roh (im Zustand der Braunfäule) oder gekocht gegessen wurde. Ihre Wertschätzung wird durch zahlreiche Nennungen in mittelalterlichen Schriften bestätigt. Ihre Kerne kommen an zehn verschiedenen Fundorten im Rheinland vor. In der frühen Neuzeit hat die Mispel ihre Bedeutung als Nahrungsfrucht wieder verloren.

Ebenfalls weithin unbekannt sind die Schwarze Maulbeere und der Speierling. Der Schwarze Maulbeerbaum - eigentlich ein Busch - war seit der Römerzeit bekannt. Im Mittelalter wird er schriftlich erwähnt. Seine Kerne sind am Niederrhein seit dem 13. Jahrhundert belegt. Die Früchte dienten laut Hildegard von Bingen auch als Arzneimit-

Abb. 106:
**Pyrus communis,**
*Gartenbirne*

Abb. 107:
**Prunus persica,**
**(Import?)**
*Pfirsich*

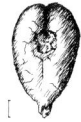

Abb. 108:
**Vitis vinifera,**
*Weinrebe*

Abb. 109:
**Mespilus germanica,**
*Echte Mispel*

tel: Sie empfiehlt den Genuß der Früchte als Abführmittel bei Wurmerkrankungen. In mittelalterlichen Klöstern wurde auch ein Maulbeerwein erzeugt. Tatsächlich wurden von sechs niederrheinischen Maulbeerfunden drei in Klosterlatrinen gemacht.

Die Früchte des Speierlings sind erstmals für das 10./11. Jahrhundert belegt. Nach den schriftlichen Berichten muß er in mittelalterlichen Gärten verbreiteter gewesen sein, als es seine seltenen Funde vermuten lassen. Die maximal 3 cm großen, apfelähnlichen Früchte wurden vor allem wegen ihres Gerbstoffgehaltes als Mostzusatz genutzt.

*Abb. 110:*
**Physalis alkekengi,**
*Judenkirsche*

Aus dem späten Hochmittelalter (13. Jh.) bis in die Neuzeit hinein gibt es immer wieder Funde der Judenkirsche, deren mehlig-süße Beere von einem roten, papierdünnen Fruchtkelch umgeben ist. Funde in Latrinen belegen, daß ihre Früchte gegessen wurden. Wegen ihres attraktiven Erscheinungsbildes wird sie bei uns heute ausschließlich als Zierstrauch angepflanzt.

Obstgärten gab es im Hoch- und Spätmittelalter sowohl auf dem Land als auch in der Stadt in großer Zahl. So weiß man zum Beispiel, daß im Köln des 12. Jahrhunderts viele Stadthäuser von Grashöfen mit Obst- und Nußbäumen umgeben waren. Außerdem existierten innerhalb der Stadtmauern bis in die Neuzeit hinein große Freiflächen, wo die Bürger ihre Kraut- und Obstgärten unterhielten. Auf diesen Flächen und an den Häusern wurden auch Wildobststräucher wie Brombeere, Holunder und Himbeere - mitten in der Stadt - gepflegt.

*Abb. 111:*
**Vaccinium
myrtillus,**
*Heidelbeere,
Waldbeere*

Diese wildwachsenden Obstarten wurden, belegt durch die entsprechenden Funde aus Latrinen, in großer Menge verzehrt. Brom-

beer- und Himbeersträucher kamen in den durch die Waldweide gelichteten Wäldern noch häufiger vor als heute. Waldränder oder Lichtungen waren auch die natürlichen Standorte für Walderdbeeren, Holunder, Heckenrose (Hagebutte), Schlehen und Weißdorn. Kratzbeeren, die etwas säuerlicher als Brombeeren schmecken, wuchsen in den Ufergebüschen entlang der Flüsse. Alle diese Früchte konnte man also im nahen Umkreis von Dörfern und Städten problemlos sammeln. Nur wenige Arten mußte man von entfernteren Standorten beziehen. Dies gilt beispielsweise für die Heidelbeere, deren Samen in allen archäobotanisch untersuchten mittelalterlichen Latrinen gefunden wurden. Heidelbeeren wachsen aber nur auf bodensauren Standorten im Bergischen Land und in der Eifel; dort wurden sie gesammelt und auf den niederrheinischen Märkten angeboten.

Unter den Wildobstfrüchten aus mittelalterlichen Latrinen gibt es auch solche, deren Verwendung uns heute nicht mehr vertraut ist: Dies gilt unter anderem für den Attich, dessen Steinkerne in vielen archäobotanischen Proben seit der Römerzeit bis zum Hochmittelalter stetig und in größerer Zahl vorkommen. Die heute am Niederrhein nur verstreuten Vorkommen dieser submediterranen Holunder-Art gehen vermutlich auf alte Pflanzungen zurück, denn der Attich fehlte zuvor in der niederrheinischen Wildflora. Es wird angenommen, daß der Attich, auch Zwergholunder genannt, seit der Römerzeit als Saft- und Heilpflanze in Gärten angebaut worden ist. Nach dem Hochmittelalter fehlen Kernfunde des Attichs.

Schlehen finden aufgrund ihrer recht sauren Früchte heute ebenfalls nur noch wenig Beachtung, sind aber früher als Wildobst gesammelt und wahrscheinlich zu Saft verarbeitet worden. Unter den Schlehen gibt es eine süße, früher kultivierte Variante, die Süßschlehe, welche erstmals im Hochmittelalter anhand von Latrinenfunden nachgewiesen werden konnte. Die Heckenrosen oder Hagebutten wurden früher ebenfalls häufiger genutzt. Ihre Früchte sind süß und vitaminreich und werden gelegentlich noch heute zu Mus oder Marmelade verarbeitet. Auch die roten Früchte der beiden nachgewiesenen Weißdorn-Arten können aufgrund ihres schwach süßen, mehligen Fruchtfleisches gegessen werden. Sie waren aber, der geringen Fundhäufigkeit in Latrinen nach zu schließen, offenbar nicht beliebt.

Bei den Gewürzpflanzen wird Gagel nur im Hoch- und Spätmittelalter aufgelistet. Seine Früchte wurden an den Niederrhein aus ihrem nächsten Verbreitungsgebiet, den Eifel-Hochmooren, importiert. Gagel diente wie Hopfen als Bierwürze und Konservierungsmittel. Da Gagel aber giftig ist, wurde seine Verwendung in unseren Breiten bereits im Spätmittelalter verboten; in Großbritannien wird noch heute ein Gagel-Bier hergestellt. Wahrscheinlich hat sich die römische Würztradition am Niederrhein ohne Unterbrechung fortgesetzt, denn alle in römischer Zeit eingeführten Würzkräuter lassen sich in hochmittelalterlichen Proben wiederfinden. Für das späte Hochmittelalter (ab dem 13. Jh.) sind nun neben der seit der Römerzeit bekannnten Färberresede auch zwei weitere Textilpflanzen nachgewiesen: Wilde Karde und Färberwaid. Die Karde wurde wegen ihres kratzigen Blütenkopfes zum Aufrauhen von Wollstoffen verwendet. Mit Färberwaid, auch Deutscher Indigo genannt, können Stoffe blau gefärbt werden. Die getrockneten und gemahlenen Blätter dieser Pflanze ergeben bei der Vergärung im Färberbottich zunächst nur eine Vorstufe des blauen Farbstoffes Indigo; das Blau wird erst sichtbar, wenn der durchtränkte Stoff getrocknet ist. Färberwaid verlor im 19. Jahrhundert seine Bedeutung, seitdem Indigo synthetisch hergestellt werden kann. Alle drei genannten Textilpflanzen können auch als Ruderalpflanzen am Niederrhein vorkommen. Ihr Anbau ist daher nicht allein durch den archäobotanischen Nachweis zu belegen. Allerdings wurden sie noch im vorigen, und bis ins heutige Jahrhundert hinein, als Textilpflanzen angebaut und verwendet.

Abb. 112:
**Reseda luteola,**
*Färberresede*

*Im Hochmittelalter kamen nur wenige neue Nutzpflanzen hinzu. Dargestellt wird daher eine Auswahl solcher Pflanzen, die im Hochmittelalter eine eigene, wirtschaftliche Bedeutung erlangten, wie die Bierwürzen, die Textilveredelungs-Pflanzen und das Obst, welches nunmehr in der Ernährung eine gesteigerte Rolle erlangte.*

Abb. 113:
**Myrica gale,**
*Gagel*

*Abb. 114 (l.):*
**Humulus lupulus,**
Hopfen

*Abb. 115 (r.):*
**Dipsacus sylve-
stris,**
Wilde Karde

*Abb. 116 (l.):*
**Reseda luteola,**
Färberresede

*Abb. 117 (r.):*
**Isatis tinctoria,**
Färberwaid

*Abb. 126 (l.) :*
**Vitis vinifera,**
*Weinrebe*

*Abb. 127 (r.):*
**Vaccinium
myrtillus,**
*Heidelbeere,
Waldbeere*

## Nachgewiesene Nutzpflanzen im Hochmittelalter (10.–13. Jh. n. Chr.)

### Getreidearten (alphab.)

| | |
|---|---|
| *Avena sativa* | Saathafer |
| *Hordeum hexastichon nudum* | Sechszeilige Nacktgerste |
| *Hordeum vulgare vulgare* | Vierzeilige Spelzgerste |
| *Panicum miliaceum* | Rispenhirse |
| *Secale cereale* | Roggen |
| *Setaria italica* | Kolbenhirse |
| *Triticum aestivum* | Saatweizen |
| *Triticum aestivo-compactum* | Zwergweizen |
| *(Triticum dicoccum)* | (Emmer) |
| *Triticum spelta* | Dinkel |

### Öl- und Gespinstpflanzen (alphab.)

| | |
|---|---|
| *(Camelina sativa)* | (Leindotter) |
| *Cannabis sativa* | Hanf |
| *Linum usitatissimum* | Gebauter Lein, Flachs |
| *Papaver setigerum* | Borstenmohn |
| *Papaver somniferum* | Schlafmohn |

### Hülsenfrüchte (alphab.)

| | |
|---|---|
| *Lens culinaris* | Linse |
| *Pisum sativum* | Erbse |
| *Vicia faba* | Feldbohne, Ackerbohne |

### Gemüse- und Salatpflanzen (alphab.)

| | |
|---|---|
| *Amaranthus blitum* | Aufsteigender Amarant |
| *Beta vulgaris* | Rübe |
| *Brassica rapa campestris* | Rübenkohl |
| *(Cichorium intybus)* | (Zichorie) |
| *Daucus carota* | Wilde Möhre |

| | |
|---|---|
| *Pastinaca sativa* | Pastinak |
| *Portulaca oleracea* | Portulak |
| *Valerianella locusta* | Echter Feldsalat |
| *Valerianella rimosa* | Gefurchter Feldsalat |

### Gewürzpflanzen (alphab.)

| | |
|---|---|
| *Anethum graveolens* | Dill |
| *Apium graveolens* | Sellerie |
| *Brassica nigra* | Schwarzer Senf |
| *Carum carvi* | Wiesenkümmel |
| *Foeniculum vulgare* | Fenchel |
| *(Humulus lupulus)* | (Hopfen) |
| * *(Myrica gale)* | (Gagel) |
| *Petroselinum crispum* | Gartenpetersilie |
| *Satureia hortensis* | Sommer-Bohnenkraut |
| *Satureia montana* | Winter-Bohnenkraut |
| *Sinapis arvensis* | Ackersenf |
| *Thymus vulgaris* (Import) | Echter Thymian |

### Textilpflanzen (alphab.)

| | |
|---|---|
| * *(Dipsacus sylvestris)* | (Wilde Karde) |
| * *(Isatis tinctoria)* | (Färberwaid) |
| *(Reseda luteola)* | (Färberresede) |

### Nüsse (alphab.)

| | |
|---|---|
| *Castanea sativa* | Eßkastanie |
| *Corylus avellana* | Haselnuß |
| *Fagus sylvatica* | Rotbuche (Bucheckern) |
| *Juglans regia* | Walnuß |
| *Quercus robur* | Stieleiche |

### Kulturobst (alphab.)

| | |
|---|---|
| *Cornus mas* | Kornelkirsche |
| *Ficus carica* (Import) | Feigenbaum |
| *Mespilus germanica* | Echte Mispel |
| *Morus nigra* | Schwarze Maulbeere |
| *Physalis alkekengi* | Judenkirsche |
| *Prunus avium* | Süßkirsche |
| * *Prunus cerasus* | Sauerkirsche |
| *Prunus domestica* | Zwetschge |
| * *Prunus insititia ovoidea* | Eierpflaume |
| *Prunus insititia juliana* | Haferpflaume |
| *Prunus insititia oxycarpa* | Ovalpflaume |
| *Prunus persica* | Pfirsich |
| * *Prunus spinosa fruticans* | Süßschlehe |
| *Pyrus communis* | Gartenbirne |
| * *Sorbus domestica* | Speierling |
| *Vitis vinifera* | Weinrebe |

### Wildobst (alphab.)

| | |
|---|---|
| *Crataegus laevigata* | Zweigriffliger Weißdorn |
| *Crataegus monogyna* | Eingriffliger Weißdorn |
| *Fragaria vesca* | Walderdbeere |
| *Malus sylvestris* | Holzapfel |
| *Prunus spinosa* | Schlehe |
| *Rosa spec.* | Rose (Hagebutte) |
| *Rubus caesius* | Kratzbeere |
| *Rubus fruticosus* | Brombeere |
| *Rubus idaeus* | Himbeere |
| *Sambucus ebulus* | Attich |
| *Sambucus nigra* | Schwarzer Holunder |
| *Sambucus racemosa* | Traubenholunder |
| *Vaccinium myrtillus* | Heidelbeere, Waldbeere |

# Die Zeit der Krisen

*Spätmittelalter (14. - 15. Jh. n. Chr.)*

Getreide und Getreideprodukte (Brot, Brei, Grütze, Bier) blieben die Nahrungsgrundlage der Bevölkerung. Hauptgetreide war weiterhin der Roggen, daneben wurden Gerste, Weizen, Hafer und noch etwas Hirse angebaut. Den Platz der Spelzweizenarten Emmer und Einkorn hatten nun die Nacktweizenarten Saat- und Zwergweizen eingenommen. Im Spätmittelalter ging auch der Dinkelanbau weiter zurück.

Nun tritt - nicht nur im Rheinland - ein gänzlich neues „Getreide" auf, der Buchweizen. Er gehört im botanischen Sinne nicht zu den Getreidearten aus der Familie der Süßgräser, sondern zur Familie der Knöterichgewächse. Wegen seiner mehlhaltigen Früchte kann der Buchweizen aber ähnlich wie Getreide genutzt werden. An wertvollen Inhaltsstoffen sind vor allem Stärke und Eiweiß zu nennen. Buchweizen muß vor dem Verzehr geschält werden und kann dann zu Mehl oder Grütze vermahlen werden. Wegen des fehlenden Klebers kann Brot nur dann hergestellt werden, wenn das dunkle Buchweizenmehl mit Roggen- oder Weizenmehl vermischt wird. Wahrscheinlich wird man Buchweizen in erster Linie als Grützbrei oder Pfannkuchen gegessen haben. Vermutlich hat der in den Steppen Zentralasiens in Kultur genommene Buchweizen bei seiner Ausbreitung nach Westen während der Eisenzeit die Ukraine und im Mittelalter Europa erreicht. Seine Herkunft wird in seinem volkstümlichen Namen Heiden- oder Tatarenkorn deutlich. Im Rheinland ist er erstmals im 14. Jahr-

hundert in Latrinen aus Neuss und Köln nachgewiesen. Den Fundmengen nach stieg seine Bedeutung in der frühen Neuzeit ab dem 16. Jahrhundert an: Er wurde damals im gesamten Rheinland angebaut. Buchweizen gilt als eine Frucht der Not. Sie verdrängte keine anderen Getreidearten, da sie nur auf den ganz schlechten, bislang ungenutzten Böden in Heide- und Moorgebieten sowie auf den sauren Brandrodungsflächen in den Mittelgebirgen (z.B. Eifel) angebaut wurde. Die Nutzung der ungünstigen „Bodenreserven" zeigt, wie man angesichts der im späten Mittelalter beginnenden Überbevölkerung nach Wegen suchte, den wachsenden Nahrungsbedarf zu decken. Auch im Rheinland gab es viele sandige Terrassenflächen und Heideareale und zunehmend erodierte Flächen, die man nur noch mit dieser anspruchslosen Pflanze bestellen konnte. Aus schriftlichen Quellen weiß man, daß der Buchweizenanbau ab dem 18. Jahrhundert eine rückläufige Tendenz zeigte; vielleicht wurde dieses stärkehaltige Nahrungsmittel durch die Kartoffel verdrängt. In Gegenden mit armen Böden (z.B. auf den norddeutschen Sand- und Moorböden oder in den Mittelgebirgen) blieb der Buchweizenanbau noch bis zum Ende des 19. Jahrhunderts weit verbreitet. Nach dem Ersten Weltkrieg ging sein Anbau rapide zurück; seit den 60er Jahren wird Buchweizen in keiner deutschen Ackerbau-Statistik mehr geführt.

Schon mit dem hohen Mittelalter war die Zahl der archäobotanisch untersuchten Proben aus Latrinen stark angestiegen und erlaubte einen präziseren Blick auf die Nahrungsgewohnheiten der Bevölkerung. Die mit dem Fachwort Koproanalyse belegten archäobotanischen Latrinenuntersuchungen bedeuten ja nichts an-

*Abb. 128:*
**Fagopyrum esculentum,** *Echter Buchweizen*

deres als die Analyse von subfossilem Kot. Bei der Durchsicht solcher Proben wird deutlich, daß Brot und Grütze mit einer Fülle von Unkrautsamen durchsetzt waren, die nach dem Verzehr letztlich in den Latrinen landeten. Die Reinheitsgrade der damaligen Getreideprodukte waren demnach von heutigen noch weit entfernt. Durch Worfeln, bei dem man das Dreschgut mit Schaufeln hochwarf, so daß der Wind die Spreu und leichtere Unkrautsamen wegtragen konnte, verblieben vor allem die großkörnigen Unkrautsamen im Erntegut und wurden mit diesem gemahlen und zu Brot oder Brei verarbeitet. Der großen Zahl von Unkrautsamen aus Latrinenproben nach zu urteilen, muß die Verunkrautung der mittelalterlichen Felder gegenüber denen der Römerzeit erheblich zugenommen haben. Mittelalterliche Äcker boten daher saisonal einen farbenprächtigen Anblick, da sie von buntblühenden Unkrautpflanzen durchsetzt waren. Im Zuge der modernen Landwirtschaft, mit verbesserter Saatgutreinigung und Herbizidanwendung, sind einige Getreideunkräuter, wie Kornrade und Pfeilblättriges Leinkraut, am Niederrhein fast ausgestorben, andere sind stark gefährdet, wie Acker-Hahnenfuß, Kornblume, Lämmersalat, Stinkende Hundskamille.

Ausgerechnet die giftige Kornrade war im rheinischen Mittelalter das häufigste Getreideunkraut. Die giftige Wirkung der Radesamen beruht auf ihrem Gehalt an Sapotoxin. Schon eine Beimischung von 0,5 % Radesamen im Mehl ruft schwache Vergiftungserscheinungen hervor; ein Radegehalt von über 5 % kann zum Vergiftungstod führen. Die ersten Vergiftungserscheinungen sind Übelkeit, Aufstoßen, Kopfschmerzen, Heiserkeit und Husten, bei schwerer Vergiftung treten Schwindel, Unruhe, Krämpfe, Kreislaufschädigungen auf, in tödlichen Fällen setzt eine zentrale Atemlähmung ein. Spuren der Kornrade waren zwar schon in römerzeitlichen Getreideproben aufgetaucht, aber dort nur in geringer, für den Menschen ungefährlicher Menge. Bereits in frühmittelalterlichen Proben waren Radesamen aber mit Abstand die häufigste Unkrautbeimischung in Getreideabfällen. Den Latrinenfunden nach können die Kornradenanteile in der Getreidenahrung im Hoch- und im Spätmittelalter zum Teil über 5 Gewichtsprozenten gelegen haben; der Verzehr des durch die schwarze Schale der Kornrade dunkel gefärbten Brotes mußte also zu erheblichen Vergiftungserscheinungen geführt haben. Eine Verbindung von Vergiftung und beigemengtem Getreideunkraut war der Bevölkerung aber sicherlich nicht bewußt, zumal die Krankheitssymptome vielgestaltig und unspezifisch waren. Heute ist die Kornrade fast ausgestorben. In diesem Zusammenhang sei auch die zwischen dem 13. und dem 17. Jahrhundert zeitweise epidemieartig aufgetretene Mutterkornvergiftung erwähnt. Diese ging allerdings nicht auf ein Getreideunkraut, sondern auf den Pilzbefall von Roggenähren zurück, wodurch sich die befallenen Körner schwarz färben und auf doppelte Größe anschwellen.

Der Vergleich von Latrinenfüllungen aus der Römerzeit (Köln) und aus der Merowingerzeit (Duisburg) bis zur Neuzeit zeigt folgende Trends: Der schon im hohen Mittelalter hohe Anteil von Obst an der Nahrung nahm zum späten Mittelalter hin zu, wobei dem Kulturobst eine größere Bedeutung als dem gesammelten Wildobst zukam. Bereits in der frühen Neuzeit sind die weniger schmackhaften Obstarten wie Attich, Kratzbeere und Schwarze Maulbeere gar nicht mehr oder kaum noch verzehrt worden. Eine relative Zunahme des Wohlstandes in spätmittelalterlichen und frühneuzeitlichen Städten zeigt sich in dem vermehrten Vorkommen von Feigenresten als importiertes Luxusobst. Hierzu paßt auch der einzige spätmittelalterliche Mandelfund aus einer Kölner Latrine. Ebenfalls aus Köln stammen die Funde von importierten Reiskörnern in einer Latrine von der Wende des Mittelalters zur frühen Neuzeit (15./16. Jh.).

Die Latrinenreste zeigen auch das „Verschwinden" einiger alter Nahrungspflanzen. So wird der seit der Eisenzeit nachgewiesene Leindotter bereits im Mittelalter wohl nicht mehr zur Ölgewinnung genutzt worden, sondern nur noch als Unkraut auf den Feldern gewachsen sein. Unter den Gemüsepflanzen kann der Amarant nach dem 15. Jahrhundert nicht mehr nachgewiesen werden. Dieses aus römischer Zeit überlieferte Blattgemüse scheint vom Spinat verdrängt worden zu sein.

Großreste der Rübe (*Beta vulgaris*) traten besonders häufig im späten Mittelalter auf (15. Jh.). Als Gemüsepflanze wurde die Rübe von den Römern ins Rheinland gebracht und ist seitdem vermutlich ohne Unterbrechung angebaut worden. Die Häufung der Funde im späten Mittelalter scheint damit zusammenzuhängen, daß man in dieser Zeit begonnen hat, Rübenrassen mit verdickter Knolle zu züchten. Erst danach entwickelten sich die heute bekannten Formenkreise mit Roter Bete (*Beta vulgaris* fo. *conditiva*) und Runkelrübe (*Beta vulgaris* fo. *crassa*); seit dem 18. Jahrhundert wird die heute auf den niederrheinischen Äckern so wichtige Zuckerrübe angebaut (*Beta vulgaris* fo. *altissima*). Zuvor aß man von der Rübe wohl nur die Blätter als Mangold (s. Kapitel Römerzeit). Als Mangold wird die Rübe bei Betonung der Blätter und Stiele auch heute noch angebaut (*Beta vulgaris* ssp. *rapacea* fo. *cicla*). Die seit dem spätem Mittelalter und der frühen Neuzeit häufigen Funde von Fruchtknäulen der Rübe deuten an, daß sich das Land am Niederrhein schon damals zu einer Rübenanbauregion entwickelt hatte.

*Abb. 129 (l.):*
**Fagopyrum**
**esculentum,**
*Echter*
*Buchweizen*

*Abb. 130 (r.):*
**Agrostemma**
**githago,**
*Kornrade: Dies ist*
*die einzige darge-*
*stellte Pflanze, die*
*keine Nutzpflanze*
*ist. Als giftiges*
*Ackerunkraut*
*verunreinigte sie*
*aber im Hoch-*
*und Spätmittelal-*
*ter das Getreide*
*so, daß es zu*
*Vergiftungser-*
*scheinungen kam.*

### Nachgewiesene Nutzpflanzen im Spätmittelalter (14. - 15. Jh. n. Chr.)

#### Getreidearten (alphab.)

| | |
|---|---|
| *Avena sativa* | Saathafer |
| * *Fagopyrum esculentum* | Echter Buchweizen |
| *Hordeum vulgare vulgare* | Vierzeilige Spelz-gerste |
| *Oryza sativa* (Import) | Kulturreis |
| *Panicum miliaceum* | Rispenhirse |
| *Secale cereale* | Roggen |
| *Setaria italica* | Kolbenhirse |
| *Triticum aestivum* | Saatweizen |
| *Triticum aestivo-compactum* | Zwergweizen |
| *Triticum spelta* | Dinkel |

#### Öl- und Gespinstpflanzen (alphab.)

| | |
|---|---|
| *Cannabis sativa* | Hanf |
| *Linum usitatissimum* | Gebauter Lein, Flachs |
| *Papaver setigerum* | Borstenmohn |
| *Papaver somniferum* | Schlafmohn |

#### Hülsenfrüchte (alphab.)

| | |
|---|---|
| *Lens culinaris* | Linse |
| *Pisum sativum* | Erbse |

#### Gemüse- und Salatpflanzen (alphab.)

| | |
|---|---|
| *Amaranthus blitum* | Aufsteigender Amarant |

| | |
|---|---|
| *Beta vulgaris* | Rübe |
| *Brassica rapa campestris* | Rübenkohl |
| *Daucus carota* | Wilde Möhre |
| *Pastinaca sativa* | Pastinak |
| *Portulaca oleracea* | Portulak |
| *Valerianella locusta* | Echter Feldsalat |
| *Valerianella rimosa* | Gefurchter Feldsalat |

## Gewürzpflanzen (alphab.)

| | |
|---|---|
| *Anethum graveolens* | Dill |
| *Apium graveolens* | Sellerie |
| *Carum carvi* | Wiesenkümmel |
| *Coriandrum sativum* | Koriander |
| *Foeniculum vulgare* | Fenchel |
| *Humulus lupulus* | Hopfen |
| (*Myrica gale*) | (Gagel) |
| *Petroselinum crispum* | Gartenpetersilie |
| *Satureia hortensis* | Sommer-Bohnenkraut |
| *Sinapis arvensis* | Ackersenf |
| *Thymus vulgaris* (Import) | Echter Thymian |

## Textilpflanzen

| | |
|---|---|
| (*Reseda luteola*) | (Färberresede) |

## Nüsse (alphab.)

| | |
|---|---|
| *Corylus avellana* | Haselnuß |
| *Fagus sylvatica* | Rotbuche (Bucheckern) |
| *Juglans regia* | Walnuß |
| *Prunus dulcis* (Import) | Mandel |

## Kulturobst (alphab.)

| | |
|---|---|
| *Cornus mas* | Kornelkirsche |
| *Ficus carica* (Import) | Feigenbaum |
| *Malus domestica* | Gartenapfel |
| *Mespilus germanica* | Echte Mispel |
| *Morus nigra* | Schwarze Maulbeere |
| *Physalis alkekengi* | Judenkirsche |
| *Prunus avium* | Süßkirsche |
| *Prunus cerasus* | Sauerkirsche |
| *Prunus domestica* | Zwetschge |
| *Prunus insititia juliana* | Haferpflaume |
| *Prunus insititia oxycarpa* | Ovalpflaume |
| *Prunus insititia subrotunda* | Rundpflaume |
| *Prunus spinosa fruticans* | Süßschlehe |
| *Pyrus communis* | Gartenbirne |
| *Sorbus domestica* | Speierling |
| *Vitis vinifera* | Weinrebe |

## Wildobst (alphab.)

| | |
|---|---|
| *Fragaria vesca* | Walderdbeere |
| *Prunus spinosa* | Schlehe |
| *Rosa* spec. | Rose (Hagebutte) |
| *Rubus caesius* | Kratzbeere |
| *Rubus idaeus* | Himbeere |
| *Rubus fruticosus* | Brombeere |
| *Sambucus ebulus* | Attich |
| *Sambucus nigra* | Schwarzer Holunder |
| *Sambucus racemosa* | Traubenholunder |
| *Vaccinium myrtillus* | Heidelbeere, Waldbeere |

# Die Neuzeit

*(16. - 19. Jh. n. Chr.)*

Die Auflistung von Pflanzenfunden aus der Neuzeit mag müßig erscheinen, weil aus dieser Zeit zahlreiche gedruckte Beschreibungen landwirtschaftlich genutzter Pflanzen vorliegen. Aber auch für diesen jüngsten Zeitabschnitt kann ein Vergleich mit den tatsächlich gefundenen Nutzpflanzen von Interesse sein, zumal die Latrinenfunde den alltäglichen Ernährungsstandard der Bevölkerung erkennen lassen. Obwohl die frühe Neuzeit erst in den letzten Jahren auch mit archäologischen Methoden erforscht wird, konnten Proben von 20 verschiedenen frühneuzeitlichen Ausgrabungsstätten aus dem Rheinland untersucht werden. In der Regel handelt es sich dabei um Ausgrabungen aus Alt- und Innenstädten.

Wie im späten Mittelalter dominierte in der frühen Neuzeit der Roggen innerhalb der Getreide. Auch der Verzehr des erst im 14. Jahrhundert eingeführten Buchweizens ist durch Schalenreste bis in das 19. Jahrhundert hinein nachgewiesen.

Beim Obst ließen sich mit Gartenerdbeere, schwarzer und roter Johannisbeere drei neue Arten durch die Großrestanalyse belegen. Die Gartenerdbeere wurde in einer Latrine aus dem 17./18. Jahrhundert in Köln gefunden. Ihre nunmehr deutlich größeren Kerne erlaubten die Unterscheidung gegenüber der wilden Walderdbeere.

Von den beiden Johannisbeerarten nimmt man an, daß sie aus dem Orient stammen. In Deutschland wird der Beerenstrauch erstmals im 15. Jahrhundert in schriftlichen Quellen erwähnt. Steinkerne und Fruchtschalenreste der roten Johannisbeere fanden sich erstmal an der Wende des Spätmittelalters zur frühen Neuzeit (15./16. Jh.) in einer Kölner Latrine. Ab dem 16. Jahrhundert kommen sie in fast allen Latrinen vor, was für die weite Verbreitung dieser bis heute beliebten Beeren spricht. Anhand der Blütenböden und der Größe der Steinkerne ist es möglich, die schwarzen Johannisbeeren von der rotfruchtigen Art zu unterscheiden. Der erste Nachweis von schwarzen Johannisbeeren gelang am Niederrhein in Latrinenproben aus dem 18. Jahrhundert. Archäobotanisch noch nicht nachgewiesen werden konnte die dritte *Ribes*-Art, die Stachelbeere (*Ribes grossularia*), die ebenfalls erst in der frühen Neuzeit Einzug in unsere Gärten gehalten hat.

Als Importpflanzen konnten anhand weniger Funde wiederum Reis, Feigen und Echter Thymian bestimmt werden. Neu ist der Fund von Pfefferkörnern (schwarzer Pfeffer) aus einer Kölner Latrine des 17./18. Jahrhunderts. Pfeffer wurde als wertvolles Gewürz erst im Zuge der weltumspannenden Handelsschiffahrt aus Südostasien importiert und gab dem Berufsstand der reichen Kaufleute (Pfeffersäcke) seinen Namen.

Aus Amerika gelangten in der frühen Neuzeit einige wichtige neue Nahrungspflanzen nach Europa, unter anderem Kartoffeln, Tomaten und Mais, von denen am Niederrhein jedoch noch keine Großreste in archäologischen Ausgrabungen gefunden wurden. Nach schriftlichen Zeugnissen ist die Kartoffel seit dem 18. Jahrhundert im Rheinland ebenso wie in allen anderen Gebieten Deutschlands angebaut worden, ihre vergängliche Knolle läßt sich archäobotanisch jedoch kaum nachweisen. Hingegen konnten in einer Bonner Latrine aus dem 18. Jahrhundert der ebenfalls aus Amerika importierte Kürbis anhand seiner Kerne erstmals gefunden werden.

Eine neue Gartenpflanze war in der frühen Neuzeit auch die Gurke; ihre Kerne wurden in Proben aus dem 17./18. Jahrhundert entdeckt. Die Gurke stammt wohl ursprünglich aus Indien und gelangte über das oströmische Reich im frühen Mittelalter zu den Slawen. Die frühe und starke Verbreitung in slawischen Gebieten zeigt sich noch heute darin, daß der Spreewald ein Anbauzentrum für Gurken geblieben ist. Am Niederrhein wurden Gurken wahrscheinlich erst in der frühen Neuzeit angebaut.

*Infolge der Entdeckung der Neuen Welt kamen etliche neue Pflanzen nach Europa. Von diesen konnten archäobotanisch aber erst einige gefunden werden. Als neue Nutzpflanzen konnten folgende Pflanzen im Rheinland nachgewiesen werden:*

*Abb. 131 (l.):* **Cucumis sativus,** *Gurke*

*Abb. 132 (r.):* **Cucurbita pepo,** *Gewöhnlicher Kürbis*

### Nachgewiesene Nutzpflanzen in der Neuzeit (16. –19. Jh. n. Chr.)

#### Getreidearten (alphab.)

| | |
|---|---|
| *Avena sativa* | Saathafer |
| *Fagopyrum esculentum* | Buchweizen |
| *Hordeum vulgare vulgare* | Vierzeilige Spelz-gerste |
| *Oryza sativa* (Import) | Kulturreis |
| *Panicum miliaceum* | Rispenhirse |
| *Secale cereale* | Roggen |
| *Triticum aestivum* | Saatweizen |
| *Triticum spelta* | Dinkel |

#### Öl- und Gespinstpflanzen (alphab.)

| | |
|---|---|
| *Cannabis sativa* | Hanf |
| *Linum usitatissimum* | Gebauter Lein, Flachs |
| *Papaver somniferum* | Schlafmohn |

**Hülsenfrüchte**

| | |
|---|---|
| *Pisum sativum* | Erbse |

**Gemüse- und Salatpflanzen (alphab.)**

| | |
|---|---|
| *Amaranthus blitum* | Aufsteigender Amarant |
| *Beta vulgaris* | Rübe |
| *Brassica rapa campestris* | Rübenkohl |
| * *Cucumis sativus* | Gurke |
| * *Cucurbita pepo* | Gewöhnlicher Kürbis |
| *Daucus carota* | Wilde Möhre |
| *Portulaca oleracea* | Portulak |
| *Valerianella locusta* | Echter Feldsalat |
| *Valerianella rimosa* | Gefurchter Feldsalat |

**Gewürzpflanzen (alphab.)**

| | |
|---|---|
| *Anethum graveolens* | Dill |
| *Apium graveolens* | Sellerie |
| *Brassica nigra* | Schwarzer Senf |
| *Carum carvi* | Wiesenkümmel |
| *Coriandrum sativum* | Koriander |
| *Foeniculum vulgare* | Fenchel |
| *Humulus lupulus* | Hopfen |
| * *Juniperus communis* | Wacholder |
| *Petroselinum crispum* | Gartenpetersilie |
| *Piper nigrum* (Import) | Schwarzer Pfeffer |
| *Satureia hortensis* | Sommer-Bohnenkraut |
| *Sinapis arvensis* | Ackersenf |
| *Thymus vulgaris* (Import) | Echter Thymian |

**Nüsse (alphab.)**

| | |
|---|---|
| *Corylus avellana* | Haselnuß |
| *Juglans regia* | Walnuß |

**Kulturobst (alphab.)**

| | |
|---|---|
| *Cornus mas* | Korneliskirsche |
| *Ficus carica* (Import) | Feigenbaum |
| * *Fragaria* cf. x *ananassa* | Gartenerdbeere |
| *Malus domestica* | Gartenapfel |
| *Mespilus germanica* | Echte Mispel |
| *Morus nigra* | Schwarze Maulbeere |
| *Physalis alkekengi* | Judenkirsche |
| *Prunus avium* | Süßkirsche |
| *Prunus cerasus* | Sauerkirsche |
| *Prunus domestica* | Zwetschge |
| *Prunus insititia* | Pflaume |
| *Prunus insititia oxycarpa* | Ovalpflaume |
| *Prunus insititia subrotunda* | Rundpflaume |
| *Prunus spinosa fruticans* | Süßschlehe |
| *Pyrus communis* | Gartenbirne |
| * *Ribes nigrum* | Schwarze Johannisbeere |
| * *Ribes rubrum* | Rote Johannisbeere |
| *Vitis vinifera* | Weinrebe |

**Wildobst (alphab.)**

| | |
|---|---|
| *Fragaria vesca* | Walderdbeere |
| *Prunus spinosa* | Schlehe |
| *Rosa* spec. | Rose (Hagebutte) |
| *Rubus caesius* | Kratzbeere |
| *Rubus fruticosus* | Brombeere |
| *Rubus idaeus* | Himbeere |
| *Sambucus ebulus* | Attich |
| *Sambucus nigra* | Schwarzer Holunder |
| *Sambucus racemosa* | Traubenholunder |
| *Sorbus aria* | Mehlbeere |
| *Vaccinium myrtillus* | Heidelbeere, Waldbeere |

# Gehölze als Nutzpflanzen

## ARIE J. KALIS, URSULA TEGTMEIER

Bäume und Sträucher hatten im ur- und frühgeschichtlichen Alltag eine überaus große Bedeutung - eine sehr viel größere, als sich der heutige Mensch vorzustellen vermag. Man weiß zwar, daß Bäume Holz liefern für Häuser, Möbel, Geräte und für den offenen Kamin; zudem kennt jeder nahrhafte und wohlschmeckende Früchte und Nüsse, die von Bäumen stammen. Doch wissen viele Menschen nicht mehr, daß einst aus Gehölzen auch medizinische Substanzen gewonnen wurden, die gegen Alltagsqualen wie Kopf- und Zahnschmerzen, Durchfall oder Menstruationsbeschwerden ebenso halfen wie gegen Rheuma, Ruhr, Pest und andere Plagen. Heute schluckt man Aspirin, ohne zu wissen, daß es sich hierbei um die chemisch reine Form eines in der Weidenrinde enthaltenen, medizinisch wirksamen Stoffes handelt.

Jeder kennt auch den kanadischen Zuckerahorn, eine Ahornart, die einen süßen Sirup produziert, der kommerziell geerntet und vermarktet wird. Daß unsere heimischen Ahornarten, vor allem der Bergahorn, die gleiche Leistung erbringen können, das weiß heute kaum noch jemand; doch bis zum späten Mittelalter wurde die Gewinnung von Ahornsirup u.a. noch im Elsaß praktiziert. In Nordeuropa wird für solche Zwecke bis heute die Birke genutzt, deren zuckerhaltiger Saft in Skandinavien zudem zu Birkenwein vergoren wird - eine willkommene Ergänzung des alkoholarmen Alltags.

Bleiben wir beim Beispiel der Birke. Gerade von diesem Laubbaum fand früher fast alles Verwendung. Fangen wir mit dem bereits erwähnten Birkensaft an: Die in ihm enthaltenen Zucker werden in den Blättern gebildet und dienen der Pflanze zum Aufbau von Wurzeln, Stamm, Ästen, Blättern und Blüten. Dabei wird Zucker in wassergelöster Form in alle Teile des Organismus bis in die äußersten Spitzen transportiert. Dieser Zucker ist aber auch attraktiv für andere Lebewesen, denn fast alle benötigen Zucker für ihren eigenen Stoffwechsel. Daher versucht die Birke (wie jede andere Baumart), ihren Zucker zu schützen und zu verteidigen. Das geschieht vor allem auf chemischem Wege, wobei sie sehr verschiedenartige Stoffe produziert, die Bakterien, Insekten und andere Lebewesen davon abhalten sollen, ihren Zucker abzuzapfen. Und genau diese „giftigen" Stoffe sind es, die in den kleinen Dosen, wie sie von der Pflanze hergestellt werden, beim Menschen als Medizin wirken. Zum Beispiel sind Bestandteile der Birkenknospen und der jungen Blätter harntreibend, aus der Rinde kann ein fiebersenkendes Mittel gewonnen werden; ein ebenfalls aus der Rinde extrahierbares Öl hilft bei Hautkrankheiten. Überhaupt wurde die Rinde zu vielerlei Zwecken genutzt: Das zwischen Rinde und Holz liegende Gewebe ist stark kohlenhydrathaltig und wurde in spätwinterlichen Notzeiten abgeschabt und getrocknet als eine Art Mehl zur Ernährung verwendet. Da die Rinde der Birke absolut wasserdicht ist, wurden aus ihr Schuhe, Mäntel, Eimer, Dachschindeln und feuchtigkeitsabhaltende Unterlagen für Zelte, Balken und Schwellen gefertigt. Die

Eigenschaften zäh und elastisch machten Birkenrinde geeignet zur Korb-, Matten- und Seilflechterei. Bei einer mechanischen Verletzung produziert die äußere, weiße Rinde eine braunschwarze Flüssigkeit, den Birkenteer, der die verletzte Stelle auf natürliche Weise abdichtet. Technisch ist dieser Teer als Konservierungsmittel für Holz und Leder einsetzbar. Aus Birkenteer kann zudem durch Destillation Birkenpech gewonnen werden, das als allseitig verwendeter Klebstoff der Vorzeit (beispielsweise zum Fixieren von Mikrolithen an hölzernen Pfeilschäften) bekannt ist, denn die Masse ist zuerst elastisch und härtet später aus. Aus dem harten Zustand läßt sie sich durch Kauen immer wieder elastisch und weich machen. Aus der inneren, braunen Rinde kann ein Stoff isoliert werden, mit dem tierische Häute zu Leder gegerbt werden. Sogar die Blätter bleiben nicht ungenutzt: sie sind getrocknet ein gefragtes Futter für Schafe und Ziegen in den langen skandinavischen Wintern. Das Holz der Birke wird - auch wenn es nicht von hoher Qualität ist - für vielerlei Zwecke, wie zur Herstellung einfacher Möbel, Holzschuhe, Gerätestiele verwendet. Birkenholz ist auch ein gutes Brennholz, das aufgrund des hohen Teergehaltes in der Rinde sogar in feuchtem, das heißt in frisch geschlagenem Zustand entflammbar ist.

## Woher wissen wir von den früheren Nutzungen?

Die Verwendung von heimischen Wildpflanzen läßt sich schwieriger nachweisen als die der angebauten Nutzpflanzen. Getreidearten, Hülsenfrüchte und andere Kulturpflanzen würden im Rheinland ohne menschliche Pflege nicht wachsen. Wenn wir sie im archäologischen Befund finden, dann heißt das, daß diese Pflanzen von den Menschen angebaut und benutzt worden sind. Bei wildwachsenden Pflanzen läßt sich dieser Schluß nicht so leicht ziehen. Die Verwendung von Wildpflanzen wird bei der Interpretation archäologischer Befunde zum Teil als selbstverständlich vorausgesetzt: so bestehen prähistorische Dörfer nicht aus Gruben und Pfostenlöchern, sondern in den Löchern steckten Holzpfosten als Konstruktionselemente von Häusern, und Getreide und Hülsenfrüchte wurden nicht nur angebaut und gegessen, sondern das Essen wurde mit Brennholz gekocht, gebacken oder gebraten, und die Menschen wärmten sich im Winter am Herdfeuer. Ebenso selbstverständlich ist es, daß die Mahlzeiten gewürzt wurden, die Kranken wurden gepflegt, und das Vieh bekam alltäglich zu fressen. Sicher hat man dazu die verfügbaren Produkte des Waldes genutzt, und so ist es berechtigt und notwendig, sich auch mit dieser Gruppe der Nutzpflanzen zu beschäftigen.

Glücklicherweise verfügen wir zu diesem Thema über recht gute zusätzliche Informationen in den schriftlichen Quellen. Die medizinische Wirkung bestimmter Gehölze wird schon beschrieben, so lange es schriftliche Quellen gibt: in altägyptischen Schriften, in der Bibel, in Werken griechischer und römischer Ärzte und nicht zuletzt in den mittelalterlichen Kräuterbüchern. Diese Bücher sind keine wissenschaftlichen Werke im heutigen Sinne, sondern das schriftliche Festhalten der vorhandenen Kenntnisse. Wie alt diese Kenntnisse bereits sind, ist unbekannt; aber die Beobachtung von Biologen, daß wildlebende westafrikanische Tieflandschimpansen aktiv Heilpflanzen verwenden, läßt vermuten, daß die Kenntnis der medizinischen Wirkung von Pflanzen eine viel längere Geschichte haben könnte, als man je nachzuweisen vermag.

Hinsichtlich früher Wald- und Holznutzungen kann man in Westeuropa auf fast ein Jahrtausend alte Archivalien zurückgreifen. Waldbauliche Maßnahmen haben Auswirkungen, die weit über die Dauer eines Menschenlebens hinausgehen. Daher war es wichtig, darüber Buch zu führen, was schon ab dem 9. Jahrhundert die Klöster und später die Landesherren gewissenhaft über Jahrhunderte getan haben. In diesen Aufzeichnungen werden die Wirtschaftswälder und die Waldbaumaßnahmen beschrieben, es wird aufgelistet, beispielsweise welche Produkte hergestellt wurden und zu welchem Nutzen und zu welchem Preis man sie verkaufte.

Die Tatsache, daß Reste von Gehölzen in archäologische Befunde geraten sind, zeigt, daß sie von den damaligen Menschen genutzt worden sind. In welcher Form das geschah, kann dadurch eingegrenzt werden, daß man den archäologischen Fund und Befund in Betracht zieht und dabei potentielle sowie die in den schriftlichen Quellen erwähnten Verwendungsmöglichkeiten berücksichtigt.

## Wozu wurden Gehölze in der vorindustriellen Zeit genutzt?

Zu allen Zeiten (bis zum Einsatz fossiler Brennstoffe) spielte die Entnahme von Brennholz aus dem Wald mengenmäßig die wichtigste Rolle. Zwei Gründe sprechen dafür, daß Brennholz seit Beginn der Seßhaftigkeit nicht wahllos gesammelt, sondern daß bei seiner Beschaffung planmäßig vorgegangen wurde: Um eine permanente Siedlung herum ist sehr bald alles Fallholz aufgelesen, da 1 ha Wald jährlich nur etwa 1 m$^3$ Leseholz erbringt; zudem brannten die Herdfeuer in den Häusern und sollten also ein Maximum an Hitze liefern bei einem Minimum an Rauch, Funken und Asche. Das Brennholz mußte daher gezielt und möglichst so lange vor der Benutzung geschlagen werden, daß es ausreichend trocknete (nur wenige Holzarten sind frisch anzündbar, sie produzieren dann aber viel Rauch und Funken). Eine bewußte Auswahl der Brennhölzer liegt auf der Hand: Die im Mittelalter am meisten geschätzten Brennhölzer im Rheinland waren Buche und Hainbuche, gefolgt von Esche, Ulme, Weißdorn, Schlehe und Ahorn. Da sich die Brenneigenschaften dieser Hölzer nicht verändert haben, können wir diese Auswahl wohl auch auf ur- und frühgeschichtliche Zeiten übertragen.

Das zweitwichtigste aus dem Wald stammende Sammelprodukt bei Bauernmischbetrieb ist Laub als Viehfutter, denn erst seit der Eisenzeit wird das Vieh im Rheinland mit Gras gefüttert. Vorher gab es hier noch kein Grünland, und das Vieh - die wichtigsten Haustiere Rind und Schwein waren ja ursprünglich Waldtiere - wurde mit Laub versorgt. Das Milchvieh läßt sich am besten mit Laub von Eschen und Ulmen ernähren, Pferde fressen gern die Blätter der Hasel, und Schafe und Ziegen kann man zudem mit Blättern von Erle, Birke, Weide und Stechpalme füttern. Nur die gerbstoffhaltigen, bitteren Eichenblätter werden von fast allen Tieren gemieden.

Bedeutend war ebenfalls die Entnahme von Bauholz aus dem Waldbestand, obwohl dies entgegen allgemeiner Einschätzung bei weitem nicht so tiefgreifend war wie die beiden oben genannten Nutzungen; denn das Herdfeuer wird kontinuierlich erhalten, und jeden Tag muß das Vieh gefüttert werden, man baut jedoch vergleichsweise selten ein Haus. Als bestes heimisches Konstruktions- und Bauholz galt - das zeigen die mittelalterlichen Quellen - das Holz der Eiche, an zweiter Stelle folgten Ulmen- oder Eschenholz. Das gilt sicherlich auch für ur- und frühgeschichtliche Zeiten.

Fast alle Geräte und Gegenstände des Bauernbetriebs und des Haushalts waren, zumindest in Teilen, aus Holz. Das Holz von Weiden, Erlen und besonders von Schwarzpappeln galt als hervorragendes Schnitzholz für Holzschuhe; Küchengeschirr und Geräte zur Milchzubereitung wurden bevorzugt aus Erlen- und Weidenholz gefertigt; Schüsseln, Becher und ähnliche Behälter wurden vor allem aus Ahornholz geschnitten oder gedrechselt. Für die Stiele von Geräten und für Waffen, die elastisch und bruchfest sein sollten, wählte man das Jungholz der Esche, der Ulme oder der Eibe aus.

Ein nicht zu unterschätzendes Gehölzprodukt war die Rinde, die als Rohmaterial zur Fasergewinnung, zum Gerben von Leder, zur Farbstoff- und Medizingewinnung diente:

- Fasergewinnung: Am Beispiel der Birke wurde schon die Verwendung der Rinde für Stricke und als Flechtmaterial erwähnt. Von viel größerer Bedeutung für die Herstellung von Tauwerk und Seilen war jedoch der Bast von Linde und Feldulme, dessen Tanningehalt die Schnüre und Seile witterungsbeständig macht. Vor dem Import von dauerhafteren Fasern aus den Tropen galt die Linde als wichstigster Faserlieferant für Tauwerk.

- Gerbmittel: Als Lohe zum Gerben von Leder war Rinde, besonders die tanninreiche Eichenrinde, unentbehrlich. Im späten Mittelalter und in der frühen Neuzeit rangierte zum Beispiel im Venn das bei der Eichenlohgewinnung anfallende - eigentlich wertvolle - Eichenholz als Nebenprodukt. Doch nicht nur Eichenrinde, sondern auch die Rinde von Ahorn, Birke, Erle, Fichte, Schwarzpappel, Ulme, Vogelkirsche und Weide werden in mittelalterlichen Schriften als Rohstoffe zum Ledergerben genannt.

- Färbemittel: Die Rinde einiger Gehölze liefert das Ausgangsmaterial verschiedener Farbstoffe. So wird die Verwendung der Rinden von Erle (schwarz), Faulbaum (blau), Hainbuche (gelb), Schlehe (rot), Schwarzpappel (gelb), Ulme (gelb) und Walnuß (dunkelbraun) erwähnt.

- Arzneimittel: Auf die unter anderem fiebersenkende Wirkung von Weidenrinde wurde bereits verwiesen. Die antiken und mittelalterlichen Kräuterbücher nennen heilsame Wirkungen für die Rinden von Bergahorn, Birke, Birne, Buche, Erle, Esche, Edelkastanie, Sauerkirsche, Schlehe, Schwarzpappel, Süßkirsche und Weißdorn.

Darüber hinaus haben Bäume zu allen Zeiten die Menschen auch durch ihre Größe, Gestalt und ihr Alter beeindruckt. Es verwundert daher nicht, daß sie in den Naturreligionen auch heute eine bedeutende Rolle spielen. Sogar in unserer Gesellschaft haben einige Bäume noch immer hohen Symbolwert - denken wir nur an Nadelbäume auf Friedhöfen, an den Christbaum, die Stechpalme und die Mistel zu Weihnachten. Die große religiöse und symbolische Bedeutung, die Bäume in früheren Zeiten immer gehabt haben, sollte bei der Auswertung von Hölzern aus archäologischen Befunden wie Tempeln oder Grabstätten nicht außer acht gelassen werden.

## Die Gehölzarten

Die in rheinischen Ausgrabungen nachgewiesenen Gehölzarten werden im folgenden nach der Häufigkeit ihres Vorkommens aufgeführt:

## Die heimischen Arten

**Die Eiche** kommt im Rheinland mit zwei Arten vor: Traubeneiche (*Quercus petraea*) und Stieleiche (*Quercus robur*), wovon letztere häufiger ist; beide Arten sind holzanatomisch nicht zu trennen. Schriftliche Quellen zeigen, daß die Menschen vor der Neuzeit beide Arten nicht unterschieden haben, weswegen sie auch hier gemeinsam aufgeführt werden.

Die Eiche ist ein bis zu 30 m hoher Baum mit einem Höchstalter von 700 bis 1200 Jahren. Sie läßt sich im Hochwald, aber auch sehr gut im Niederwald bewirtschaften. Das Holz ist hart, leicht spaltbar, sehr schwer und übertrifft an Festigkeit und Dauerhaftigkeit alle anderen heimischen Gehölze. Es wird besonders da verwendet, wo Härte und Tragkraft gefordert sind; das betrifft beispielsweise Türpfosten, Pflüge, Schlitten, Dreh- und Hobelbänke. In der Böttcherei wird Eichenholz bevorzugt, da es leicht zu spalten und relativ unempfindlich gegenüber dem Wechsel von feucht zu trocken ist. Eichenholz ist auch unter Wasser sehr beständig und war somit im Schiffsbau einst das bedeutendste Holz (2000 Bäume pro Segelschiff im 17. Jahrhundert); außerdem wurde es im Brunnen- und Brückenbau eingesetzt. Seine größte Bedeutung hatte es im Rheinland jedoch als Bauholz.

Als Brennstoff war Eichenholz trotz seines hohen Heizwertes nur mäßig beliebt, weil es springt und einen scharfen ätzenden Rauch entwickelt. Anders war es mit der Wertschätzung der Rinde: Sie ist gerbstoffreich und daher besonders geeignet für die Herstellung von Leder. Vor allem seit dem Mittelalter wurden zur Gewinnung von Eichenlohe große Flächen mit sogenannten Eichenschälwäldern angelegt, besonders im Venn und in der Eifel. Eichenschälwälder sind Niederwälder mit 12- bis 15jährigen Umlaufzeiten, die eigentlich nur zur Gewinnung der Eichenlohe dienten (obgleich die allerbeste Lohe erst in 24jährigem Umtrieb erzielt wird).

Die Früchte, die Eicheln, sind stärke- und eiweißreich und werden gern von Schweinen gefressen, doch ist nicht auszuschließen, daß auch die Menschen Eicheln verzehrten. Die medizinische Wirkung der Rinde, adstringierend bei Blutungen und Durchfall und fiebersenkend, wird bereits von Plinius (23 - 79 n. Chr.) beschrieben.

Die Eiche war in fast allen europäischen Religionen der am höchsten verehrte Baum: der alttestamentarische Name für Eiche ist eng mit dem hebräischen Wort für *Gott* verwandt; die Eiche war sowohl Zeus, Jupiter als auch Donar geweiht; sie war der heilige Baum der Druiden; sie markierte heilige Plätze sowohl im Alten Testament als auch in der germanischen Welt; sie steht für Kraft, Schutz, Beständigkeit,

Abb. 136:
***Quercus robur,***
*Stieleiche*

Mut und Wahrheit. Durch Friedrich Gottlieb Klopstock (1724 - 1803) wurden im 18. Jahrhundert Eiche und Eichenlaub zum Sinnbild der deutschen Nation.

**Archäobotanische Belege:** Die Eiche ist im Rheinland seit dem Boreal heimisch. Sie wurde von den Menschen intensiv genutzt - ihre Holzkohle fehlt in fast keiner archäologischen Ausgrabung, wo sie zudem fast immer der am häufigsten belegte Holztyp ist. In altneolithischen Befunden kommen Eichenholzkohlen in etwa der Hälfte aller Proben vor - das sind vor allem Proben aus Baubefunden wie Pfostengruben von Häusern und von einem Zaun sowie im Graben eines bandkeramischen Erdwerks. Auch der 14 m tiefe Brunnen von Kückhoven ist aus Eichenbohlen gebaut, was zeigt, daß bereits die Bandkeramiker die entsprechenden holztechnischen Eigenschaften kannten und einzusetzen wußten. Im Mittelneolithikum findet sich Eichenholzkohle bereits in drei Viertel der Proben, eine Bindung an bestimmte Befunde ist nun nicht mehr erkennbar. Entgegen der aus den mittelalterlichen Schriftquellen ablesbaren Mißachtung von Eichenholz als Brennmaterial wurde die Eiche im Neolithikum sehr wohl als Brennholz benutzt: in den untersuchten Öfen aus dem Alt-, Mittel- und Jungneolithikum herrschen Eichenholzkohlen vor, in einigen sind sie sogar die einzige Holzart. Die neolithischen Öfen wurden nicht im Haus, sondern im Freien angelegt; außerdem wurden sie - wie die heutigen südeuropäischen Bauernöfen - erst nach dem Niederbrennen der Flammen und vermutlich sogar erst nach dem Ausräumen der Glut beschickt, so daß Rauch und Funken nicht störten; es zählte nur der hohe Heizwert von Eichenholz. Als Brennmaterial mit hohem Heizwert fanden in der Römerzeit im Rheinland Eichenhölzer auch bei der Verbrennung von Toten auf Scheiterhaufen Verwendung; aus Stämmen gespaltene Eichenhölzer machten - neben Buchenhölzern - den Hauptteil des Scheiterhaufengerüsts aus. Aus dieser Zeit liegen auch Eichenholzkohlen von Balken aus Baubefunden vor.

Im archäologischen Fundgut liegen auch Objekte aus Eichenholz vor; sie belegen die damalige Kenntnis um die holztechnischen Eigenschaften der Eiche. So spielte für ein Hakkenblatt aus der Bandkeramik, für Keile aus der späten Eisenzeit und für eine Butterfaßscheibe aus dem Hochmittelalter wohl die Härte und Festigkeit des Holzes eine Rolle; die Beständigkeit in der Erde dürfte bei Brettern von Särgen und einer Bleisargummantelung der Spätantike Auswahlkriterium gewesen sein; die Widerstandsfähigkeit gegenüber Nässe wurde bei aus Dauben gebundenen Gefäßen bereits in der späten Eisenzeit sowie bei der Herstellung von Deckeln, Böden und Dauben von Großböttchergefäßen sowie bei Dauben von Trinkgefäßen im Hochmittelalter genutzt. Einzelne Pfosten, Bretter und Bohlen aus der Eisenzeit belegen die Bedeutung der Eiche als Bauholz.

## Der Pomoideae-Holztyp

Es gibt einige Gehölze aus der Pflanzenfamilie der Rosengewächse - Weißdorn, Holzapfel und Vogelbeere sowie die Kulturobstbäume Apfel und Birne -, die alle den gleichen Holztyp aufweisen. Daher können die in den Ausgrabungen geborgenen Hölzer und Holzkohlen keiner bestimmten Art zugewiesen werden. Die Hölzer aller Arten kennzeichnen gute Brenneigenschaften.

**Der Zweigrifflige Weißdorn** (*Crataegus laevigata*) ist ein vielstämmiger, dorniger Strauch, der bis zu 10 m hoch wird und ein Alter von 100 Jahren erlangen kann. Sein Holz ist hart und zäh und wird in der Werkzeugfabrikation genutzt; die geraden Triebe werden zu Spazierstöcken verarbeitet. Auch als hochwertiges Brennholz ist es gefragt. Bekannter ist jedoch die Verwendung der Blüten und Früchte, die wegen ihrer herzstärkenden und blutdrucksenkenden Wirkung bei Herzbeschwerden, Arteriosklerosen und Herzinfarkten eingesetzt werden. Die Rinde von jungen Zweigen wird als fiebersenkendes Mittel angewendet.

**Der Eingrifflige Weißdorn** (*Crataegus monogyna*) ist ein bis zu 20 m hoher Baum, der ein Alter von 500 Jahren erreichen kann. Er wurde und wird aber normalerweise in Schnitthecken und in Hecken zwischen Wirtschaftsland gepflegt. Darauf verweist seine Bezeichnung als Hagedorn, die aus dem Mittelhochdeutschen stammt und ursprünglich Dornstrauch, der zu Hecken benutzt wird, bedeutet. Die dornigen Äste waren vor der Erfindung des Stacheldrahts die übliche Form, Vieh und Ungebetene von Feld- und Hofflächen fernzuhalten.

Das Holz ist sehr hart und daher geeignet für Drechsel- und Schnitzarbeiten, hatte aber wegen seines hohen Heizwertes seine wichtigste Bedeutung als Brennholz in der Bäkkerei.

Die Blüten wurden ähnlich wie die vom Zweigrifflingen Weißdorn als wirksames Herzmittel eingesetzt.

Weißdorn gilt im europäischen Volksglauben als unheilabwehrender Wunderbaum. In den meisten frühen Religionen war er

Wohnstätte von Göttern, Geistern, Hexen und Zaubermeistern. Bis zum 18. Jahrhundert war der Weißdorn der Maibaum, ein Maienkranz aus Weißdorn steht für Keuschheit und Jungfräulichkeit.

**Der Wild- oder Holzapfel** *(Malus sylvestris)* ist ein bis zu 10 m hoher Baum, der ein Alter von etwa 100 Jahren erreichen kann. Im Gegensatz zu seinen vielen Kulturrassen (s.u. Gartenapfel), die aus Vorderasien stammen und erst zur Römerzeit hier eingeführt und angepflanzt worden sind, gehört der Wildapfel zum heimischen Baumbestand.

Das Holz ist sehr hart, dicht, mittelschwer, schwer spaltbar und gut zu bearbeiten. Wegen seiner Härte und Dichte ist es wertvoll und wurde unter anderem für Holzschrauben und wegen seines Widerstandes gegenüber Verschleiß für Zahnräder von Mühlen genutzt. Wildapfelholz ist jedoch stark schwindend und reißend und bei Feuchtigkeit wenig dauerhaft, weshalb es als Konstruktionsholz nicht geeignet ist.

Die Früchte des Wildapfels sind zwar sehr klein, aber - vor allem gekocht - genießbar, aus ihnen wird Most, Essig und Trockenobst bereitet. Holzäpfel haben auch einen Ruf als Heilmittel, denn ein Tee aus den getrockneten Früchten wirkt fiebersenkend; frische Holzäpfel gelten als Wundheilmittel, und es kann daraus eine Salbe für Brandwunden hergestellt werden.

**Die Vogelbeere** *(Sorbus aucuparia)* verdankt sowohl ihren deutschen als auch ihren lateinischen Namen den Beeren, die früher als Lockmittel beim Fangen von Vögeln benutzt wurden (aucuparia = aves capere = Vögel fangen). Sie ist ein Baum von 5 bis 20 m Höhe, der ein Alter von 120 Jahren und einen Stammdurchmesser von 40 cm erreichen kann. Das Holz ist biegsam, elastisch, mittelschwer, wenig dauerhaft und kaum zu spalten. Es wurde für Drechsler-, Schnitzler- und Wagnerarbeiten verwendet, die stärkeren Stämme in der Tischlerei. Die Rinde war Rohstoff beim Gerben von Leder in einer schönen braunen Tönung. Das Laub ist ein gutes Viehfutter, das vor allem an Milchvieh verfüttert wurde. Auch die Beeren, die noch immer als Vogelfutter gesammelt werden, waren früher Viehfutter. Außerdem war dieses Gehölz Lieferant von Arzneimitteln: Tee aus den Blättern ist ein Mittel gegen Darm- und Magenverstimmung; getrocknete Früchte haben eine stopfende Wirkung und werden gegen Durchfall und in der Tiermedizin gegen Ziegen- und Schweinerotlauf angewendet.

Bei den Kelten war die Vogelbeere der Baum des Wiedererwachens nach der Winterzeit, und sie markierte Gerichts- und Opferplätze. Die Germanen stellten aus dem Holz Runenstäbchen her. Im frühchristlichen Glauben dagegen war sie ein *Blutbaum*, entsprossen aus den Seelen unschuldig hingerichteter Menschen.

**Archäobotanische Belege:** Der Pomoideae-Holztyp wird am häufigsten im Altneolithikum gefunden: zwei Drittel aller untersuchten Proben aus der Bandkeramik enthalten Holzkohlen dieser Gehölzgruppe. Überwiegend kommen sie aus hausfernen Gruben, was darauf hindeutet, daß das Holz nicht im Haus verbrannt wurde, sondern von Aktivitäten außerhalb der Häuser stammt. Der hohe Anteil an Pomoideen-Holzkohlen in bandkeramischen Gruben läßt darauf schließen, daß diese Gehölze zum Siedlungsbild gehörten; wahrscheinlich umgaben sie als

Hecken die Siedlungs- und Wirtschaftsflächen und grenzten diese gegen das Waldland ab. Die Fundverteilung ändert sich schlagartig mit Beginn des Mittelneolithikums: der Pomoideae-Holztyp wird nur noch in weniger als einem Zehntel der Proben gefunden. Offensichtlich spielten nun Hecken im Siedlungsbild keine Rolle mehr. Erst in metallzeitlichen Befunden nehmen Holzkohlen der Pomoideen in den Gehölzspektren wieder einen höheren Anteil ein, wenngleich in nicht mehr als einem Drittel der Proben.

Aus Pomoideenholz gefertigte Objekte sind als grab- oder pflanzstockartige Geräte (Bandkeramik), als rundlicher Griffteil (späte Eisenzeit), als Kamm und Sargbrett (beide Spätantike), als Kugeln und gedrechseltes Gefäß (alle Mittelalter) nachgewiesen.

**Die Esche** (*Fraxinus excelsior*) ist ein bis zu 40 m hoher Baum, der ein Höchstalter von 200 bis 300 Jahren bei 1 m Stammdurchmesser aufweisen kann. Sie erträgt Schneiteln und Niederwaldwirtschaft sehr gut und wird dann fast unsterblich: aus England sind über 1000jährige, noch immer austreibende Eschenstubben bekannt. Das Holz ist langfaserig, sehr elastisch, äußerst biegsam, bruchfest, hart, sehr tragfähig und schwer. Daher hat es auch zu allen Zeiten vielerlei Verwendung gefunden: Es war im Mittelalter ein gefragtes Bauholz (mit Ulme an zweiter Stelle nach der Eiche) und wird sonst für alle Zwecke eingesetzt, die einen zähen, biegsamen, bruchfesten und Stöße auffangenden Rohstoff erforderlich machen: Wagen- und Kutschkästen, Wagenteile - wie Nabe, Felge, Speiche -, Werkzeugstiele, Ruder. Es wurden Lanzen- und Speerschäfte daraus hergestellt; so war auch

Abb. 137:
*Fraxinus excelsior*,
*Esche*

der Speer, mit dem Achill Hektor besiegte, aus Eschenholz gefertigt. Die Härte des Holzes macht es zu einem beliebten Drechselholz. Junge Triebe wurden zu Faßreifen gebunden und Eschenholzdauben zu Branntweinfässern geböttchert. Die Esche liefert gutes Brennholz mit langanhaltender Glut; es steht demjenigen der Buche nicht nach.

Einst war die Esche der bedeutendste Laubfutterbaum zur Winterfütterung des Viehs. Das Laub wurde gepflückt oder mit Ästen geschneitelt, außerdem wurden die trockenen Herbstblätter als Stallstreu genutzt; als Notnahrung verfütterte man im Spätwinter auch unbeblätterte Zweige der Esche.

Außerdem war die Esche eine wichtige Heilpflanze: ihre Rinde hat fiebersenkende Wirkung (Vorläufer der Chinarinde). Die Blätter wurden bereits von Hippokrates (460–370 v. Chr.) und Theophrast (370–287 v. Chr.) als harn- und urintreibend beschrieben und werden bis heute bei Rheuma und Gicht angewendet.

Es ist nicht verwunderlich, daß dieses vielseitig nutzbare Gehölz auch religiöse Bedeutung hatte. Als allnährende Weltenesche Yggdrasil findet sie sich in der altnordischen Mythologie; die Germanen verehrten die Esche als Baum der Weisheit, und in der bäuerlichen Symbolik kommt sie bis zur Neuzeit als Lebensbaum vor.

**Archäobotanische Belege:** Die Esche ist im Rheinland seit dem Boreal heimisch und in fast allen Perioden im archäobotanischen Befund nachgewiesen. Die aus Eschenholz gearbeiteten Gegenstände bezeugen die oben genannten Verwendungsbereiche eindrücklich: Stiele und Schäfte wurden bereits im altneolithischen Brunnen von Kückhoven gefunden, weitere liegen aus der späten Eisenzeit vor; ein Axtstiel wird ins frühe Mittelalter datiert. Für die ebenfalls bevorzugte Verwendung von Eschenholz im Wagenbau finden sich Belege von Felgen und einem Speichenfragment (fränkisch); gedrechselt sind Gefäße (späte Eisenzeit, Hochmittelalter); zu Waffen zählen Pfeilschaft-Bruchstücke (Bandkeramik) und Lanzenschäfte (fränkisch); aus dem Bereich der Böttcherei liegt ein Reifen vor, der zu einem Brunnenfaß gehörte (Römerzeit), und ein Holzstift steckte im Deckel eines großen geböttcherten Gefäßes (15./16. Jh.).

Aus Holzkohlenbefunden ist die ursprüngliche Verwendung der Hölzer oft nicht mehr abzulesen, dennoch konnte aus dem Jungneolithikum ihre Nutzung als Bauholz gezeigt werden: das Erdwerk von Koslar bei Jülich weist im Bereich der ehemaligen Palisade überdurchschnittlich viele Eschenholzkohlen auf, was dahingehend gedeutet wird, daß die Palisade vorwiegend aus diesem Holz gebaut war. Die regelmäßig in archäologischen Grubenbefunden vorkommenden Holzkohlen zeigen die Nutzung von Eschenholz als Brennholz zu allen Zeiten.

**Die Hasel** (*Corylus avellana*) ist ein vielstämmiger Strauch von 3 bis 4 m (selten bis 10 m) Höhe. Sie verträgt Schneiteln und eine niederwaldartige Bewirtschaftung sehr gut. Die übliche Umtriebszeit von Haselniederwald war im Mittelalter 5 bis 12 Jahre, denn mit mehr als 12 Jahren verliert das Holz seine besonderen Qualitäten.

Das Holz ist leicht, zäh und elastisch und wurde vor allem als Ruten in Flechtwänden verarbeitet. Im Mittelalter waren die Faßreifen von Weinfässern aus diesem Material. Einjährige Haselgerten sollen magische Kräfte besitzen, die als Wünschelruten Wasser auffinden können. Maserige Wurzelhölzer ergeben ein schönes Drechselholz. Die Holzkohle ist zum Zeichnen sehr gefragt.

Das Laub der Hasel diente als Viehfutter, das von Schafen und Ziegen und vor allem von Pferden bevorzugt wird. Die Rinde der Wurzeln enthält ein adstringierendes Mittel, das gegen Menstruationsschmerzen und Malaria verwendet wurde; von den Rinden der Äste wurde ein wundheilender Verband angelegt. Die kalorienreichen Nüsse sind seit altersher gesammelt worden; gepreßt ergeben sie ein Öl, das als Speiseöl und in der Seifenfabrikation genutzt wird.

Mit seiner frühen Blüte war die Hasel Symbol für Wiederauferstehung und Ewigkeit; die Nüsse sind Symbol der Fruchtbarkeit und sexueller Kraft. In der griechischen Mythologie ist der Stab des Götterboten Hermes aus Haselholz.

**Archäobotanische Belege:** Die Hasel ist im Rheinland seit dem Präboreal heimisch und kommt seitdem regelmäßig im archäobotanischen Befund vor. Im Altneolithikum wurden Haselruten in Flechtwänden verwendet, ein Flechtwandfragment aus der Bandkeramik belegt dies. Auch die relativ häufigen Haselholzkohlen in den Palisadenbefunden eines mittelneolithischen Erdwerkes können von einer Flechtwand stammen. Daß Haselholz auch konstruktiv verbaut wurde, zeigen früheisenzeitliche Pfosten. Seine Verwendung als Faßreifen zeigt der Reifen eines als Brunnen genutzten Fasses aus der Römerzeit. Des weiteren liegen aus Hasel gefertigte Holzstifte in Deckeln und Dauben von geböttcherten Großgefäßen (Spätmittelalter, frühe Neuzeit), ein Werkzeugstiel und ein Kinder-

*Abb. 138:*
*Corylus avellana,*
*Hasel*

Abb. 139:
**Ulmus minor,**
*Feldulme*

schwert (späte Eisenzeit) vor. Holzkohlen (Bindematerial?) fanden sich in römerzeitlichen Brandbestattungen.

Im Rheinland kommen mehrere Arten der **Ulme** vor; während die Bergulme in den Mittelgebirgen Eifel und Bergisches Land wächst, ist die Feldulme die vorherrschende Art des Tieflands. Holzanatomisch lassen sich die Ulmenarten nicht trennen.

**Die Feldulme** (*Ulmus minor*) ist ein bis zu 35 m hoher Baum, vor allem der Auen. Das Holz ist dicht, zäh, hart, dauerhaft und nicht anfällig für Holzwürmer. Es reißt nicht, ist witterungsunempfindlich und auch unter Wasser sehr dauerhaft. Das Holz wurde als Bauholz (es war mit der Esche das zweitwichtigste Bauholz im Mittelalter) vor allem dort verwendet, wo ungewöhnlich lange oder dicke Hölzer sowie Bretter von besonderer Breite gefragt waren. Wegen seiner Dauerhaftigkeit im Wasser war Ulmenholz geschätzt für Mühlen, Brückenpfeiler und Kielbalken von Schiffen. Im Alltag fand es Verwendung bei Wagen, Eimern, Holzschuhen und Särgen. Weil es sich polieren läßt wie Mahagonie, wurde es auch gern von Möbelschreinern eingesetzt. Die Ulme liefert ein sehr gutes Brennholz, das selbst grün, das heißt frisch geschlagen, verwendet werden kann.

Mit den Blättern der Esche sind diejenigen der Ulme das am häufigsten genutzte Viehfutter, vor allem für das Milchvieh. Das Laub wurde gepflückt oder mit Ästen geschneitelt; als Notnahrung konnten im Spätwinter auch die unbelaubten Zweige verfüttert werden. Nach Dioskurides (1. Jh. n. Chr.) dienten gekochte Ulmenblätter als Gemüse auch der menschlichen Ernährung.

Die Rinde fand eine breite Verwendung: zur Fasergewinnung, als Gerbe- und Färbemittel und als Medizin. Aus ihr wurden Seile und Matten hergestellt (vgl. Linde), wegen ihres hohen Gerbstoffgehalts wurde die Rinde zum Gerben von Leder und als gelbes Färbemittel verwertet. Dioskurides beschreibt die Nutzung der Blätter und der Rinde als Absud zum Waschen von Geschwüren und Wunden. Er wurde auch bei Hautausschlägen und als Heilmittel zur Behandlung von Durchfall nicht nur bei Menschen, sondern auch bei Tieren, eingesetzt.

**Archäobotanische Belege:** Die Ulme ist im Rheinland seit dem Boreal heimisch und hat nach den pollenanalytischen Befunden ihre größte Verbreitung im Atlantikum und frühen Subboreal, das heißt in Spätmesolithikum, Alt-, Mittel- und Jungneolithikum. Das schlägt sich auch im archäobotanischen Befund nieder: im Altneolithikum ist die Ulme im Holzkohlenspektrum die dritthäufigste Gehölzart, vertreten in einem Drittel der Proben, im Mittelneolithikum ist sie in einem Viertel vorhanden, wohingegen sie in den Metallzeiten nur noch in geringen Mengen vorkommt. In der Bandkeramik finden sich die meisten Ulmenholzkohlen in hausnahen Befunden; hieraus eine bestimmte Nutzung des Holzes abzuleiten, ist bislang nicht möglich. Ein Pfostenloch von einem Rössener Haus in Inden, das nur Ulmenholzkohle enthielt, deutet auf die Verwendung als Bauholz. Als Geräteholz ist es in drei Bogenfragmenten aus der Bandkeramik belegt.

Das Holz der drei heimischen Arten des **Ahorn** - Feld-, Spitz- und Bergahorn - kann holzanatomisch lediglich bei alten Bäumen unterschieden werden. Im rheinischen Tiefland wächst nur der Feldahorn, wohingegen der Bergahorn und der seltenere Spitzahorn in den Mittelgebirgen wachsen. Die spezifischen Eigenschaften des Bergahornholzes lassen vermuten, daß man es zu allen Zeiten auch im Tiefland benutzt und sich dazu das Holz aus den Mittelgebirgen beschafft hat.

**Der Feldahorn** (*Acer campestre*) wächst normalerweise als Strauch, kann aber unter günstigen Verhältnissen zu einem 10 bis 15 m hohen Baum auswachsen und ein Alter von 300 Jahren erreichen. Er läßt sich gut schneiteln und wurde niederwaldartig zur Produktion von Viehfutter bewirtschaftet. Die jungen Blätter wurden einst auch von den Menschen gegessen: man ließ sie wie Sauerkraut vergären und aß sie als Mus. Darauf weist auch die Bezeichnung des Feldahorns als Maßholder, abgeleitet von mat(i) = Speise.

Das Holz ist hart und sehr geeignet als Drechslerholz, auch weil alte Stämme und Wurzelstücke eine schöne Maser aufweisen. Vor allem im Musikinstrumentenbau findet es Verwendung. Aufgrund der Zähigkeit und Festigkeit eignet es sich besonders für Axtstiele.

**Der Spitzahorn** (*Acer platanoides*) ist ein bis 20 m hoher Baum, der bei 1 m Stammdurchmesser ein Alter von etwa 200 Jahren erreichen kann. Das Holz ist mäßig hart, zäh, elastisch, druckfest, gut spaltbar; nur in trockenem Zustand ist es dauerhaft, hat aber eine starke Tendenz zum Reißen. Es wird zur Herstellung von Möbeln und Musikinstrumenten benutzt. Die äußere Rinde kann als Lohe zum Gerben verwendet werden.

**Der Bergahorn** (*Acer pseudoplatanus*) ist die wertvollste der drei Ahornarten. Er wird bis zu 40 m hoch und kann dabei ein Alter von 500 Jahren erlangen. Sein Holz ist sehr hart, dicht, zäh und im Trockenen sehr dauerhaft. Es ist aber gegen Witterungseinflüsse wenig resistent und daher als Konstruktionsholz nicht geeignet. Wegen seiner schön geflammten Struktur wird es gern für Möbel verarbeitet. Auch ist es gutes Drechsler- und Schnitzlerholz, unter anderem für Küchengeschirr und Musikinstrumente (Flöten, Klangböden von Klavieren und Geigen). Wegen seiner Härte wurde es außerdem zu Zahn- und Kammrädern verbaut. Zudem besitzt es gute Brenneigenschaften.

Aus dem Saft des Bergahorn wurden früher - wie in Kanada bei *Acer saccharum* - Sirup, Zucker (nur 1 kg von 100 l Saft) und Essig hergestellt. Die Saftentnahme erfordert beim Bergahorn großes Geschick, weil hierbei der Baum leicht verbluten kann - wohl auch ein Grund dafür, daß dies heute nicht mehr praktiziert wird. Die Rinde hat eine fiebersenkende Wirkung, die bereits Hildegard von Bingen (1098 - 1179) beschrieben hat; außerdem empfiehlt sie getrocknete und aufgeweichte Blätter als Wundheilmittel.

Der Bergahorn wurde von der Keltenzeit bis zum Mittelalter aufgrund seiner antidämonischen Kräfte verehrt; Ahornholz soll vor Hexen schützen und wurde daher in Türen und Schwellen verbaut; Ahornzweige sollen auch gegen Blitzschlag, Hexen, Maulwürfe und Fledermäuse wirken.

**Archäobotanische Belege:** Rheinische Funde belegen die Verarbeitung von Ahornhölzern für unterschiedliche, meist geschnitzte oder gedrechselte Gegenstände: Es gibt aus der Bandkeramik Objekte wie Knieholm, Ösengefäß, Halbspaten, Hackenblatt, aus der frü-hen Eisenzeit einen Pfosten, aus der späten Eisenzeit gedrechselte Gefäße, Spanschachtelwandteile, Schildteile, aus spätrömischer Zeit eine gedrechselte Tasse, aus fränkischer Zeit und dem Hochmittelalter gedrechselte Gefäße und aus der Neuzeit (16./17. Jh.) den Stiel einer Zimmermannsaxt. Daß Ahorn auch als Brennholz genutzt worden ist, bezeugen Holzkohlen aus neolithischen und metallzeitlichen Gruben und aus römerzeitlichen Brandbestattungen.

**Die Birke** ist in den rheinischen Lößbörden eine von Natur aus seltene Baumart; vor allem findet man die Hängebirke (*Betula pendula*), viel seltener ist die auf Moorböden wachsende Moorbirke (*Betula pubescens*). Das Holz beider Arten ist holzanatomisch nicht zu unterscheiden, weshalb die Arten gemeinsam behandelt werden.

Die Birke ist ein 20 bis 30 m hoch werdender Baum, mit einem Alter bis zu 100 Jahren. Das Holz ist weich, elastisch, sehr zäh, schwer spaltbar und im Freien unbeständig. Somit ist es ein mäßig geeignetes Konstruktionsholz und ein mittelmäßiges Möbelholz. Da es nicht splittert, wird es gern für Deichseln, Holzschuhe, Leitern, Stiele von Sensen und andere Landwirtschaftsgeräte verwendet. Es ist ein geschätztes Brennholz, weil es wegen des hohen Gehalts an Birkenteer auch in feuchtem Zustand entflammt.

Die Birkenrinde besteht aus zwei Schichten: eine äußere schneeweiße und eine gelblich schimmernde innere Rinde. Aus der äußeren wird Birkenteer und Birkenöl gewonnen, die innere Rinde wird wegen ihres Gehalts an Gerbstoffen zum Gerben verwendet (Juchtenleder). Die gesamte Rinde ist wasserdicht und wurde als Dachbedeckung und als Unterlage für Schwellen und Balken benutzt; außerdem wurden hieraus Körbe, Matten und Stricke sowie Schuhe hergestellt. Der Birkenteer ist ein Konservierungsmittel für Leder und Holz und wurde auch als Wagenschmiere verwendet; mit Birkenöl kann Leder wasserfest gemacht werden. Die Äste der Birke wurden früher zu Besen gebunden.

Für die Gewinnung von Birkensaft, der sich leicht zu Birkenwein vergären läßt, werden im Frühjahr ausgewachsene Bäume angebohrt. Pro Baum kann ohne Schaden etwa 3 l Birkensaft geerntet werden. Die Blätter sind ein gutes Futter für Schafe und Ziegen, aber nicht für das Milchvieh, weil es der Milch einen unangenehmen Beigeschmack verleiht. Zudem haben Knospen und junge Blätter eine urintreibende Wirkung und werden bei Blasen- und Nierenkrankheiten verwendet; die Rinde wirkt gegen Fieber. Birkenöl wird bei Hautkrankheiten und in Haarlotionen angewendet.

Diese für Menschen so überaus wichtige Baumart hatte in vorchristlicher Zeit auch in der Religion eine positive Bedeutung als Symbol für den Frühling, die erwachende Liebe, die Gesundheit von Menschen und Haustieren. Man findet das noch heute in dem Brauch, junge Birken zum 1. Mai mit Bändern geschmückt vor Häusern aufzustellen. Nach der altnordischen und germanischen Mythologie wird die letzte Schlacht in der Welt unter einer Birke ausgetragen werden.

**Archäobotanische Belege:** Die Birke war während der gesamten Nacheiszeit im Rheinland anwesend, doch - wie die Pollendiagramme zeigen - bis zur Eisenzeit noch selten. Ihre nütz-

Abb. 140:
**Betula pendula,**
*Hängebirke*

lichen Eigenschaften waren den Menschen wohl sehr früh bekannt, wie die Funde aus dem bandkeramischen Brunnen von Kückhoven zeigen: Birkenpech fand sich als Klebemittel, und auf dem Brunnenboden lagen mehrere eimerartige Gefäße aus Birkenrinde. Aus der späten Eisenzeit sind gedrechselte Gefäße, Spanschachtelteile, ein Trog, Keile und Nägel nachgewiesen. Rindenröllchen der Birke kommen als hochmittelalterliche Schwimmer vor, welche Fischernetze an der Wasseroberfläche halten sollten.

Als Holzkohle wurde die Birke zum ersten Mal in einer mittelneolithischen Grube nachgewiesen. Ab der Eisenzeit wird Birkenholzkohle etwas zahlreicher gefunden, erst im Frühmittelalter wird sie häufiger. Hieraus kann geschlossen werden, daß Birkenholz bis zum Frühmittelalter im Rheinland nicht als Brennholz genutzt wurde.

Zu den heimischen **Linden** gehören die Arten Winterlinde (*Tilia cordata*) und Sommerlinde (*Tilia platyphyllos*). Das Holz der beiden Arten ist holzanatomisch nicht zu trennen. Die Lindenarten wurden in den älteren archivalischen Quellen nicht unterschieden. Da sie ähnlich in ihren Eigenschaften sind, sollen sie hier auch gemeinsam besprochen werden.

Während die Winterlinde 25 bis 30 m hoch wird, erreicht die Sommerlinde bis 40 m Höhe. Beide können mehr als 700 Jahre alt werden ("300 Jahre komme, 300 Jahre stehe und 300 Jahre vergehe"). Im allgemeinen werden 60 bis 100 cm dicke Stämme ausgebildet, nur sehr alte Bäume weisen 4 bis 5 m mächtige Stämme auf. Beide Arten sind sehr ausschlagfähig. Das Holz ist zäh und biegsam, leicht

und weich und hat eine dichte und feine Textur. Es läßt sich leicht spalten, doch sind die Spaltflächen nicht glatt, sondern rinnenförmig. Wenn das Holz hinreichend trocknen konnte, läßt es sich gut schneiden, und sogar ein Drechseln ist dann möglich. Verwendung findet es in der Bild- und Kunstschnitzerei; im Mittelalter wurde es als *lignum sacrum* für Christus-, Marien- und Apostel-Skulpturen genutzt. Als Bauholz ist es ungeeignet, unter anderem weil es wegen seines hohen Eiweißgehaltes leicht von Holzwürmern befallen wird. Lindenholz ist auch kein gutes Brennholz, da es einen nur geringen Heizwert aufweist. Lindenholzkohle wird als Zeichenkohle verwendet.

Die wichtigste Nutzung der Linde war die Bastgewinnung. Der botanische Name *Tilia* wird schon von Vergil (70 - 19 v. Chr.), Columella (1. Jh. n. Chr.) und Plinius genannt und vom griechischen Wort *tilós* = Faser abgeleitet; das deutsche Wort Linde gehört wohl zu dem indogermanischen Adjektiv *lento-s = biegsam, was sich ebenfalls auf die Faser bezieht. Ein Lindenstamm von 35 cm Durchmesser liefert etwa 45 kg Bast. In Norwegen wurden bis in unser Jahrhundert hinein Bäume auf eine spezielle Weise geschneitelt, um lange Stangen - und damit lange Baststreifen - zu gewinnen; die Holzstangen dienten dann als Gestelle zur Grastrocknung. Vorwiegend wurden aus Lindenbast Stricke, Seile und Taue gefertigt; weiterverarbeitet wurden sie zu Matten, Säcken, Körben; auch Schilde wurden aus Lindenbast geflochten. Ebenfalls eignet sich der Bast zur Herstellung von Schuhen.

Aus den Blüten (*flores Tiliae*) wird noch heute ein schweißtreibender, fiebersenkender

und krampflösender Tee bei Erkältungskrankheiten und Grippe aufgebrüht. Zudem
sind Lindenblüten ein allgemein bekanntes
Heilmittel bei nervösen Spannungen und ein
leichtes, nebenwirkungsfreies Schlafmittel.
Linden(holz)kohle wirkt desinfizierend und
kann bei Magen- und Darmerkrankungen
Giftstoffe und Säuren im Magen binden. Die
Blüten werden gern von Bienen besucht, die
den Nektar in einen aromatischen Honig um-
wandeln.

Unter der Sommerlinde, die einst als Dorf-
linde im Zentrum vieler Dörfer und kleiner
Städte zu finden war, trafen sich Alt und Jung
im Schatten der großen Blätter. Bei den Germanen galt die Linde als Freiheits- und wie
die Eiche als Gerichtsbaum. In der Symbolik steht die Linde für weibliche Anmut,
Mütterlichkeit, sinnliche Liebe, Schönheit,
Glück und war damit sowohl Aphrodite als
auch Freyja geweiht. Im Volksglauben und
Volksleben, in der Religion und in der Poe-
sie spielt die Linde von altersher eine bedeutende Rolle - eine Rolle, die Klopstock zu
Unrecht der Eiche zugewiesen hat (s. Eiche);
das Lindenblatt war in der Wappenkunde das
Zeichen des freien Grundbesitzers, die Ei-
chel bezeichnet den Stand des besitzlosen
Knechtes.

**Archäobotanische Belege:** Seit Beginn des
Atlantikums ist die Linde im Rheinland heimisch; die atlantischen Urwälder waren
Lindenwälder. Schon im Altneolithikum nutzte
man den Bast der Linde, wie gezwirnte Seil-
stücke aus dem bandkeramischen Brunnen von
Kückhoven zeigen; von dort stammen auch
taschenartige Wasserschöpfer aus Lindenrinde.
Lindenholzkohlen fanden sich nur relativ selten in ur- und frühgeschichtlichen Siedlungs-

Abb. 141:
***Tilia cordata,***
*Winterlinde*

145

gruben. Dies läßt sich nicht nur damit erklären, daß sich Lindenholzkohlen schlechter erhalten als andere, sondern zeigt eher, daß Lindenholz weder als Bau- noch als Brennmaterial von großem Nutzen war. Auch unter den Objekten gibt es bisher lediglich ein fast rundes, kleines Brett aus der späten Eisenzeit.

**Die Buche** (*Fagus sylvatica*) kann bis 350 Jahre alt und bis zu 45 m hoch werden und einen Stammdurchmesser von 1,5 m erreichen. Ihr Holz ist hart, fest gegen Druck und Stoß, sehr fein und von gleichmäßiger Struktur; zudem ist es leicht spaltbar und läßt sich gedämpft gut biegen. Im trockenen, verarbeiteten Zustand reißt und wirft es sich und ist im Wechsel von Naß zu Trocken nur gering dauerhaft, weshalb es als Konstruktionsholz nicht geschätzt wird. Wenn frisches Buchenholz sofort unter Wasser verbaut wird, ist es allerdings für Wasserbauten verwendbar. Die genannten technischen Eigenschaften von Buchenholz finden im Holzhandwerk Berücksichtigung, so bei der Herstellung der gebogenen Thonet-Stühle und anderer gebogener Gegenstände, wie Spielreifen und Heugabeln. Seine Härte und Festigkeit wird geschätzt bei starker Abnutzung ausgesetzten Geräten und Werkzeugen, wie Pflüge, Pressen, Hobel- und Drehbänke sowie Naben, Achsen, Wagengestelle. Aus Buchenholz sind auch Dauben für Badewannen und Fässer für Salz, Mehl, Butter, Heringe, Öl. Über den Prozeß der Holzverkohlung wird Holzessig und Teeröl gewonnen. Buchenholz ist ein Brennholz höchster Güte, das von kaum einer anderen heimischen Holzart übertroffen wird. Einen noch höheren Heizwert bekommt es als Holzkohle, daher spielt die Buche in der Köhlerei eine besondere Rolle, sie wurde in der Glasbläserei, in Silberschmieden und Schmelzöfen verwendet. Zur Brennholzgewinnung wurde sie früher im Niederwaldbetrieb mit Umtriebszeiten von etwa 13 Jahren bewirtschaftet. Frisches Buchenholz ist bis in unsere Tage ein geschätztes Räucherholz für Fleischwaren. Die kaliumreiche Asche (Pottasche) wurde bereits bei den Germanen zur Laugen- und Seifenherstellung genutzt. Die Samen von Buchen, Bucheckern oder Bucheln genannt, sind sehr fettreich. Aus ihnen wurde ein haltbares Speiseöl kalt gepreßt, warm gepreßt ergaben sie ein Brennöl für Beleuchtungszwecke (0,5 l pro kg). Die bei der Ölproduktion anfallenden Preßrückstände (Ölkuchen) dienten als Geflügel- und Mastfutter, das jedoch für Pferde giftig ist. Schriftliche Quellen aus dem Mittelalter und der Neuzeit belegen, daß im Herbst zur Zeit der Bucheckernreife regelmäßig Schweine zur Bucheckernmast - und Eichelmast - in die Wälder getrieben wurden, was sicher auch in ur- und frühgeschichtlichen Zeiten gegolten hat. Buchenrinde enthält fiebersenkende und herzstärkende Wirkstoffe und wurde aufgrund der adstringierenden Wirkung beispielsweise bei Ruhr eingesetzt. Die Blätter galten als linderndes Mittel auf Wunden und Geschwüren. Das Teeröl (Kreosot) war ein Arzneimittel für Magen und Lungen und in Salben für Hautkrankheiten sowie Gicht und Rheuma. Nicht zuletzt steht die Buche für Wohlergehen und Sehergabe.

**Archäobotanische Belege:** Die auch als *Mutter des Waldes* bezeichnete Buche ist im Rheinland erstmals in der Urnenfelderzeit pollenanalytisch nachgewiesen, war jedoch erst im Frühmittelalter der dominierende Laubbaum im Wald. Die Verwendung von Buchenholz als Brennholz ist seit der Urnenfelderzeit bis ins Mittelalter aus zahlreichen Grubenbefunden nachgewiesen. Wegen seiner guten Brenneigenschaften wurde es auch für römerzeitliche Scheiterhaufen ausgewählt: etwa ein Drittel der untersuchten Brandgräber enthielt ausschließlich Holzkohle der Buche.

Unter den bei Ausgrabungen im Rheinland geborgenen Holzgegenständen finden sich ein Knieholm und Stiele (späte Eisenzeit), fränkisch datierte Scheiden der Waffen Spatha und Langsax, mittelalterliche gedrechselte Möbelfragmente und Gefäße sowie eine Röhre und Bohlen, die zu hochmittelalterlichen und frühneuzeitlichen Brunnen gehörten.

### Der *Prunus*-Holztyp

Die im Rheinland heimischen *Prunus*-Gehölze, die zu den Rosengewächsen gehören, umfassen die Arten Vogelkirsche, Traubenkirsche und Schlehe. Das Holz der Vogelkirsche und teilweise der Traubenkirsche ist holzanatomisch nicht zu unterscheiden.

**Die Vogelkirsche** (*Prunus avium* ssp. *avium*) ist ein bis zu 25 m hoher Baum, der 100 Jahre alt werden kann. Das rötlich braune, glänzende Holz ist hart, dicht, feinfaserig, daher nicht spaltbar, mäßig schwer, biegsam, elastisch und zäh. Mit diesen Eigenschaften ist es ein sehr wertvolles Drechsel- und Schnitzholz, das einerseits für Wagen, Möbel (als Imitation von Mahagonie) und Musikinstrumente, andererseits als Messer- und Bürstengriffe, als Trinkgefäße und ähnlichem verwendet wurde. Zudem ist es ein gutes Brennholz mit hohem Heizwert. Aus den

Abb. 142:
***Fagus sylvatica***,
*Buche*

Früchten, die frisch oder konserviert gegessen werden, wird Saft und Kirschwasser hergestellt; für die Kirschwasserdestillation wurde diese Wildpflanze im Schwarzwald sogar angepflanzt. Die Samen liefern Öl, die Rinde einen gelbfärbenden Farbstoff. Auch in der Pharmazie hatte die Vogelkirsche große Bedeutung: die Rinde wirkt fiebersenkend, und die Blätter und Stiele enthalten harntreibende und schleimlösende Stoffe, die vor allem Kindern verabreicht wurden. Das Harz, Katzengold genannt, war - gelöst in Wein - ein Hustentrank.

Die Vogelkirsche wurde bereits in vorchristlichen Zeiten verehrt. Sie war dem Mond - der Göttin des Werdens und Vergehens, des Todes und der Wiedergeburt sowie der Fruchtbarkeit der Erde - geweiht. Dagegen wurde sie im christlichen Mittelalter als Wohnstätte der Wald- und Baumgeister gefürchtet und war der Überlieferung nach vor allem bei Vollmond zu meiden.

**Die Traubenkirsche** (*Prunus padus*) ist ein Strauch, der gelegentlich zu einem 15 m hohen Baum aufwachsen kann. Das Holz ist leicht und weich, doch fest und biegsam. Stockausschläge werden für Reifen und anderes Bindematerial genutzt; auch findet das Holz manchmal Verwendung bei Schreinern und Drechslern. Als Feuerholz ist es nur wenig brennkräftig und findet daher kaum Verwendung.

**Archäobotanische Belege:** Während die Traubenkirsche schon seit dem Spätglazial im Rheinland heimisch ist, ist über die Geschichte der Vogelkirsche bisher nichts bekannt. Die gefundenen verkohlten und unverkohlten Hölzer vom *Prunus*-Holztyp belegen eine Verwendung vom Altneolithikum bis ins Mittelalter. Ihre Holzkohlen sind im archäobotanischen Befund eher selten, am häufigsten werden sie im Neolithikum nachgewiesen - im Altneolithikum sogar in 6 % der Proben. In einer früheisenzeitlichen Grube mit Töpferofenresten fanden sich wenige *Prunus*-Holzkohlen, zu Scheiterhaufen dürften Holzkohlen in römerzeitlichen Brandgräbern gehören. Für die Wahl von *Prunus*-Hölzern für Kästchen und Messergriffe in spätrömischer Zeit wird vermutlich auch die rötlichbraune Farbe dieser Hölzer eine Rolle gespielt haben. Aus Kirschholz sind eine Wagenradspeiche und ein Netzschwimmer in der späten Eisenzeit und ein hochmittelalterliches griffartiges Stück gefertigt worden.

**Die Schlehe** (*Prunus spinosa*), auch Schwarzdorn genannt, ist ein sehr dorniger Strauch von bis zu 3 m Höhe. Zusammen mit Weißdorn wurden Schlehen zum Einzäunen von Viehweiden gepflanzt. Trotz seiner vielen Dornen, die unangenehm entzündende Wunden verursachen können, war das Holz ein gefragtes Brennmaterial zum Brotbacken. Stärkere Stämmchen werden hin und wieder in der Drechselei verwendet, und aus dickeren Trieben werden Spazierstöcke und Stiele hergestellt, denn das Holz ist hart, zäh und feinfaserig. Das Reisig wird in sogenannten Gradierwerken (Gerüste für Salzsolen) verbaut. Die Früchte, die nur vollreif eßbar sind, werden vor allem zu Mus und Marmeladen verarbeitet oder zu Schlehenwein vergoren. Die Blätter sind ein Tee-Ersatz. Zum Rotfärben von Wolle und Leinen wurde die Rinde verwendet; auch fand sie als Arzneimittel Anwendung, da sie tanninhaltig und somit adstringierend ist, außerdem hat sie eine fiebersenkende Wirkung. Doch wurden noch weitere Teile dieser Pflanze als Medizin genutzt: Tee aus den Blüten ist ein schwaches Abführmittel und wirkt auch harntreibend; Mus aus den Beeren gilt als Stärkungsmittel nach Grippe und schweren Krankheiten und hilft bei Durchfall und Erbrechen. Ihren Namen hat die Schlehe aufgrund der blauen Farbe der Früchte: das Althochdeutsche sleha, slewa beruht auf der indogermanischen Wurzel *[s]li- = „bläulich".

**Archäobotanische Belege:** Die Schlehe ist spätestens seit dem Atlantikum im Rheinland heimisch. Holzkohlen sind in archäobotanischen Befunden von der Bandkeramik bis ins Mittelalter nachgewiesen. Am häufigsten findet man sie im Altneolithikum, wo sie in 12 % der Proben vorliegen. Dies ist ein weiterer Hinweis auf Hecken im Altneolithikum, denn die Schlehe ist ein ausschlagfreudiger, fast undurchdringlicher dorniger Strauch. Als *Prunus*-Holztyp wurden Saxgriffe und ein Axtstiel aus fränkischer Zeit bestimmt; sie könnten aufgrund der holztechnischen Eigenschaften sehr wohl aus Schlehenholz gefertigt sein. Mit den spitzen Sproßdornen der Schlehe war eine Karde (zum Aufrauhen von Wollstoffen) aus der späten Eisenzeit bestückt.

Im Rheinland kommen drei Arten der **Pappel** vor, die Silberpappel (*Populus alba*), die Schwarzpappel (*Populus nigra*) und die Zitterpappel (*Populus tremula*); ihr Holz ist holzanatomisch nicht unterscheidbar.

Pappeln sind schnellwachsende Pioniergehölze, die bis zu 25 m hoch werden und bereits im Alter von 30 bis 40 Jahren wertvolle Stämme liefern. Ihr helles Holz ist nur im Trok-kenen dauerhaft, es schwindet mäßig und läßt sich gut spalten. Seine Leichtigkeit und Weichheit machen es zu einem der bevorzugten Hölzer für Schnitzarbeiten. Holzschuhe, Modelle, Trockenfässer, Getreideschaufeln werden daraus hergestellt. Vor dem Einsatz ortsfremder Nadelhölzer war das Pappelholz das wichtigste Weichholz für wenig dauerhafte Konstruktionen und Behälter. Wegen seiner Geruchslosigkeit wird es auch zu Faßspunden und Flaschenverschlüssen verarbeitet. Seine Brennkraft ist gering. Die Wurzeln dienten zum Korbflechten.

Die Pappel gilt in der Symbolik als Baum des Wassers. In der griechischen Mythologie ist sie das Attribut von Zeus und Herakles; letzterer trug einen geflochtenen Kranz aus Pappelzweigen, als er in den Hades hinabstieg.

Zu den drei Pappelarten ist außer dem Genannten im einzelnen noch zu sagen:

**Die Silberpappel,** auch Weißpappel genannt, hat ihren Namen aufgrund der weiß glänzenden Blattunterseiten und der Borke. Sie symbolisiert die elysischen Gefilde in der griechischen Mythologie.

**Die Schwarzpappel** trägt ihren Namen aufgrund der schwärzlichen Rinde. Das Holz neigt zu Maserknollenbildungen. Von den drei heimischen Pappelarten hat die Schwarzpappel das wertvollste Nutzholz, aus dem heute noch Holzschuhe geschnitzt werden. Der Bast eignet sich zum Anfertigen von Fischernetzen. Aus der Rinde wurde eine Lohe zum Gerben bereitet sowie ein Farbstoff zum Gelbfärben von Leinen. Das Kambiumgewebe diente - wie bei der Birke - auch als Notnahrung. Aus den Knospen der Schwarzpappel wurde eine Salbe hergestellt, die bei Verbrennungen, Gliederschmerzen und auf Wunden aufgetragen wurde. Ein Aufguß der Knospen wirkt urintreibend und antirheumatisch. Die Rinde diente als Wundverband und getrocknet als fiebersenkendes und adstringierendes Mittel.

Im Gegensatz zur Symbolik der Weißpappel für die elysischen Gefilde steht die Schwarzpappel in der griechischen Mythologie für den Hades.

**Die Zitterpappel**, auch Espe oder Aspe genannt, verdankt ihren Namen der Tatsache, daß sich schon beim kleinsten Windhauch die Blätter an den langen, dünnen, flachen Stielen bewegen. Ihr Holz hat vor allem in Nordeuropa eine wirtschaftliche Bedeutung als Bauholz und bei der Papierherstellung. Früher wurden auch Pfeilschäfte aus Espenholz gefertigt. Da es relativ langsam verbrennt, wird ihr Holz vor den anderen Pappelarten bevorzugt zur Zündholzfabrikation genutzt. Die Rinde enthält Stoffe zum Gerben. Bei der Korbwarenherstellung finden eher die Zweige der Zitterpappel als die der anderen Pappelarten Verwendung. In Skandinavien wurde das Laub als Viehfutter verwendet, wozu Niederwälder aus Wurzelbrut in 4- bis 5jährigem Umtrieb bewirtschaftet wurden.

**Archäobotanische Belege:** Pappeln sind im Rheinland seit dem Spätglazial heimisch. Holzkohlen aus archäologischen Grubenbefunden sind von der Bandkeramik bis ins Mittelalter kontinuierlich belegt, was eher auf die Bedeutung des Holzes als Gebrauchsholz hinweist, weil Pappelholz aufgrund der niedrigen Heizwerte als Brennholz nicht wahrscheinlich ist. An Objekten fanden sich ein Knieholm (jüngere Eisenzeit), Holzschuhe (Spätmittelalter), Dauben (Hochmittelalter) und Holzstifte in Deckeln von Großböttchergefäßen (Spätmittelalter bzw. Frühneuzeit). Aus Rindenstücken sind Netzschwimmer (späte Eisenzeit, Hochmittelalter) hergestellt worden.

**Die Erle** (*Alnus glutinosa*), auch Roterle, Eller, Else genannt, erreicht maximal 120 Jahre und 25 m Höhe, ihr Stammdurchmesser kann bis 1 m betragen. Das Holz verfärbt sich an der Luft sehr schnell zunächst rosenrot und dann braungelb. Dieser Eigenschaft verdankt der Baum auch seinen Namen, denn die Bezeichnung Erle, Eller enthält die indogermanische Wurzel *el- = glänzend, schimmernd, und zwar bezogen auf rötliche und braune Farben. Das Holz ist leicht, weich und ziemlich fest und reißt während und nach der Bearbeitung nicht. Während das Holz dem Wechsel von Trocken zu Naß nicht widersteht, wird es unter Wasser im Laufe der Zeit steinhart und schwarz und ist hier von größter Haltbarkeit - Venedig ist großenteils auf Erlenpfählen erbaut. Auch im Schiffsbau - die Arche Noahs war der Überlieferung nach aus Erlenholz - und im Mühlenbau wird es verwendet; ebenso werden Wasserleitungsröhren aus Erlenholz hergestellt. Für die Drechselei eignen sich die festen Maserknollen. Das weiche Holz ist gut geeignet zum Schnitzen, hier sind besonders Holzschuhe und Küchengeräte zu nennen. Die Brennkraft von Erlenholz ist nicht hoch, doch brennt es in grünem Zustand gut; auch kann es zum Räuchern von Fleischwaren gebraucht werden. Aus der Holzkohle stellte man früher Schießpulver her. Erlenrinde wurde in der Gerberei eingesetzt sowie zum Schwarzfärben von Leder und Wolle. Bestandteile der Rinde wirken adstringierend und fiebersenkend. Aus den Blättern kann ein Sud bereitet werden, der als Mundspülung gegen Entzündungen dient. Die klebrigen Blätter halfen, die Schlafstellen von Flöhen freizuhalten.

In der keltischen Symbolik steht der Erlenbaum für Gerechtigkeit, Verheißung, Auferstehung. Im Mittelalter ist die Erle der Baum der bösen Geister, des Teufels und der Hexen, doch verbindet sich mit ihr auch Fruchtbarkeitszauber für Mensch und Tier. Bekannt ist die Sagengestalt des Erlkönig aus Goethes gleichnamiger Ballade, doch liegt hier in der Bezeichnung ein Irrtum vor, denn als Herder Ende des 18. Jahrhunderts die dänische Volksballade Elverkonge = Elfenkönig übersetzte, faßte er das Wort elve = Elfe als eller = Erle auf, so daß aus dem Elfenkönig ein Erlkönig wurde.

**Archäobotanische Belege:** Die Erle wächst im Rheinland seit dem Atlantikum. Trotz ihrer pollenanalytisch belegten Häufigkeit sind Holzkohlennachweise sehr selten (nur in etwa 1 % der Befunde); sie war somit sicher kein übliches Brennholz. Erst in der Eisenzeit kommt sie etwas häufiger vor, sowohl im Holzkohlenspektrum als auch als Geräteholz, wobei seine gute Eignung zum Drechseln und Schnitzen genutzt wurde. So gibt es gedrechselte Gefäße (späte Eisenzeit), hölzerne Schuhe (Spätantike, Spätmittelalter) sowie in der Bewaffnung Schild und Spatha-Scheide (beide fränkisch). Die Dauerhaftigkeit des Erlenholzes unter Wasser wurde bei der Herstellung von eisenzeitlichen Wasserrinnen und der Anlage römischer Wasserleitungen berücksichtigt; auch fand man Pfosten und Pfähle in konstruktiven Zusammenhängen im Flachwasserbereich (frühe und späte Eisenzeit).

Das Holz der zahlreichen im Rheinland heimischen Arten der **Weide** ist holzanatomisch nicht zu unterscheiden. Dennoch hatten die verschiedenen Arten aufgrund der unterschiedlichen Qualitäten hinsichtlich Stammholz, Zweigen und Rinde für den Menschen ganz spezifische Bedeutungen. Allen Weidenarten gemein ist, daß ihr Holz als schlechtes Brennholz gilt. Im folgenden werden nur die Arten ausführlicher behandelt, deren Verwendung als Nutzpflanzen historisch belegt ist.

**Die Silberweide** *(Salix alba)* ist ein 20 bis 25 m hoher Baum mit über 1 m Stammdurchmesser; sie kann ein Alter von 120 Jahren erreichen. Sie ist die einzige Weidenart, deren Stammholz genutzt wurde, das sehr weich, biegsam und leicht ist, nicht reißt, schnell trocknet und gut zu bearbeiten ist, allerdings für Schädlinge sehr anfällig. Es ist ein sehr gutes Schnitzholz für Holzschuhe und sehr gefragt für Geräte zur Milchverarbeitung wie Löffel, Milchsatten, Käsefässer.

Die Silberweide wird in erster Linie als Kopfweide kultiviert, indem durch Schneiden regelmäßige dünne Stangen produziert werden. Diese dienen, wie auch die der Bruchweide *(Salix fragilis)*, zur Gewinnung von Ruten für die Herstellung von Körben, Flechtwänden und als Faßreifen. Die Rinde war Ausgangsmaterial für die Weißgerberei zur Herstellung von Juchtenleder und des „dänischen" Handschuhleders, die Wurzel wurde als Mittel zur Rotfärbung genutzt. Silberweidenblätter dienten als Viehfutter für Schafe, Ziegen und Pferde, und ein Absud der Blätter wurde zur Baumwollfärbung benutzt. Sogar die Samenwolle fand Verwendung als Füllung von Kissen und Polstern.

Die Rinde der Silberweide wird bereits im assyrischen Gilgamesch-Epos als Heilmittel genannt und ist damit eines der ältesten schriftlich erwähnten Arzneimittel. Sie hat keimtötende und adstringierende Wirkung und war daher bei den Assyrern sowie laut Hippokrates im klassischen Griechenland und laut Plinius bei den Römern ein bekanntes Mittel gegen Fieber und Durchfall. Außerdem ist sie ein erprobtes Mittel gegen Gicht und Rheuma. Auch die Blätter und Kätzchen haben pharmazeutische Wirkung: sie wirken stark beruhigend auf sexuelle Lust, bis hin zur Impotenz (Dioskurides), und wurden wahrscheinlich aus diesem Grunde im Mittelalter ein Symbol der Keuschheit.

Dieser seit altersher sehr bedeutende Nutzbaum hatte - nicht zuletzt wegen seines erstaunlichen Regenerations- und Austreibvermögens - in der klassischen Mythologie eine wichtige Stellung: die Silberweide war in Griechenland Demeter, der Göttin des Pflanzenwachstums, und ihrer Tochter Persephone, der Gattin des Hades, geweiht und somit Sinnbild für den Kreislauf des Lebens, vom Entstehen bis zum Sterben. Weiden sind auch mit Trauer verbunden, so weinten Juden im Exil unter den Weiden an den Flüssen von Babylon. Wie so viele heidnische Kultbäume wurde sie nach der Christianisierung nördlich der Alpen zum Hexenbaum - die Hexen banden ihre Besen auch aus Weidenruten -, und die Hohlräume der Stämme waren Wohnstätten von Hexen und Teufeln.

**Die Salweide** (*Salix caprea*) ist ein Strauch oder ein bis zu 10 m hoher Baum, der ein Alter von etwa 60 Jahren erreichen kann. Das Holz ist weich und ohne wirtschaftlichen Nutzen, nur die Rinde hat einen gewissen Wert als Gerbstoff für Leder. Die Ruten wurden bei der Herstellung von Siebböden, Flechtwaren, Schachteln und Faßreifen genutzt. Ihre eigentliche Bedeutung als Nutzbaum hatte die Salweide jedoch als Viehfutter; besonders für das Milchvieh waren ihre Blätter gefragt.

**Die Purpurweide** (*Salix purpurea*) ist ein bis zu 5 m hoher Strauch. Ihre Ruten werden als Bindwerk und für feine Flechtwerke wie Fischreusen und Matten genutzt. Die wichtigste Bedeutung dieser Weidenart war einst jedoch ihr Gehalt an Salicin, der Hauptwirkstoff in der Weidenrinde, der pharmazeutisch verwendet wird. Das Glycosid Salicin oxidiert im Körper zu Salicylsäure. Zwar kommt Salicin in der Rinde aller Weidenarten vor, aber die innere Rinde der Purpurweide weist mit mehr als 10 % den höchsten Gehalt auf. Aus diesem Grund wurden Purpurweiden sogar angepflanzt, bis 1889 die synthetische Herstellung von Salicylsäure-Verbindungen gelang: das Aspirin.

**Die Korbweide** (*Salix viminalis*) ist ein 2 bis 4 m hoher Strauch, der als Baum 10 m hoch werden kann. Sie wurde allein oder mit der Mandelweide (*Salix triandra*) meist niederwaldartig, in 3- bis 4jährigem Umtrieb, zur Gewinnung von Ruten bewirtschaftet. Die Ruten dienten als Bindwerk und vor allem für grobe Flechtarbeiten, zum Beispiel Flechtstücke beim Deichbau.

**Archäobotanische Belege:** Weiden sind seit dem Spätglazial im Rheinland heimisch. In Form von Holzkohlen liegen Weiden aus Grubenbefunden des Alt- und Jungneolithikums, der älteren Bronzezeit, der frühen und späten Eisenzeit sowie des Hochmittelalters vor. In römerzeitlichen Scheiterhaufenresten wurden ebenfalls Weidenholzkohlen bestimmt (Bindematerial?). Gegenstände aus Weidenholz finden sich in rheinischen Ausgrabungen mit wenigen Exemplaren, und zwar als Hackenstiel aus dem Altneolithikum und als Faßreifen aus dem Mittelalter, auch gibt es früh- und späteisenzeitliche Pfosten und Pfähle aus diesem Holz.

**Die Hainbuche** oder Hagebuche *(Carpinus betulus)* ist ein 25 m Höhe und 1 m Stammdurchmesser erreichender, bis 150 Jahre alt werdender Baum. In Niederwaldbewirtschaftung können Hainbuchen wesentlich älter, sogar älter als 300 Jahre, werden. Das Holz ist schwer, dicht, kurzfaserig, sehr hart und zäh. Hervorragend eignet es sich daher für stark beanspruchte, Stoß und Reibung ausgesetzte Gegenstände, wie hölzerne Kamm- und Zahnräder, Rollen und Winden, Holzhämmer, Hobel- und Drehbänke, Hackblöcke, schlagfeste Stiele von Geräten (Meißel). Außerdem wurden aus dem zähen Holz Tragejoche sowie Joche für Ochsen hergestellt. Solche Holzgeräte waren dennoch Nebenprodukte, denn die Hainbuche war aufgrund ihres hohen Heizwertes in erster Linie als exzellentes Brennholz gefragt. Zudem liefert sie eine gute Holzkohle, die besonders von Schmieden und Glasbläsern hoch geschätzt wurde. Da das Holz leicht reißt und sich verwirft, findet es in der Tischlerei keine Verwendung, und der rasche Wurmbefall macht es als Bauholz ungeeignet. Die Rinde wurde als Rohstoff für gelbe Textilfarbe genutzt. Ansonsten hatte die Hainbuche keinen Wert - weder als Arzneimittel noch als Viehfutter. Hainbuchen sind sehr ausschlagfähig und wurden zur Gewinnung von Brennholz in Niederwaldwirtschaft mit 15- bis 35jähriger Umtriebszeit genutzt. Zudem werden sie als

Abb. 143:
**Salix alba,**
*Silberweide (Kopfweide)*

Schnitthecken angepflanzt, da sie erst spät im Winter ihre Blätter verlieren. Dieser Gebrauch findet sich auch in ihrem Namen wieder: der erste Wortteil Hain- leitet sich ebenso wie Hage- vom Mittel- und Althochdeutschen hac bzw. hag = Umzäunung, Gehege, Umhegung ab und verweist auf die altpraktizierte Anpflanzung in Hecken, die etwas begrenzen oder umschließen. Der Wortbestandteil „Buche" weist auf ihre buchenähnlichen Blätter hin.

**Archäobotanische Belege:** Die Hainbuche ist eine heimische Art, die erst spät im Holozän - während der Eisenzeit - in das Rheinland eingewandert ist. Nachgewiesen ist sie in Form von Holzkohlen erst in frühmittelalterlichen Gruben und in einem hochmittelalterlichen Ofenbefund. Aus dem Hochmittelalter ist auch ein griffartiges Stück aus Hainbuchenholz belegt.

**Der Faulbaum** (*Frangula alnus*) ist ein Strauch, der 3 bis 4 m hoch und 60 Jahre alt wird. Manchmal wächst er baumartig zu 5 bis 7 m Höhe auf. Ihn zeichnet die Fähigkeit aus, reichlich Stockausschläge zu bilden. Auffallend ist der relativ rote Holzkern. Das Holz selbst ist weich, leicht und gut zu spalten, auch schwindet es wenig; es ist jedoch sehr brüchig (frangere = brechen) und daher als Nutz- und Werkholz unbrauchbar. Genutzt wird es nur für Schirm- und Spazierstöcke und für Faßspunde. Die frisch geschälte Rinde, aus der ein zu Heilzwecken dienender Absud gewonnen wird, hat einen fauligen Geruch, nach dem der Strauch auch seinen Namen hat. Ein anderer Name ist Pulverholz, was daher rührt, daß das Holz eine aschenarme Holzkohle liefert, die der Herstellung von Schießpulver diente.

Die gelbe, getrocknete Rinde ist ein zuverlässiges und unschädliches Abführmittel, das bereits im Mittelalter beschrieben wurde und bis heute in jeder Apotheke erhältlich ist. Die Rinde liefert zudem ein gelb oder bräunliches Färbemittel, während die Beeren eine blaugraue Farbe ergeben. Frische Beeren oder Rinde sind ein Brechmittel.

**Archäobotanische Belege:** Der Faulbaum ist spätestens seit dem Atlantikum im Rheinland heimisch. Aus seinem Holz sind aus der späten Eisenzeit eine unverkohlte Pfahlspitze überliefert und wenige Holzkohlenstücke in einer römerzeitlichen Brandbestattung.

Das Holz der heimischen Arten vom **Holunder** ist holzanatomisch nicht zu unterscheiden.

**Der Schwarze Holunder** (*Sambucus nigra*), auch als Flieder bezeichnet, ist ein bis zu 5 m hoher Strauch, der als Bäumchen jedoch auch 8 m Höhe und einen Stammdurchmesser von 20 bis 30 cm erreicht. Das mäßig harte, mittelschwere, zähe Stammholz fand kaum Verwendung, auch bei der Drechselei spielte es eine untergeordnete Rolle; wegen seiner Maserung wird das Wurzelholz gern für Pfeifenköpfe verwendet. Die Rinden liefern ein schwärzliches, die Blätter ein grünliches Färbemittel. Seine Bedeutung als Nutzpflanze hatte der Schwarze Holunder als Rohstofflieferant von Arzneimitteln, fast alle Pflanzenteile wurden zu Heilzwecken verwendet: Die Blüten haben eine stark schweißtreibende Wirkung und werden als Fliedertee bei Erkältungskrankheiten angewendet. Außerdem sind sie ein schmerzlinderndes und beruhigendes Mittel bei Kopf-, Zahn- und Ohrenschmerzen. Die Beeren enthalten sehr viel Vitamin C und stärken die Abwehrkräfte des Körpers. Sie werden zu Saft, Mus oder Wein verarbeitet, frisch sind sie nicht genießbar, sie müssen getrocknet oder gekocht werden. Rinde und Wurzel sind stark harntreibend, die Blätter haben - obgleich viel weniger stark - die gleiche Wirkung.

Das Heilsame des Schwarzen Holunders findet sich auch in vorchristlichen Religionen: er war der Göttin Holla oder Holda geweiht, die germanische Göttin, die das Leben von Pflanzen und Tieren schützte und Menschen von Krankheiten heilte. Sie findet sich, vor allem im alemannischen Teil Europas, bis zur Neuzeit als Frau Holle wieder, von der man annahm, daß sie in diesem Strauch als beschützender Hausgeist wohnte. Auf sie geht auch der Name Holunder (= Baum der Holla) zurück.

**Archäobotanische Belege:** Nach den pollenanalytischen Befunden ist der Schwarze Holunder im Rheinland spätestens seit dem Atlantikum heimisch. Aus Ausgrabungen liegen außer seinen Steinkernen auch Holunder-Holzkohlen vor, und zwar aus Gruben der Bandkeramik und der Eisenzeit.

**Der Traubenholunder** (*Sambucus racemosa)* ist ein bis 3 m hoher Strauch, der hauptsächlich in den Mittelgebirgen wächst. Als Nutzpflanze hat diese Art nicht die Bedeutung, wie sie der Schwarze Holunder hat. Die Samen sind giftig, doch ohne die Samen können die Beeren verzehrt werden; sie sind sehr reich an Vitamin C und Provitamin A und werden als Saft oder Gelee zubereitet.

**Archäobotanische Belege:** Auch der Traubenholunder ist pollenanlytisch seit dem Atlantikum im Rheinland nachgewiesen, die frühesten Nachweise von Samen stammen jedoch erst aus der Römerzeit.

**Die Waldkiefer** (*Pinus sylvestris)* wird 10 bis 30 m, maximal 48 m, hoch und kann ein Alter von 600 Jahren erreichen; der Stamm kann dann etwa 1 m dick werden. Kiefernholz ist eines der harzreichsten europäischen Hölzer und daher sehr dauerhaft und im Freien widerstandsfähig. Weil es so witterungsfest ist, wurde es gern bei Wasser- und Brückenbauten und beim Schiffsbau (gefragtes Mastholz) eingesetzt. Es ist relativ leicht, mäßig hart und gut spaltbar. Als gutes Bau- und Schreinerholz wird es beispielsweise für Fußböden, Fensterrahmen, Dachschindeln genutzt. Es wurde in Bergwerksgruben verbaut, weil es warnfähig ist, indem es hohen Gesteinsdruck und den dadurch drohenden Einsturz der Grube durch Knistern im Gebälk ankündigt. Aus Kiefernholz wurden auch Trockenfässer hergestellt. Holzstücke, die in Harz oder Teer getaucht wurden oder wegen einer Verwundung erhöhte Harzgehalte aufwiesen, wurden als Kiene zum Anfeuern und zur Beleuchtung genutzt, woraus sich der seit dem 16. Jahrhundert belegte Name Kiefer ableitet (althochdeutsch kienforha = Kien-Eiche). Die Waldkiefer liefert ein gutes Brennholz, was vor allem für das ältere Holz gilt; nachteilig wirkt sich allerdings die starke Rauch- und Rußentwicklung aus, die zu einer raschen Verschmutzung des Schornsteins führt. Durch trockene Destillation wird aus dem Holz Teer zum Tränken von Schiffstauen und zum Überziehen von Holzpfählen gewonnen. Aus den Samen wurde ein fettes Öl gepreßt, das bei der Firnisbereitung verwendet wurde. Das Harz kann leicht durch Anzapfen des Baumes gewonnen werden und ist Rohmaterial für die Herstellung von Lacken, Ölfarben und Terpentin. Aus letzterem wurde das Terpentinöl destilliert, das schon vor 4000 Jahren die Ägypter zur Mumifizierung gebrauchten. Aus Wurzelstöcken wird durch Trockendestillation Kolophonium, das Bogenharz für Streichinstrumente, extrahiert. Die Wurzeln lieferten Flechtmaterial für Taue, Stricke, Matten. Aus den Kiefernnadeln wurde durch Kochen mit Dampf die sogenannte Waldwolle hergestellt, die Ersatz für Seegras in der Polsterei war. Kiefernzapfen produzieren eine rötlich-gelbe Farbe.

Die Knospen haben antiseptische und schleimlösende Eigenschaften und wurden bereits von Dioskurides als Medizin bei Erkrankungen der Atemwege empfohlen.

**Archäobotanische Belege:** Die Waldkiefer war in der frühen Nacheiszeit die vorherrschende Baumart des Rheinlandes, wurde aber in der mittleren Nacheiszeit durch die Einwanderung der Laubbäume fast vollständig aus der Vegetation verdrängt. Es gab wahrscheinlich nur noch winzige Restbestände auf den Hochmooren des Hohen Venns und auf denen des Westfälischen Tieflandes. Erst mit den flächendeckenden Entwaldungen der Eisenzeit konnten Kiefern auf vernachlässigten Magerrasen erneut Fuß fassen und sich ausbreiten. Ab der frühen Neuzeit, aber vor allem im 19. und 20. Jahrhundert, wurde die Kiefer zur Erzeugung von Grubenholz in fast alle Waldgebiete forstlich eingebracht.

Aus archäologischen Grabungen stammt ein Ast aus der späten Eisenzeit. Von zwei spätantiken Särgen liegt je ein Brett aus Kiefernholz vor. Weitere kieferne Objekte sind in die Römerzeit zu datierende Dauben von als Brunnen verwendeten Fässern, hochmittelalterliche Dauben von Daubenschüs-

selchen und eine Bodenplatte, die zu einem solchen Trinkgefäß gehörten. Wenige Holzkohlenstücke wurden aus römerzeitlichen Brandbestattungen geborgen. Weitere Holzkohlen stammen von Balken römischer Baubefunde.

Die strauch- oder baumförmig wachsende **Eibe** *(Taxus baccata)* soll bis 2000 Jahre alt werden; sie kann einen Stammdurchmesser von mehr als 50 cm erreichen. Das Holz dieser sehr langsam wachsenden Nadelholzart ist harzfrei, sehr schwer, sehr hart, doch zäh, elastisch und im Freien dauerhaft. Das Kernholz ist rötlichbraun bis bräunlichschwarz geflammt; aufgrund dieser Färbung erhielt die Eibe wohl auch ihren Namen, denn das Althochdeutsche iwe beruht auf einer Bildung zu dem indogermanischen Farbadjektiv *ei- = rötlich, bunt. Eibenholz gilt als ein schönes, wertvolles und geschätztes Werkholz in der Schreinerei, Drechslerei und Schnitzerei. Die Zähigkeit und Elastistizität wurde vor allem für Waffen genutzt wie Bögen, Pfeile, Wurfhämmer, Speere und Lanzen (bereits die Neandertaler fertigten Lanzen aus Eibenholz an); die Härte wird in Griffen von Instrumenten und Messern ausgenutzt sowie bei der Herstellung von Armbrüsten - noch heute heißt in Oberschwaben die Armbrust Eibe. Die Witterungsfestigkeit spielt eine Rolle bei der Nutzung als Zaunpfahl. Gutes Brennholz liefern besonders alte Eibenstöcke. Die Beeren sind - ohne Kerne - genießbar und wurden als durstlöschendes Mittel gegessen. Für den Menschen sind mit Ausnahme dieses roten, fleischigen Samenmantels alle anderen Teile des Gehölzes giftig; so soll sich - wie Caesar beschreibt - Catuvolcus, ein eburonischer Fürst, mit dem Saft der Eibe vergiftet haben, als die Römer siegreich vordrangen; vielleicht stammt der Name Eburonen von Eibe ab, denn dieses Gewächs galt besonders bei den Kelten als heiliger Baum. Das Alkaloid Taxin kann auch bei Tieren giftig wirken, vor allem wenn sie abgeschnittene und getrocknete Nadeln fressen. Als Heilpflanze ist die giftige Eibe nicht zu verwenden; aber das Gift der Nadeln wurde früher zu Abtreibungen genutzt.

Der eindrucksvolle immergrüne Baum gilt als Symbol des ewigen Lebens, sowohl in vorchristlichen Zeiten als auch in der christlichen Welt: in der griechischen und römischen Mythologie ist der Weg zur Unterwelt mit Eiben gesäumt, ebenso die Wege auf unseren Friedhöfen. Außerdem schützte das Eibenholz gegen Zauber und Dämonen.

**Archäobotanische Belege:** Über das nacheiszeitliche Vorkommen der Eibe im Rheinland ist noch wenig bekannt. Eine Ansammlung von entkernten Beeren im altneolithischen Brunnen von Kückhoven zeigt, daß die Eibe damals schon vorkam und ihre Beeren von Menschen gesammelt wurden. Holzfunde stammen erst aus späteren Perioden: Ein Gegenstand aus der späten Eisenzeit wird als Türfallriegel gedeutet, ein Messergriff und spanartige Stücke von einem Eimer gehören in die fränkische Zeit. Von ihrer Funktion her nicht eindeutig zu interpretierende Objekte stammen aus hoch- und spätmittelalterlichen Kontexten.

Bei der im Rheinland heimischen **Mistel** handelt es sich um die Laubholzmistel (*Viscum album* ssp. *album*). Sie lebt als Halbschmarotzer auf Pappeln, Weiden und auf Apfel- und Birnbäumen, auch auf Linde, Birke, Ahorn; nach den pollenanalytischen Befunden scheint ihre bevorzugte Wirtspflanze im Atlantikum die Linde - mit der die Mistel immer gemeinsam vorkommt - gewesen zu sein. Das immergrüne Laub war ein geschätztes Winterfutter für das Vieh. In der Medizin werden - bereits in der Antike - die dunkelgrünen Blätter der Mistel gegen Epilepsie, Husten und Bluthochdruck verwendet. Aus den schleimigen Früchten fertigte man einen Leim, der zum Vogelfang mit Leimruten benutzt wurde; so bedeutet das lateinische Wort *viscum* nicht nur „Mistel", sondern auch „der aus den Mistelbeeren bereitete Vogelleim" und „Köder".

In der Symbolwelt steht die Mistel für neues Leben und Unsterblichkeit. Bei den Kelten wurde laut Plinius der auf Eichen wachsenden Mistel höchste Verehrung entgegengebracht; sie wurde von Druiden bei einem aufwendigen Ritual mit einer goldenen Sichel geschnitten.

**Archäobotanische Belege:** Nach pollenanalytischen Befunden ist die Mistel seit dem Boreal im Rheinland heimisch. Aus archäologischen Kontexten liegen bisher nur wenige Holzkohlen aus dem Alt- und Mittelneolithikum vor; ein Astfragment stammt aus einem hochmittelalterlichen Fund.

**Der Rote Hartriegel** (*Cornus sanguinea*) ist ein 3 bis 5 m hoher Strauch, der bis zu 80 Jahre alt werden kann und einen Stammdurchmesser von 30 cm erreicht. Ihn zeichnet ein hohes Stockausschlagvermögen aus. Bei den Zweigen fällt die rote Rinde auf, die Blüten riechen widerlich, die blauschwarzen Früchte sind bitter und ungenießbar, das Holz gilt als hornhart. Diese Eigenschaften sind es wohl auch, die zu den unterschiedlichen Namen des Gehölzes geführt haben: Hornstrauch, Blutweide, Teufelsbeere, Totentraube. Im Holzhandwerk werden dickere Äste gelegentlich zu Galanteriearbeiten (hölzerne Zierwaren) verwendet, ansonsten werden Werkzeuggriffe, Spazierstöcke oder Weberschiffchen daraus hergestellt. Aus den Früchten und Samen läßt sich ein nicht trocknendes, grünliches Brennöl gewinnen.

**Archäobotanische Belege:** Über das frühere Vorkommen dieser heimischen Art ist bisher wenig bekannt. Der älteste Nachweis von Holzkohlen stammt aus bandkeramischen Gruben, wenige Stücke fanden sich in römerzeitlichen Scheiterhaufenresten. Hartriegelholz ist von einem Dübel im Deckel oder Boden eines Gefäßes aus der späten Eisenzeit bekannt.

Die strauchförmige oder als kleiner Baum bis 8 m Höhe auswachsende **Stechpalme** oder Hülse (*Ilex aquifolium*) wird bis 300 Jahre alt und bildet 30 bis 50 cm dicke Stämme aus. Sie erträgt Schnitt gut und findet sich daher auch als Heckenpflanze. Ihr Laub ist ein geschätztes Winterfutter für Schafe. Die stärkeren und schwächeren Stämmchen weisen ein sehr hartes, gleichmäßig feinfaseriges, zähes und dichtes Holz auf, das schwer zu spalten ist. Bevorzugt wird es für Einlegearbeiten und kleine Drechseleien verwendet; es werden Peitschenstiele und Spazierstöcke, Handgriffe und - da das Holz an den Händen keine Blasen erzeugt - Hammerstiele für Steinklopfer daraus hergestellt. Aus der Rinde läßt sich ein guter Leim für den Vogelfang gewinnen. Die immergrünen Blätter wurden früher bei Wechselfieber und Rheu-

ma genutzt. Die roten Früchte sind giftig. Der erste Teil des Namens Stechpalme kommt von den am Rand stachelig ausgebildeten Blättern, der zweite von der Verwendung der Zweige als „Palm" am Palmsonntag. Stechpalmen bedeuten Freude und Gutwilligkeit und waren ein Attribut von Sonnengöttern. Im alten Rom waren sie dem Saturn geweiht und standen bei den Saturnalien (am 17. Dezember) als Symbol für Glück und Gesundheit.

**Archäobotanische Belege:** Aus der späten Eisenzeit ist ein *Ilex*-Holzstück überliefert. Die ersten pollenanalytischen Hinweise stammen schon aus dem Spätneolithikum.

**Der Echte Kreuzdorn,** auch Wegedorn, Hundsbeere, Färberkreuzdorn, Purgierdorn genannt, (*Rhamnus cathartica*) mit seinen verdornten Kurztrieben bildet im allgemeinen 2 bis 3 m hohe, sperrige Sträucher, die selten 8 m Höhe erreichen. Er kann bis zu 100 Jahre alt werden. Das harte, dichte, relativ schwere und zähe, dauerhafte Holz wird für Schreiner- und Drechslerarbeiten verwendet. Besonders beliebt sind die gemaserten Wurzelstöcke. Aus unreifen Beeren wird eine grüne Malerfarbe gewonnen. Die reifen Beeren wirken stark abführend und harntreibend, aus ihnen bereitet man einen Sirup, der noch heute in der Tiermedizin verwendet wird. Auf der generell abführenden Wirkung der Früchte und auch der Rinde gründet der Name Purgierdorn (purgieren = abführen); die andere Bezeichnung Hundsbeere scheint ebenfalls von den heftig abführenden Früchten auszugehen, da „Hund" in Zusammensetzungen verstärkend für etwas Schlechtes steht, bei Pflanzen für etwas Unbeliebtes, Gefährliches. Die kreuzartig gestellten Zweigenden führten zum Namen Kreuzdorn.

**Archäobotanische Befunde:** Bisher sind im Rheinland vom Kreuzdorn nur einzelne Holzkohlenstücke in bandkeramischen Gruben gefunden worden; Pollenkörner fanden sich erst in hochmittelalterlichen Ablagerungen.

**Der Efeu** *(Hedera helix)* ist eine bis zu 30 m hoch kletternde Pflanze. Die Stämmchen sind drehwüchsig (daher auch *helix* = wendelförmig) und von mäßig hartem, leichtem Holz, das unseres Wissens nach keine Verwendung als Geräteholz fand. Doch wurde der Strauch einst getrocknet und ans Vieh verfüttert. Darauf verweist auch die Namensherkunft vom Althochdeutschen eba-hewi, das sich aus ebah = Efeupflanze sowie hewi = Heu zusammensetzt. Die Beeren sind stark abführend und führen zu Erbrechen; für Kinder sind sie giftig. Ein Extrakt aus dem Holz wird gegen Husten angewendet; Auszüge aus den Blättern finden sich noch heute in Heil- und Pflegesalben für die Haut.
Efeu fand als immergrüne Pflanze in die Symbolik Eingang als Sinnbild für Unsterblichkeit, ewiges Leben. Auch steht sie für Vergnügen und Lustbarkeit sowie für anklammernde Abhängigkeit und Freundschaft. In der griechischen Mythologie ist Efeu dem Dionysos geweiht, sein Haupt ist efeugekrönt und sein Stab mit Efeu umrankt. In diesem Zusammenhang soll er den Menschen vor Trunkenheit bewahren, was nach Plinius die Wirkung eines aus den Beeren gewonnenen Trankes ist (nach Dioskurides bewirkt dieser Trank allerdings auch Unfruchtbarkeit).

**Archäobotanische Befunde:** Efeu ist seit dem Boreal im Rheinland heimisch. Gelegentlich finden sich Efeu-Nachweise in archäologischen Fundzusammenhängen: Holzkohlen aus alt- und mittelneolithischen sowie römerzeitlichen Gruben und ein unverkohltes Astfragment aus dem 12. Jahrhundert.

Holzanatomisch sind die Arten der **Wildrosen** nicht zu unterscheiden; wir behandeln hier nur die als Nutzpflanze bedeutende Heckenrose.

**Die Heckenrose,** auch Hunds- oder Apothekerrose genannt, *(Rosa canina)* bildet stachelige Sträucher von 2 bis 3 m Höhe und bis zu 10 cm dicke Stämmchen. Sie wurde einst als Einfriedung von Feldern, Weiden, Haus und Hof gepflanzt; daher auch ihr Name, der vom mittelhochdeutschen Wort hac = Dorngebüsch, Umzäunung, Gehege stammt. Das Holz von Heckenrosen ist sehr dicht und fest. Die Früchte, auch als Hagebutten bezeichnet, sind sehr vitamin-C-haltig, aus ihnen wird Marmelade und Likör gemacht. Frische Rosenblätter dienten vor allem im Mittelalter als Gewürz für Fleisch und Süßspeisen. Im klassischen Altertum wurden fast alle Teile der Pflanze zu den unterschiedlichsten Heilmitteln verarbeitet: getrocknete Blütenknospen sind leicht abführend, stärkend, blutstillend und entkrampfend; getrocknete und pulverisierte Rosenblätter waren ein bekanntes Wundheilmittel für Kinder; frische Blütenblätter lindern und kühlen Schwellungen beispielsweise von Brandwunden; Rosenwasser ist heute nur noch ein kosmetisches Produkt, war früher aber auch ein heilendes Augenwasser und wirksam bei Kopfschmerzen; als *extractum Rosae fluidum* ist ein

Auszug aus Rosenblättern ein heilendes Mund- und Zahnwasser; Hagebuttentee wird - bereits bei den Persern - gegen Blasen- und Nierenleiden angewendet. Auf die frühere Verwendung der Wurzeln gegen Tollwut deutet vielleicht auch der Name Hundsrose hin.

Rosen haben eine komplexe Symbolik: sie stehen für himmlische Vollkommenheit und irdische Leidenschaft, für Leben und Tod, für Zeit und Ewigkeit. Als Blume der Verschwiegenheit blieb bei den Römern geheim, was *sub rosa* besprochen wurde. Im Christentum bedeutet die weiße Rose Unschuld, Reinheit, Keuschheit und die rote Rose Martyrium und Caritas. Das Paradies wird als Rosengarten dargestellt. Die Rose ist ein Symbol der Liebe und die Blume der Frauen, sie war Freyja und später Maria geweiht.

**Archäobotanische Belege:** Bisher sind archäobotanisch im Rheinland lediglich zwei Rosenholz-Ästchen (*Rosa* spec.) aus dem 9./10. Jahrhundert bekannt. Reste von Hagebutten liegen allerdings bereits aus bandkeramischen Befunden vor.

## Die in der Römerzeit in das Rheinland eingeführten Nutzgehölze

**Die Edelkastanie** oder Eßkastanie (*Castanea sativa*) ist ursprünglich im Kaukasus beheimatet und hat sich in der Bronzezeit im östlichen Mittelmeergebiet verbreitet. Ins Rheinland gelangte sie wohl mit den Römern. Die Edelkastanie wird entweder als Fruchtbaum gepflegt oder zur Holzgewinnung in Niederwäldern bewirtschaftet; sie hat sich aber auch als Einwanderer in Eichen-Buchenwäldern eingebürgert. Die Kastanie ist ein bis zu 30 m hoher Baum, der 750 Jahre alt werden kann.

Das Holz ist hart, dauerhaft und gut zu bearbeiten. Es ist witterungsfest und unter Wasser fast unvergänglich und damit ein sehr gutes Bauholz für drinnen und draußen, das den Vergleich mit Eichenholz gut standhalten kann. Außerdem wurde es gern bei wechselnassen Bedingungen ausgesetzten Konstruktionen, wie Wasserrinnen bei Mühlen, verwendet. Aus jungen Stockaustrieben wurden Faßreifen und Spazierstöcke gemacht; doch lassen sich auch größere Objekte aus Kastanienholz fertigen, wie Eisenbahnschwellen und Waschmaschinentrommeln, da die Stämme bis zu 1,2 m dick werden können. Das feine, glänzende Holz wird zu Drechselarbeiten verwendet und ist ein geschätztes Schnitzholz; auch wird es gern als Schreiner- und Möbelholz genutzt. Wenn der Baum ein mittleres Alter erlangt hat, ist das Holz besonders gut zu spalten; das wird in der Böttcherei bei der Herstellung von Dauben für Wein- und Ölfässer genutzt. Zu Brennzwecken eignet es sich weniger, da der Heizwert sehr niedrig ist. Es fand (und findet) aber seine häufigste Anwendung als witterungsfestes Stangenholz für Reb- und Bohnenstecken sowie in Zäunen und Palisaden. Immer wieder wird erwogen, ob die Römer die Kastanie gemeinsam mit dem Wein in die germanischen Provinzen eingeführt haben, um ihr Holz als Rebpfähle zu verwenden, wie es in den Weinbaugebieten früher üblich war. Dafür liegen allerdings keine Belege vor.

Der hohe Tannin-Gehalt in Rinde und Blättern wird medizinisch genutzt: die Rinde dient aufgrund ihrer adstringierenden Wirkung gegen Ruhr und als fiebersenkendes

Mittel; die Blätter wirken gegen Keuchhusten und Bronchitis. Der neben der Bezeichnung Edelkastanie auch bestehende Name Eßkastanie nimmt Bezug auf die Nutzung der Früchte, der Kastanien oder Maronen, die gekocht oder geröstet gegessen werden. Getrocknet und gemahlen ergeben sie Mehl für Brote und Kuchen.

**Archäobotanische Belege:** Pollenanalytisch läßt sich die Kastanie im Rheinland seit der Römerzeit nachweisen. Früchte und Holzkohlen kennen wir allerdings erst aus frühmittelalterlichen Grabungen. Im Rheinland gibt es bislang keine Objekte aus Kastanienholz, lediglich ein Aststückchen aus dem Hochmittelalter.

Der langsam wachsende **Walnußbaum** (*Juglans regia*) wird im allgemeinen zwischen 10 und 12 m, in Einzelfällen sogar bis zu 30 m hoch, hat bis zu 1,5 m dicke Stämme und wird maximal 400 Jahre alt. Das Holz ist mittelschwer, ziemlich hart, zäh, wenig biegsam, es reißt und schwindet nicht, ist schlecht spaltbar und im Trockenen und unter Wasser sehr beständig. Aufgrund dieser Eigenschaften ist es ein wertvoller, äußerst geschätzter Werkstoff. Das Holz besitzt eine schöne Farbe, und besonders die Wurzelstöcke und Maserknollen haben eine interessante Zeichnung. Verwendung findet Walnußholz als Möbel- und Bauholz und zum Orgel- und Klavierbau, wobei nur das Kernholz genutzt werden kann, da der Splint von Holzwürmern befallen wird. Aufgrund seiner Härte und Feinfaserigkeit fertigen Drechsler und Schnitzer daraus Schalen, Dosen, Schmuckteile von Möbeln, Uhrengehäuse, Rahmen. Hieraus hergestellt wurden auch Armbrüste und Gewehrschäfte, was im Ersten Weltkrieg in Frankreich und Deutschland fast zur Ausrottung des Walnußbaums führte. Als Brennholz eignet es sich aufgrund des geringen Heizwertes nur wenig.

Das wichtigste Produkt des Walnußbaums sind seine Nüsse. Sie können unmittelbar verzehrt werden, oder es kann daraus ein wertvolles Öl gepreßt werden - 50 kg Nüsse ergeben etwa 9 kg Öl -, das als Speiseöl und als Öl für die Seifen- und Ölfarbenherstellung genutzt wird. Nicht nur das Öl wurde in Farben verwendet, sondern auch getrocknete Blätter, Rinde und Fruchtschalen; unter Zugabe von Alaun wurden sie zum Braunfärben von Holz und Wolle genutzt, schon römische Frauen färbten sich damit die Haare dunkelbraun. Der Walnußbaum war zudem ein wichtiger Rohstofflieferant für Arzneimittel: die Blätter wurden gegen Gicht, Darmwürmer und Hautkrankheiten eingesetzt. Mit Leinöl vermischt waren sie ein Abführmittel für das Vieh. Die Fruchtschalen wurden gegen Vergiftungen, die Pest und gegen Darmwürmer verwendet.

Der Walnußbaum war in der griechischen und römischen Mythologie Zeus/Jupiter geweiht, wie auch der Name zeigt: Juglans = Jovi glandis = die Drüsen (Hoden) des Jupiter. Die Nüsse wurden bei antiken Hochzeiten als Fruchtbarkeitsbringer unter den Gästen verteilt. Auch nördlich der Alpen wurden die Nüsse in mittelalterliche Fruchtbarkeitsriten übernommen. Walnußzweige sollten gegen Blitz schützen, weil Jupiter seinen eigenen Baum nicht verletzen würde. Da unter Walnußbäumen nichts wächst, stellt dieser Laubbaum die Selbstsucht dar.

Die Walnußart *Juglans regia* ist im vorderasiatischen Gebiet beheimatet und wurde in der Römerzeit in Mitteleuropa, besonders in Gallien, angepflanzt. Sie wurde *nux gallica* genannt, was im 14. Jahrhundert als „wählisch nuz" übersetzt wurde, ab dem 16. Jahrhundert ist sie als Welschnuß bekannt und wird seit dem 18. Jahrhundert Walnuß bezeichnet.

**Archäobotanische Belege:** Die ältesten Nachweise der Walnuß im Rheinland stammen aus der Römerzeit in Form von Schalenresten und Pollenkörnern. Bisher sind nur zwei Holzstücke nachgewiesen, die ins Hochmittelalter datiert werden.

Während der Holzapfel im Rheinland heimisch ist (s.o. Pomoideae-Holztyp), stammt der **Gartenapfel** *(Malus domestica)* aus Kleinasien und gelangte wohl erst mit den Römern nach Nordwesteuropa. Weltweit sind heute etwa 1000 Kultursorten bekannt.

Kuläräpfel wurden zuerst im alten Ägypten als Importe aus Palästina erwähnt, im antiken Griechenland werden sie mit einigen Sorten, in der römischen Literatur schon mit 29 Rassen beschrieben. Die Technik des Pfropfens, die zur Entwicklung der vielen Kultursorten geführt hat, wurde wahrscheinlich erst von den Römern perfektioniert, wie auch die Zubereitung von Obstwein.

Die holztechnischen Eigenschaften von Wild- und Gartenapfelbaum, die sich holzanatomisch nicht trennen lassen, sind vergleichbar. Daher ist das Verwendungsspektrum des Holzes auch ähnlich (s.o. Pomoideae-Holztyp).

Außer dem Verzehr des gesunden Obstes werden Äpfel auch als Heilmittel eingesetzt: roh geriebener Apfel stopft, gebackener Apfel fördert die Verdauung; Apfelsaft ist harntreibend und wurde bei Rheuma, Nieren- und Blasenkrankheiten verordnet.

In der Symbolwelt kommt dem Gartenapfel besondere Bedeutung zu: Er steht für Liebe (Frucht der Aphrodite), Erkenntnis, Weisheit in der klassischen Welt. In dieser Tradition steht auch der Reichsapfel als Teil der Reichskleinodien des deutschen Kaisertums. Das Christentum kehrte seine Bedeutung ins Gegenteil: der Apfel in der Hand Evas ist das Sinnbild der Sünde und stellt schlechthin die verbotene Frucht des Goldenen Zeitalters dar.

**Der Gartenbirnbaum** *(Pyrus communis)* ist ein bis 20 m hoher Baum mit einem Alter bis zu 200 Jahren. Sie wird in sehr vielen Kultursorten gezüchtet.

Das Holz des Birnbaums ist hart, sehr dicht, mittelschwer, feinfaserig und daher schwer spaltbar, wenig elastisch, im Trockenen sehr dauerhaft, es neigt nicht zum Verwerfen oder Reißen. Damit ist es eines der edelsten, hier wachsenden Hölzer, das zu Möbeln und Musikinstrumenten verarbeitet wird. Es gilt als sehr formbeständig, was bei der Herstellung von Linealen, Winkeln, Maßstäben und Präzisionsgeräten genutzt wird. Drechsel- und Intarsienarbeiten werden gern in diesem Holz ausgeführt. Trotz seiner etwas anderen Eigenschaften ist das Birnbaumholz anatomisch nicht von dem des Apfels zu unterscheiden.

Hauptprodukt des Birnbaums sind die Birnen, die direkt verzehrt oder zu Most, Obst- oder Branntwein verarbeitet werden. Doch auch andere Teile des Baums wurden verwertet: Die Samen sind ölhaltig, die Rinde ergibt eine gelbe Farbe zum Färben. Außerdem hat die Rinde adstringierende und fiebersenkende Wirkung, und die Blätter sind urintreibend, desinfizierend, entzündungshemmend und wurden bei Erkrankungen der Blase und der Prostata angewendet.

Der Birnbaum war in der antiken Welt das Symbol der Erotik, und wurde möglicherweise deshalb seit der Christianisierung zum Hexenbaum und zur Wohnstätte des Teufels. Die Gartenbirne wurde zuerst in Persien und Armenien kultiviert und kam während der Eisenzeit nach Griechenland, wo sie schon von Homer (8./7. Jh. v. Chr.) erwähnt wird. Nach Plinius kannten die Römer im 1. Jahrhundert n. Chr. bereits 35 Sorten. Die Römer führten auch den Birnbaum nördlich der Alpen ein. Leider können Hölzer aus archäologischen Befunden darüber keine Informationen liefern, weil sie zum nicht näher zu differenzierenden Pomoideen-Holztyp gehören.

Mit den Römern gelangte ein weiteres Kulturobst ins Rheinland, die **Süßkirsche** oder Herzkirsche (*Prunus avium* ssp. *juliana*). Holzanatomisch ist sie von der Vogel- und Traubenkirsche (s.o. *Prunus*-Holztyp) und auch von der Sauerkirsche (s.u.) im Einzelfall nicht zu unterscheiden.
Die Süßkirsche und ihre Kultursorten stammen aus Kleinasien. Sie waren in Griechenland bereits im 4. Jahrhundert v. Chr. in mehreren Kultursorten bekannt. Nach Plinius wurden sie vom Feldherrn Lucullus im 1. Jahrhundert v. Chr. nach Rom gebracht.
Im christlichen Glauben ist die Kirsche eine Frucht des Paradieses und der Seligen. Sie steht für gute Werke und Süßigkeit. Weil die Blüten vor den Blättern treiben, symbolisiert der Kirschbaum den nackt und besitzlos in die Welt geborenen Menschen.

Auch die **Sauerkirsche** (*Prunus cerasus*) wurde in Kleinasien domestiziert und - nach Plinius - von Lucullus vom Pontus nach Rom gebracht und dort weiter kultiviert. Im Rheinland sind Steinkerne der Sauerkirsche erst in hochmittelalterlichen Ablagerungen gefunden worden. Das Holz der Sauerkirsche ist von gelblicher Farbe und etwas dichter und feiner als das der Vogel- und Süßkirsche; dennoch läßt es sich holzanatomisch nicht unterscheiden.
In der Medizin wurde die Rinde als fiebersenkendes und urintreibendes Mittel angewendet; auch ein Absud aus den Blütenstielen galt als urintreibend.

**Die Zwetschge** (*Prunus domestica*) wächst von Natur aus als 6 bis 8 m hoher und ebenso breiter Strauch, der in Kultur zum Baum gezogen wird. Sie hat ihre Heimat in Kleinasien. Schon in der Antike galt die Region um Damaskus in Syrien als Heimat dieser Obstart, so hieß sie im Griechischen Damaskéná = die damaskische [Frucht]; im 1. Jahrhundert n. Chr. werden sie als *Damasci prunum* in Italien schriftlich erwähnt. Das Wort Zwetschge erscheint zuerst im 15. Jahrhundert im deutschen Südwesten in den Formen „zwetsch[g]en" und „quetzig, quetschgen" und läßt sich wohl über Entlehnungen auf das Lateinische damascena zurückführen. Aus dem dichten, harten, schweren, tiefrot bis violettbraunen Holz werden zum Beispiel Blasinstrumente, Faßhähne, Küchenmesserhefte, figürliche Intarsien hergestellt. Auch als Möbel- und Drechselholz ist es beliebt. Die Früchte werden zu Trockenobst und Mus oder zu alkoholischen Getränken wie Zwetschgenwasser verarbeitet; zudem kann eine blaue Farbe daraus gewonnen werden. Die Rinde liefert eine rötlichbraune Farbe. Aus den Fruchtsteinen läßt sich ein Öl pressen. Die Früchte selbst sind frisch und getrocknet abführend und harntreibend und wurden bei Gicht, Rheuma und Arteriosklerose empfohlen.

Die Zwetschge wird seit der Römerzeit im Rheinland kultiviert. Holzanatomisch ist sie nicht von den Pflaumen und der Schlehe zu unterscheiden.

**Die Pflaume** *(Prunus insititia)* ist ein sortenreiches Gehölz, das die heutigen, hochgezüchteten Kulturformen Rund- und Ovalpflaume, die nur gepfropft wachsen, sowie die kleinfrüchtigeren Landrassen der Rund- und Ovalpflaumen und die Krieche, auch Haferpflaume oder Juliennepflaume genannt, umfaßt.

Die Haferpflaume *(Prunus insititia juliana)* ist ein baumartiger, bis zu 10 m hoher vielstämmiger Strauch. Die erst im Frühherbst reifen blauen Früchte sind fest, säuerlich bis sauer, herb und adstringierend durch Gerbstoffe. Der relativ kleine Stein löst sich nicht vom Fruchtfleisch. In früherer Zeit wurden die Früchte hauptsächlich getrocknet; heute wird sie in Mähren noch für die Herstellung von Sliwowitz angebaut. Im Rheinland kommt die Haferpflaume nur noch vereinzelt und verwildert vor.

Die Haferpflaume wurde in der Römerzeit und im Hochmittelalter im Rheinland genutzt; Hildegard von Bingen beschreibt sie als „krichim" = Krieche.

Die kleinfrüchtigen Landrassen der Rund- und Ovalpflaumen wachsen als Bäume und Strauchhecken, die bis 10 m hoch werden können. Bereits Plinius und Columella erwähnen zahlreiche Pflaumen dieser Gruppe mit Namen und ihren Eigenschaften. Aus dem Rheinland sind aus der Römerzeit zwei Formen, *Prunus insititia subrotunda* und *Prunus insititia oxycarpa,* nachgewiesen.

**Die Weinrebe** *(Vitis vinifera)* ist eine bis zu 25 m hoch kletternde Pflanze, die zurückgeschnitten Weinstöcke mit kurzen, holzigen Stämmchen bildet. Das Holz, das holzanatomisch nicht von der Wildrebe *(Vitis sylvestris)* unterschieden werden kann, ist fest, zäh und biegsam und wird für Spazierstöcke verwendet. Die süßen, saftigen Früchte, die Trauben, werden frisch oder als Rosinen getrocknet gegessen; aus den Trauben werden Weinessig und Wein hergestellt. Der Name Wein kommt vom Lateinischen *vinum,* was sich wahrscheinlich auf eine pontische Sprache zurückführen läßt; der Pontus gilt als Heimat der Weinkultur, die mit den Römern nach Nordwesteuropa gelangte. Die Samen liefern ein schnell trocknendes Speiseöl, und die Blätter finden in der Küche Verwendung, besonders zum Aufbewahren von Lebensmitteln (z.B. in Blättern eingewickelter Käse). Traubensaft ist ein altes Hausmittel. Ein Blätterabsud ist stark adstringierend und wurde bei chronischem Durchfall und schweren Blutungen genommen. Dem Wundsaft der Reben wird eine heilende Wirkung bei leichten Haut- und Augenentzündungen zugeschrieben.

In der griechischen und römischen Welt war Wein mit Dionysos/Bacchus verbunden, deren rauschende Feste als Manifestation göttlichen Besitzergreifens vom Menschen galten. Im christlichen Glauben symbolisiert Wein das Blut Christi. Wein ist der Saft des Lebens, der Offenbarung, der Wahrheit (*in vino veritas*).

**Archäobotanische Belege:** Kerne der Weinrebe, die aber sehr wohl von getrockneten, importierten Früchten stammen können, wurden bereits in archäologischen Befunden aus der Römerzeit im Rheinland nachgewiesen. Erste Hinweise auf einen lokalen Weinanbau im Rheinland sind *Vitis*-Pollenkörner aus der Karolingerzeit. Bislang fand sich nur ein einziges spätmittelalterliches Aststück von der Rebe.

**Die Kornelkirsche** *(Cornus mas)* wächst als 2 bis 5 m hoher Strauch oder als kleiner, bis zu 10 m hoher Baum. Sie kann 100 Jahre alt werden und hat ein starkes Ausschlagvermögen. Ursprünglich stammt sie aus dem ostmediterranen Raum und wurde wahrscheinlich von den Römern ins Rheinland eingeführt. Heute ist die Kornelkirsche südlich der Linie Maastricht-Köln eingebürgert.

Früher wurde sie wegen ihrer vitaminreichen Früchte angepflanzt, heute dient sie vorwiegend als Ziergehölz. Die Früchte wirken gegen chronischen Darmkatarrh, was bereits Hippokrates beschrieb, und als stärkendes und kühlendes Mittel bei Fieber. Die Kerne waren Perlen für Rosenkränze.

In seinen holztechnischen Eigenschaften und damit seiner Verwendung ist das Holz der Kornelkirsche vergleichbar mit dem des Roten Hartriegels (s.o.). Es ist überliefert, daß in

der Antike Lanzenschäfte aus dem Holz der Kornelkirsche hergestellt wurden.

Als eines der schwersten und härtesten Hölzer Europas gilt das vom Immergrünen **Buchsbaum** *(Buxus sempervirens)*, der sehr langsam wächst. Er wird nur 6 bis 8 m hoch, aber 400 bis 600 Jahre alt. Die Stämme erreichen 30 cm Durchmesser. Bemerkenswert ist das hohe Ausschlagvermögen und die gute Schneidbarkeit, was die bereits von römischen Gärten beschriebenen großen Tierfiguren aus Buchsbaum belegen und was dann in der barocken Gartenkunst eine zweite Blüte erlangte. Auch rahmten Buchshecken Beete in Kloster- und Schloßgärten ein. Das dichte Holz von hellgelber bis dunkelgelber oder rötlicher Farbe ist sehr dauerhaft. Musikalische, optische und chirurgische Instrumente werden daraus gefertigt, Griffe, Weberschiffchen und Figuren geschnitzt, Rollen und Spindeln gedrechselt. Aus dem Wurzelholz werden Pfeifenköpfe und Intarsien hergestellt. Dürer und Holbein bevorzugten Buchsbaumholz für ihre Holzschnitte. Im Altertum war das Holz von *Buxus* beliebt für Schachteln und gedrechselte walzenförmige Dosen und Büchsen. So bezeichnet das griechische Wort pyxis eine „Dose aus Buchsbaumholz", und das englische Wort box sowie das französische boîte leiten sich vom lateinischen *puxis* ab und bedeuten Schachteln und Büchsen gleichermaßen. Buchsbaum wurde zur Brennholzgewinnung beispielsweise in der Schweiz (Neuenburger Jura) geschneitelt. Die Blüten und Blätter werden zu Heilzwecken eingesetzt, da sie stark abführend bzw. blutreinigend wirken. Der unangenehm schmeckende Absud aus Ästen und

Wurzeln ist fiebersenkend und schweißtreibend. Buchsbaum-Zweige wurden an Palmsonntag in der Kirche geweiht und waren Weihwasserwedel auf Friedhöfen und an Totenbahren; auch wurden Besen aus ihnen gebunden. Da der Buchsbaum im Winter grün bleibt, steht er symbolisch für Unsterblichkeit, Jugend, Lebenskraft. Auch soll er Blitze abwenden.

**Archäobotanische Belege:** Der Buchsbaum ist ein submediterranes Gehölz, das wahrscheinlich erst von den Römern ins Rheinland eingeführt wurde. Anhand von Blättchen- und Pollenvorkommen in einer römischen Villa des 1. Jahrhunderts n. Chr. ist geschlossen worden, daß bereits zu jener Zeit Bereiche der Gutshöfe von Buchsbaumhecken umgeben waren. Aus archäologischen Befunden liegen Messer- und Saxgriffe (fränkisch, Mittelalter, Neuzeit) sowie Kämme (Hochmittelalter) vor.


## Die importierten Nadelhölzer

**Die Weißtanne** (*Abies alba*), die in den Alpen und in Mittelgebirgen wie Schwarzwald und Vogesen natürlich vorkommt, ist ein 30 bis 40 m hoch und bis 500 Jahre alt werdender Nadelbaum. Das Holz, das leicht, weich und ohne Harzgehalt ist, läßt sich gut spalten und wird daher in der Böttcherei zur Daubenherstellung genutzt. Trotz seiner Tendenz zum Reißen wird es, da es relativ dauerhaft ist, vor allem als Bauholz verwendet, auch Brunnen, Wasserradschaufeln und Schleusen werden daraus gebaut. Aus langsam gewachsenen Bäumen werden Klang-

böden von Musikinstrumenten (Klaviere, Streichinstrumente) gefertigt.

Aus den harzhaltigen Nadeln wird Terpentinöl gewonnen, das Straßburger Terpentin. Die Rinde wird oft als Brennrinde verwendet, da die in den sogenannten Harzbeulen enthaltenen Harze leicht und gut entzündbar sind. Genutzt wird auch der sich aus den Blüten und den breiten Nadeln ausscheidende Honigtau, der zu Waldhonig verarbeitet wird.

Das Harz hat eine antiseptische Wirkung und wird als Wundheilmittel verwendet, außerdem wirkt es durchblutungsfördernd und wurde daher Salben gegen Rheuma und Arthrose zugesetzt. Frische Triebe weisen einen hohen Gehalt an ätherischem Öl auf, das bei Lungenleiden und Bronchitis genutzt wurde.

Die Tanne ist bekannt als Weihnachtsbaum. Dies ist jedoch ein relativ moderner Brauch, denn die Aufstellung eines Tannenbaumes wird erstmals Weihnachten 1539 im Münster von Straßburg erwähnt. Heute werden als Weihnachtsbäume überwiegend Fichten gefällt.

**Archäobotanische Belege:** Von der im Rheinland nicht heimischen Tanne werden manchmal Hölzer in archäologischen Befunden nachgewiesen. Es liegen in erster Linie Böttchererzeugnisse vor: in die römische Zeit gehören Faßdauben einer Brunnenröhre und ins Hochmittelalter kleine Dauben und eine Bodenplatte, die von den damals üblichen Trinkgefäßen stammen. Für ein spätantikes Schreibtäfelchen ist ebenfalls tannenes Holz nachgewiesen.

**Die Fichte** oder Rottanne *(Picea abies)* ist ein bis zu 60 m hoher Nadelbaum, der 1,5 m

Stammdurchmesser und maximal 600 Jahre Alter erreichen kann. Sie ist bestandsbildend in der hochmontanen und subalpinen Stufe der Alpen und in höheren Mittelgebirgen wie Fichtelgebirge und Harz.

Ihr harzhaltiges, weiches, leichtes, gut spaltbares Holz ist druck- und biegefest und wird heute als Bau- und Möbelholz für Balken, Türen, Treppen und Schiffsmasten bzw. Schränke und Bänke gern verwendet. Aufgrund der guten Spaltbarkeit wurden Eimer- und Faßdauben, Dachschindeln und Spankörbe daraus hergestellt. Aus besonders engringigem und astfreiem Fichtenholz werden Musikinstrumente wie Geigen gebaut. Als Brennholz kommt es zum Anfeuern zur Verwendung, als Feuerholz selbst ist es mäßig gut geeignet.

Die Samen wurden zu Öl für Firnisse, Ölfarben, Brenn- und Speiseöl gepreßt; der eiweißreiche Preßrückstand war ein wertvolles Viehfutter. Die Rinde fand Verwendung als Gerbstoff, noch Anfang dieses Jahrhunderts wurden in Deutschland eine halbe Million Tonnen pro Jahr gewonnen. Fichtenharz wurde als Arzneimittel in Pflastern verwendet und war Bestandteil vieler Salben und Öle zum Einreiben bei Rheuma, Hexenschuß oder Gliederschmerzen.

In Bayern ist die Fichte seit dem Mittelalter der Maibaum. Ihr Gebrauch als Weihnachtsbaum stammt erst von 1870, als während des deutsch-französischen Krieges Fichtenbäume als billiger Ersatz für die Tanne an die Truppen verteilt wurden.

**Archäobotanische Belege:** Die Fichte ist im Rheinland nicht heimisch, die heute so ausgedehnten Fichtenwälder in Eifel, Venn und im Bergischen Land sind das Resultat großflächiger Aufforstungen der preußischen Verwaltung im vorigen Jahrhundert. Dennoch wird Fichtenholz in archäologischen Befunden schon seit der Römerzeit gefunden. Seine Verwendung in der Böttcherei zeigt sich in römisch datierten Dauben von Brunnenfässern und in einem Spundzapfen sowie in hochmittelalterlichen Dauben und Bodenplatten für Trinkgefäße. Für einen fränkischen Saxgriff wurde ebenfalls Fichte genutzt. Zwei Holzkohlenstücke stammen aus einer hochmittelalterlichen Grubenhausverfüllung.

# Überblick über die Nutzpflanzen im Rheinland

(nach Publikationen von Karl-Heinz Knörzer, zusammengestellt von Wolf D. Becker)

| Epochen / Jhd. / Nutzpflanzen | AN | MN | JN | SN | EN | BZ/UZ | ält. EZ | jg. EZ | RZ | 5.-7. | 8.-9. | 10.-13. | 14.-15. | 16.-19. |
|---|---|---|---|---|---|---|---|---|---|---|---|---|---|---|
| **Getreide** | | | | | | | | | | | | | | |
| *Avena sativa*, Saathafer | | | | | | • | | • | • | ● | ● | ● | ● | ● |
| *Bromus arvensis/secalinus*, Trespe | ● | ● | | | | | | | | | | | | |
| *Fagopyrum esculentum*, Buchweizen | | | | | | | | | | | | | ● | ● |
| *Hordeum hexastichon nudum*, Nacktgerste | | ● | ● | | | ● | ● | ● | ● | ● | ● | | | |
| *Hordeum vulgare vulgare*, Spelzgerste | | ● | | | | ● | ● | ● | ● | ● | ● | ● | ● | ● |
| *Oryza sativa*, Reis (Import) | | | | | | | | | △ | | | | △ | △ |
| *Panicum miliaceum*, Rispenhirse | | | | | | ● | ● | ● | ● | | ● | ● | ● | ● |
| *Secale cereale*, Roggen | | | | | | | • | | • | ● | ● | ● | ● | ● |
| *Setaria italica*, Kolbenhirse | | | | | | ● | ● | ● | ● | ● | ● | ● | ● | |
| *Triticum aestivum*, Saatweizen | | • | • | | | ● | ● | ● | ● | ● | ● | ● | ● | ● |
| *Triticum aestivo-compactum*, Zwergweizen | • | ● | ● | | | ● | ● | ● | ● | ● | ● | ● | ● | |
| *Triticum dicoccum*, Emmer | ● | ● | ● | | | ● | ● | ● | ● | ● | ● | • | | |
| *Triticum monococcum*, Einkorn | ● | ● | ● | | | ● | ● | ● | ● | | | | | |
| *Triticum spelta*, Dinkel | | | | | | • | ● | ● | ● | ● | ● | ● | ● | ● |
| **Öl- und Gespinstpflanzen** | | | | | | | | | | | | | | |
| *Camelina sativa*, Leindotter | | | | | | • | ● | ● | ● | | | • | | |
| *Cannabis sativa*, Hanf | | | | | | | | | ● | | | ● | ● | ● |
| *Linum usitatissimum*, Gebauter Lein, Flachs | ● | | | | | | | ● | ● | ● | ● | ● | ● | ● |
| *Olea europaea*, Ölbaum (Import) | | | | | | | | | △ | | | | | |
| *Papaver setigerum*, Borstenmohn | ● | | | | | ● | ● | | ● | | | ● | ● | |
| *Papaver somniferum*, Schlafmohn | | | | | | | ● | ● | ● | | ● | ● | ● | ● |
| **Hülsenfrüchte** | | | | | | | | | | | | | | |
| *Cicer arietinum*, Kichererbse (Import?) | | | | | | | | | △ | | | | | |
| *Lens culinaris*, Linse | ● | | | | | | ● | ● | ● | ● | | ● | ● | |
| *Pisum sativum*, Erbse | ● | ● | | | | ● | ● | ● | ● | ● | ● | ● | ● | ● |
| *Vicia ervilia*, Linsenwicke | | | | | | | • | • | • | | | | | |
| *Vicia faba*, Ackerbohne | | | | | | ● | ● | ● | ● | ● | ● | ● | | |
| *Vicia sativa*, Saatwicke | | | | | | | | | ● | ● | ● | | | |
| **Gemüse- und Salatpflanzen** | | | | | | | | | | | | | | |
| *Allium sativum*, Knoblauch (Import) | | | | | | | | | △ | | | | | |
| *Amaranthus blitum*, Aufsteigender Amarant | | | | | | | | | ● | | | ● | ● | ● |
| *Beta vulgaris*, Rübe | | | | | | | | | ● | | | ● | ● | ● |
| *Brassica rapa campestris*, Rübenkohl | | | | | | | | ● | ● | ● | | ● | ● | ● |
| *Cichorium intybus*, Zichorie | | | | | | | | | ● | | | ● | | |
| *Cucumis sativus*, Gurke | | | | | | | | | | | | | | ● |
| *Cucurbita pepo*, Gewöhnlicher Kürbis | | | | | | | | | | | | | | ● |
| *Daucus carota*, Möhre | | | | | | ⊙ | ● | | ● | ● | ● | ● | ● | ● |
| *Lepidium sativum*, Gartenkresse | | | | | | | | | ● | | | | | |
| *Pastinaca sativa*, Pastinak | | | | | | | | | ● | | | ● | ● | |
| *Portulaca oleracea*, Portulak | | | | | | | | | ● | | ● | ● | ● | ● |
| *Valerianella locusta*, Echter Feldsalat | | | | | | ⊙ | | | ● | ● | ● | ● | ● | ● |
| *Valerianella rimosa*, Gefurchter Feldsalat | | | | | | ⊙ | ⊙ | | ● | ● | ● | ● | ● | ● |

| • Kulturpflanze, Vorkommen als geduldetes Unkraut bzw. Beigetreide | ⊙ Sammelpflanzen (Kultivierung möglich) | ● Anbaupflanzen / ▲ Import | △ Import fraglich (evtl. auch Anbau im Rhld. möglich) |
|---|---|---|---|

JK-98-194-A

*Tab. 1:*
*Übersicht der paläoethnobotanisch (Großreste) nachgewiesenen Nutzpflanzen im Rheinland*

| Epochen / Jhd.<br>Nutzpflanzen | AN | MN | JN | SN | EN | BZ/<br>UZ | ält.<br>EZ | jg.<br>EZ | RZ | 5.-<br>7. | 8.-<br>9. | 10.-<br>13. | 14.-<br>15. | 16.-<br>19. |
|---|---|---|---|---|---|---|---|---|---|---|---|---|---|---|
| **Gewürzpflanzen** | | | | | | | | | | | | | | |
| *Anethum graveolens*, Dill | | | | | | | | | ● | ● | ● | ● | ● | ● |
| *Apium graveolens*, Sellerie | | | | | | | | | ● | | ● | ● | ● | ● |
| *Brassica nigra*, Schwarzer Senf | | | | | | | | | | | | | ● | ● |
| *Carum carvi*, Kümmel | | | | | | | | | ● | | | ● | ● | ● |
| *Coriandrum sativum*, Koriander | | | | | | | | | ● | | ● | | ● | ● |
| *Foeniculum vulgare*, Fenchel | | | | | | | | | ● | | | ● | ● | |
| *Humulus lupulus*, Hopfen | | | | | | | | | ⊙ | | ⊙ | ⊙ | ● | ● |
| *Juniperus communis*, Wacholder | | | | | | | | | | | | | | ⊙ |
| *Myrica gale*, Gagel | | | | | | | | | | | | ⊙ | ⊙ | |
| *Petroselinum crispum*, Petersilie | | | | | | | | | ● | | | ● | ● | ● |
| *Piper nigrum*, Schwarzer Pfeffer (Import) | | | | | | | | | △ | | | | | △ |
| *Satureia hortensis*, Sommer-Bohnenkraut | | | | | | | | | ● | | ● | ● | ● | ● |
| *Satureia montana*, Winter-Bohnenkraut | | | | | | | | | ● | | ● | ● | | |
| *Sinapis arvensis*, Ackersenf | | | | | | | | | ● | ● | ● | ● | ● | ● |
| *Thymus pulegioides*, Arzneithymian | | | | | | | | | ● | | | | | |
| *Thymus vulgaris*, Echter Thymian (Import) | | | | | | | | | △ | | | △ | △ | △ |
| **Textilpflanzen** | | | | | | | | | | | | | | |
| *Dipsacus sylvestris*, Wilde Karde | | | | | | | | | | | | ⊙ | | |
| *Isatis tinctoria*, Färberwaid | | | | | | | | | | | | ⊙ | | |
| *Reseda luteola*, Färberresede | | | | | | | | | ● | ⊙ | ⊙ | ⊙ | ⊙ | |
| **Nüsse** | | | | | | | | | | | | | | |
| *Corylus avellana*, Hasel | ⊙ | ⊙ | ⊙ | | | ⊙ | ⊙ | ⊙ | ⊙ | ⊙ | ⊙ | ⊙ | ⊙ | ⊙ |
| *Castanea sativa*, Edelkastanie | | | | | | | | | | ● | | ● | | |
| *Fagus sylvatica*, Rotbuche | | | | | | | | | ⊙ | ⊙ | ⊙ | ⊙ | ⊙ | |
| *Juglans regia*, Walnuß | | | | | | | | | ● | | ● | ● | ● | ● |
| *Pinus pinea*, Pinie (Import) | | | | | | | | | △ | | | | | |
| *Prunus dulcis*, Mandel (Import) | | | | | | | | | △ | | | | △ | |
| *Quercus spec.*, Eiche | | | | | | ⊙ | | ⊙ | | | | ⊙ | | |
| **Kulturobst** | | | | | | | | | | | | | | |
| *Cornus mas*, Kornelkirsche | | | | | | | | | ● | | | ● | ● | ● |
| *Ficus carica*, Feige (Import) | | | | | | | | | △ | | △ | △ | △ | △ |
| *Fragaria* cf. x *ananassa*, Gartenerdbeere | | | | | | | | | | | | | | ● |
| *Malus domestica*, Gartenapfel | | | | | | | | | ● | | ● | | ● | ● |
| *Mespilus germanica*, Echte Mispel | | | | | | | | | ● | | | ● | ● | ● |
| *Morus nigra*, Schwarze Maulbeere | | | | | | | | | ● | | | ● | ● | ● |
| *Phoenix dactylifera*, Dattel (Import) | | | | | | | | | △ | | | | | |
| *Physalis alkekengi*, Judenkirsche | | | | | | | | | ● | | | ● | ● | ● |
| *Prunus avium*, Süßkirsche | | | | | | | | | ● | ● | ● | ● | ● | ● |
| *Prunus cerasus*, Sauerkirsche | | | | | | | | | | | | ● | ● | ● |
| *Prunus domestica*, Zwetschge | | | | | | | | | ● | | | ● | ● | ● |
| *Prunus insititia*, Pflaume | | | | | | | | | ● | | ● | | | ● |
| *Prunus insititia juliana*, Haferpflaume | | | | | | | | | ● | | | ● | ● | |

⊙ Sammelpflanzen (Kultivierung möglich)    ● Anbaupflanzen    △ Import

JK-98-194-B

170

| Nutzpflanzen / Epochen / Jhd. | AN | MN | JN | SN | EN | BZ/UZ | ält. EZ | jg. EZ | RZ | 5.-7. | 8.-9. | 10.-13. | 14.-15. | 16.-19. |
|---|---|---|---|---|---|---|---|---|---|---|---|---|---|---|
| **Kulturobst** (Fortsetzung) | | | | | | | | | | | | | | |
| *Prunus insititia ovoidea*, Eierpflaume | | | | | | | | | | | | ● | | |
| *Prunus insititia oxycarpa*, Ovalpflaume | | | | | | | ● | | | | | ● | ● | ● |
| *Prunus insititia subrotunda*, Rundpflaume | | | | | | | ● | | | | | | ● | ● |
| *Prunus persica*, Pfirsich (Import?) | | | | | | | △ | | | | | ● | | |
| *Prunus spinosa fruticans*, Süßschlehe | | | | | | | | | | | | ● | ● | ● |
| *Pyrus communis*, Gartenbirne | | | | | | | ● | | | | | ● | ● | ● |
| *Ribes nigrum*, Schwarze Johannisbeere | | | | | | | | | | | | | | ● |
| *Ribes rubrum*, Rote Johannisbeere | | | | | | | | | | | | | | ● |
| *Sorbus domestica*, Speierling | | | | | | | | | | | | ● | ● | |
| *Vitis vinifera*, Weinrebe | | | | | | | △ | | | | ● | ● | ● | ● |
| **Wildobst** | | | | | | | | | | | | | | |
| *Crataegus laevigata*, Zweigriffliger Weißdorn | | | | | | | | | ⊙ | | ⊙ | ⊙ | | |
| *Crataegus monogyna*, Eingriffliger Weißdorn | | | | | | | | | ⊙ | | | ⊙ | | |
| *Fragaria vesca*, Walderdbeere | | | | | | | | ⊙ | ⊙ | ⊙ | ⊙ | ⊙ | ⊙ | ⊙ |
| *Malus sylvestris*, Holzapfel | ⊙ | ⊙ | ⊙ | | ⊙ | | | | ⊙ | | ⊙ | ⊙ | | |
| *Prunus spinosa*, Schlehe | ⊙ | | | | ⊙ | | ⊙ | | ⊙ | | ⊙ | ⊙ | ⊙ | ⊙ |
| *Rosa* spec., Rose | ⊙ | ⊙ | | | | | ⊙ | | ⊙ | | | ⊙ | ⊙ | ⊙ |
| *Rubus caesius*, Kratzbeere | ⊙ | | | | | | | | ⊙ | ⊙ | ⊙ | ⊙ | ⊙ | ⊙ |
| *Rubus fruticosus*, Brombeere | | | ⊙ | | | | ⊙ | ⊙ | ⊙ | ⊙ | ⊙ | ⊙ | ⊙ | ⊙ |
| *Rubus idaeus*, Himbeere | ⊙ | | | | | | ⊙ | ⊙ | ⊙ | ⊙ | ⊙ | ⊙ | ⊙ | ⊙ |
| *Sambucus ebulus*, Attich | | | | | | | | | ⊙ | ⊙ | ⊙ | ⊙ | ⊙ | ⊙ |
| *Sambucus nigra*, Schwarzer Holunder | ⊙ | | | | | | ⊙ | ⊙ | ⊙ | ⊙ | ⊙ | ⊙ | ⊙ | ⊙ |
| *Sambucus racemosa*, Traubenholunder | | | | | ⊙ | ⊙ | | | ⊙ | | ⊙ | ⊙ | ⊙ | ⊙ |
| *Sorbus aria*, Mehlbeerbaum | ⊙ | | | | | | | | ⊙ | | | | | ⊙ |
| *Vaccinium myrtillus*, Heidelbeere | | | | | | | | | ⊙ | | | ⊙ | ⊙ | ⊙ |

⊙ Sammelpflanzen (Kultivierung möglich)   ● Anbaupflanzen   △ Import fraglich (evtl. auch Anbau im Rhld. möglich)

| | | | |
|---|---|---|---|
| AN | = | Altneolithikum | BZ/UZ = Bronzezeit / Urnenfelderzeit |
| MN | = | Mittelneolitikum | ält EZ = Ältere Eisenzeit |
| JN | = | Jungneolithikum | jg. EZ = Jüngere Eisenzeit |
| SN | = | Spätneolithikum | RZ = Römerzeit |
| EN | = | Endneolithikum | |

JK-98-194-C

| Gehölze / Epochen, Jhd. | AN | MN | JN | SN | EN | BZ/ UZ | ält. EZ | jg. EZ | RZ | 5.- 7. | 8.- 9. | 10.- 13. | 14.- 15. | 16.- 19. |
|---|---|---|---|---|---|---|---|---|---|---|---|---|---|---|
| **Einheimische Gehölze** | | | | | | | | | | | | | | |
| Quercus, Eiche | ░■ | ░■ | ░■ | ░ | ░ | ■ | ░ | ░■ | ░ | ░■ | ░ | ░■ | ░■ | ░ |
| Pomoideae-Holztyp | ■ | ■ | ■ | ■ | | ■ | ■ | ■ | ■ | ■ | | ■ | ■ | |
| Fraxinus excelsior, Esche | ░■ | ░ | ░■ | ░ | ░ | ░■ | ░ | ░■ | ░ | ░■ | ░ | ░■ | ░ | ░ |
| Corylus avellana, Hasel | ░ | ░ | ░ | ░ | ░ | ░ | ░ | ░ | ░ | ░ | ░ | ░ | ░ | ░ |
| Ulmus, Ulme | ░■ | ░ | ░■ | ░ | ░ | ░ | ░ | ░ | ░ | ░ | ░ | ░ | ░ | ░ |
| Acer, Ahorn | ░■ | ░ | ░■ | ░ | ░ | ░■ | ░ | ░■ | ░ | ░■ | ░ | ░■ | ░ | ░ |
| Betula, Birke | ░■ | ░ | ░■ | ░ | ░ | ░ | ░ | ░ | ░ | ░ | ░ | ░ | ░ | ░ |
| Tilia, Linde | ░■ | ░ | ░ | ░ | ░ | ░ | ░ | ░ | ░ | ░ | ░ | ░ | ░ | ░ |
| Fagus sylvatica, Buche | | | | | | ░■ | ░ | ░■ | ░ | ░■ | ░ | ░■ | ░■ | ░■ |
| Prunus avium-Holztyp | ■ | ■ | ■ | | | ■ | | ■ | | ■ | | ■ | | |
| Prunus spinosa-Holztyp | ■ | ■ | ■ | ■ | | ■ | | ■ | | | | | | |
| Prunus-Holztyp | | | | | | ░■ | ░ | ░ | ░ | ░ | | ░ | | |
| Populus, Pappel | ■ | ■ | ■ | ■ | | ■ | ■ | ■ | | | | ■ | ■ | ■ |
| Alnus glutinosa, Erle | ░■ | ░ | ░■ | ░ | ░ | ░ | ░ | ░ | ░ | ░ | ░ | ░■ | ░ | ░ |
| Salix, Weide | ░■ | ░ | ░■ | ░ | ░ | ░ | ░ | ░ | ░ | ░ | ░ | ░■ | ░ | ░ |
| Carpinus betulus, Hainbuche | | | | | | | | | ░ | ░■ | ░ | ░ | ░ | ░ |
| Frangula alnus, Faulbaum | ░ | ░ | ░ | ░ | ░ | ░ | ░■ | ░■ | ░ | ░ | | | | |
| Sambucus, Holunder | ░■ | ░ | ░ | ░ | ░ | ░ | ■ | ░■ | ░ | | | | | |
| Pinus sylvestris, Kiefer | | | | | | | ░ | ░■ | ░■ | ░ | | ■ | | |
| Taxus baccata, Eibe | | | | | | | | ■ | | ■ | | ■ | ■ | |
| Viscum album, Mistel | ░■ | ░ | ░■ | ░ | ░ | ░ | ░ | ░ | ░ | ░ | | ■ | | |
| Cornus, Hartriegel | ■ | | | | | ■ | ■ | ░ | ■ | | | | | |
| Ilex aquifolium, Stechpalme | | | | ░ | ░ | ░ | ░ | ■ | | ░ | | | | |
| Rhamnus cathartica, Kreuzdorn | ■ | | | | | | | | | | | | | |
| Hedera helix, Efeu | ░■ | ░ | ░■ | ░ | ░ | ░ | ░ | ░ | ■ | ░ | | ■ | | |
| Rosa, Rosen | | | | | | | | | | ■ | | | | |
| Sorbus aucuparia, Vogelbeere | ■ | | ■ | | ░ | ░ | ░ | ■ | ░ | ░ | ░■ | ░ | ░ | |
| **Eingeführte Gehölze** | | | | | | | | | | | | | | |
| Castanea sativa, Edelkastanie | | | | | | | | | ░ | ░■ | ░ | ░■ | ░ | ░ |
| Juglans regia, Walnuß | | | | | | | | | ░ | ░■ | ░ | ░■ | ░ | ░ |
| Vitis vinifera, Weinrebe | | | | | | | | | ░ | ░ | ░ | ░ | ■ | ░ |
| Buxus sempervirens, Buchsbaum | | | | | | | | | ░ | ░■ | ░ | ░■ | ░■ | ░ |
| **Importierte Nadelhölzer** | | | | | | | | | | | | | | |
| Abies alba, Weißtanne | | | | | | | | | ■ | | | ■ | | |
| Picea abies, Fichte | | | | | | | | | ■ | ■ | | ■ | | |

■ Holzfunde im Rheinland    ░ Pollenanalytischer Nachweis des Gehölzes im Rheinland

| | | | |
|---|---|---|---|
| AN | = | Altneolithikum | BZ/UZ = Bronzezeit / Urnenfelderzeit |
| MN | = | Mittelneolithikum | ält EZ = Ältere Eisenzeit |
| JN | = | Jungneolithikum | jg. EZ = Jüngere Eisenzeit |
| SN | = | Spätneolithikum | RZ = Römerzeit |
| EN | = | Endneolithikum | |

JK-98-195

# Literaturauswahl

## Literatur zur Archäologie und Geschichte im Rheinland

(Aufgeführt werden konnte hier nur ein kleiner Teil der vorhandenen Literatur, der aber einen Einblick in die einzelnen Epochen rheinischer Archäologie und Geschichte bieten kann.)

S.K. Arora, Die mittlere Steinzeit im westlichen Deutschland und in den Nachbargebieten. Beiträge zur Urgeschichte des Rheinlandes II. Rheinische Ausgrabungen 17 (1976) 1-65.

S.K. Arora, Mesolithische Fundplätze und Funde im ehemaligen Kreis Erkelenz. In: Archäologie im Kreis Heinsberg II. Schriftenreihe des Kreises Heinsberg 6 (1995) 227-416.

Aus dem Alltag der mittelalterlichen Stadt. Handbuch zur Sonderausstellung. Hefte des Focke-Museums (Bremen) Nr. 62, Bremen 1982 (= Veröffentlichungen des Helms-Museums, Hamburg-Harburg, Nr. 45).

Aus rheinischer Kunst und Kultur. Auswahlkatalog des Rheinischen Landesmuseums Bonn 1963. Kunst und Altertum am Rhein 9 (Düsseldorf 1963).

C.C. Bakels, Das Neolithikum. In: Spurensicherung. Archäologische Denkmalpflege in der Euregio Maas-Rhein. Kunst und Altertum am Rhein 136 (Mainz 1992) 58-79.

J.E. Bogaers und C.B. Rüger (Hrsg.), Der Niedergermanische Limes. Materialien zu seiner Geschichte. Kunst und Altertum am Rhein 50 (Köln/Bonn 1974).

E. Boshof, O. Engels und R. Schiffer, Hohes Mittelalter. In: F. Petri und F. Droege (Hrsg.), Rheinische Geschichte, Bd. 1,3 (Düsseldorf 1983).

R. Brulet, Die römische Periode. In: Spurensicherung. Archäologische Denkmalpflege in der Euregio Maas-Rhein. Kunst und Altertum am Rhein 136 (Mainz 1992) 99-114.

E. Cziesla, Spät-Paläolithikum und Mesolithikum der Euregio. In: Spurensicherung. Archäologische Denkmalpflege in der Euregio Maas-Rhein. Kunst und Altertum am Rhein 136 (Mainz 1992) 44-57.

M. Dohrn-Ihmig, Bandkeramik an Mittel- und Niederrhein. Beiträge zur Urgeschichte des Rheinlandes III. Rheinische Ausgrabungen 19 (1979) 191-362.

M. Dohrn-Ihmig, Neolithische Siedlungen der Rössener Kultur in der Niederrheinischen Bucht. AVA-Materialien 21 (München 1983).

M. Dohrn-Ihmig, Das bandkeramische Gräberfeld von Aldenhoven-Niedermerz, Kreis Düren. Archäologie in den Rheinischen Lößbörden. Rheinische Ausgrabungen 24 (1983) 47-190.

J. Driehaus, Rheinische Urgeschichte. Führer durch die Urgeschichtliche Abteilung des Rheinischen Landesmuseums Bonn. Kunst und Altertum am Rhein 16 (Düsseldorf 1968).

E. Ennen, Die europäische Stadt des Mittelalters (Göttingen 1972).

E. Ewig, Frühes Mittelalter. In: F. Petri und G. Droege (Hrsg.), Rheinische Geschichte, Bd. 1,2 (Düsseldorf 1980).

K. Fehn und P. Burggraaff, Die Kulturlandschaftsentwicklung der Euregio Maas-Rhein vom Ende der Stauferzeit bis zur Gegenwart im Spiegel der Bodendenkmalpflege. In: Spurensicherung. Archäologische Denkmalpflege in der Euregio Maas-Rhein. Kunst und Altertum am Rhein 136 (Mainz 1992) 145-181.

L. Fiedler, Formen und Techniken neolithischer Steingeräte aus dem Rheinland. Beiträge zur Urgeschichte des Rheinlandes III. Rheinische Ausgrabungen 19 (1979) 53-190.

P. Fuchs (Hrsg.), Chronik zur Geschichte der Stadt Köln, Bd. 1 und 2 (Köln 1990 und 1991).

K. Grewe, Atlas der römischen Wasserleitungen nach Köln. Rheinische Ausgrabungen 26 (Köln/Bonn 1986).

M. Heinen, Archäologische Fundstellen und Funde im Stadtgebiet Viersen (Viersen 1993).

M. Heinen und W. Schol, Die urgeschichtliche Besiedlung des Mönchengladbacher Raumes. In: Loca Desiderata. Mönchengladbacher Stadtgeschichte, Bd. 1 (Köln 1994).

H.-G. Horn (Hrsg.), Die Römer in Nordrhein-Westfalen (Stuttgart 1987).

F. Irrsigler und F. Straßer (Hrsg.), Geschichtlicher Atlas der Rheinlande. Lieferung 1-6 (Köln 1982-1997).

W. Janssen, Kleine Rheinische Geschichte (Düsseldorf 1997).

W. Janssen, Aus dem täglichen Leben der Franken. Rheinisches Landesmuseum Bonn. Kleine Museumshefte 5 (Düsseldorf 1967).

W. Janssen, Studien zur Wüstungsfrage im fränkischen Altsiedelland zwischen Rhein, Mosel und Eifelnordrand, Bd. I und II. Beihefte der Bonner Jahrbücher 35 (Köln/Bonn 1975).

H.-E. Joachim, Die Hunsrück-Eifel-Kultur am Mittelrhein. Beihefte der Bonner Jahrbücher 29 (Köln/Graz 1968).

H.-E. Joachim, Metallzeiten. In: Spurensicherung. Archäologische Denkmalpflege in der Euregio Maas-Rhein. Kunst und Altertum am Rhein 136 (Mainz 1992) 80-98.

A. Jürgens, Die Rössener Siedlung von Aldenhoven, Kreis Düren. Beiträge zur Urgeschichte des Rheinlandes III. Rheinische Ausgrabungen 19 (1979) 385-506.

D. Kastner und V. Torunsky, Kleine Rheinische Geschichte 1815-1986 (Köln/Bonn 1987).

Kelten-Germanen-Römer. Archäologische Informationen 18,2 (Bonn 1995).

M. Kempa, Haffen. Eine vor- und frühgeschichtliche Siedlung im Altkreis Rees. Rheinische Ausgrabungen 39 (Köln/Bonn 1995).

G.M. Knoll, Der Niederrhein. Landschaft, Geschichte und Kultur am unteren Rhein. DuMont Kunst-Reiseführer (Köln 1990).

R. Kuper und J. Lüning, Untersuchungen zur neolithischen Besiedlung der Aldenhovener Platte. In: Ausgrabungen in Deutschland, Teil 1: Vorgeschichte, Römerzeit. Monographien des Römisch-Germanischen Zentralmuseums 1,1 (1975) 85-97.

R. Kuper, Der Rössener Siedlungsplatz Inden 1 (Diss.-Druck Köln 1979).

J. Le Goff (Hrsg.), Der Mensch des Mittelalters (Frankfurt/New York 1990).

R. Lommerzheim und B. Oesterwind, Die hallstattzeitliche Siedlung von Düsseldorf-Rath. Rheinische Ausgrabungen 38 (Köln/Bonn 1995).

J. Lüning, Die Michelsberger Kultur. Ihre Funde in zeitlicher und räumlicher Gliederung. 48. Bericht der Römisch-Germanischen Kommission 1967 (Frankfurt 1968) 1-350.

J. Lüning, Siedlung und Siedlungslandschaft in bandkeramischer und Rössener Zeit. Offa 39 (Neumünster 1982) 9-33.

J. Lüning, Stand und Aufgaben der siedlungsarchäologischen Erforschung des Neolithikums im Rheinischen Braunkohlenrevier. Archäologie in den Rheinischen Lößbörden. Rheinische Ausgrabungen 24 (1983) 33-46.

J. Lüning und P. Stehli, Die Bandkeramik in Mitteleuropa: von der Natur- zur Kulturlandschaft. In: Spektrum der Wissenschaft. Sonderband Siedlungen der Steinzeit (Heidelberg 1989) 110-120.

J. Lüning und P. Stehli (Hrsg.), Die Bandkeramik im Merzbachtal auf der Aldenhovener Platte. Rheinische Ausgrabungen 36 (Köln/Bonn 1994).

M. Müller-Wille, Mittelalterliche Burghügel im nördlichen Rheinland. Beihefte der Bonner Jahrbücher 16 (Köln/Graz 1966).

J. Niessen (Bearb.), Geschichtlicher Handatlas der Deutschen Länder am Rhein (Köln/Lörrach 1950).

Nordöstliches Eifelvorland. Euskirchen. Zülpich. Bad Münstereifel. Blankenheim, Teil I: Einführende Aufsätze. Führer zu vor- und frühgeschichtlichen Denkmälern 25 (Mainz 1974).

Nordöstliches Eifelvorland. Euskirchen. Zülpich. Bad Münstereifel. Blankenheim, Teil II: Exkursionen. Führer zu vor- und frühgeschichtlichen Denkmälern 26 (Mainz 1974).

T.A.S.M. Panhuysen, Die Euregio Maas-Rhein, 300 bis 1250. Von der Peripherie ins Zentrum der europäischen Geschichte. In: Spurensicherung. Archäologische Denkmalpflege in der Euregio Maas-Rhein. Kunst und Altertum am Rhein 136 (Mainz 1992) 115-144.

F. Petri, M. Braubach, K.-G. Faber und H. Lademacher, Neuzeit. In: F. Petri und F. Droege (Hrsg.), Rheinische Geschichte, Bd. 2 (Düsseldorf 1976).

F. Petri und F. Droege, Rheinische Geschichte. Bild- und Dokumentarband. (Düsseldorf 1984).

W. Piepers, Archäologie im Kreis Heinsberg I. Bodendenkmäler und Funde im ehemaligen Kreis Geilenkirchen-Heinsberg. Schriftenreihe des Kreises Heinsberg 5 (Heinsberg 1989).

R. Pirling, Römer und Franken in Krefeld-Gellep (Mainz 1986).

Rheinisches Landesmuseum Bonn. Auswahlkatalog 1: Urgeschichte. Kunst und Altertum am Rhein 73 (Köln/Bonn 1977).

Rheinisches Landesmuseum Bonn. Führer durch die Sammlungen. Kunst und Altertum am Rhein 79 (Köln/Bonn 1977).

H.-F. Rosenfeld und H. Rosenfeld, Deutsche Kultur im Spätmittelalter. Handbuch der Kulturgeschichte (Wiesbaden 1978).

C.-B. Rüger, Die römische Besiedlung des Rheinlandes. Rheinisches Landesmuseum Bonn. Kleine Museumshefte 1 (Düsseldorf 1967).

C.-B. Rüger, Germania Inferior. Beihefte der Bonner Jahrbücher 30 (Köln/Graz 1968).

Th. Ruppel, Die Urnenfelderzeit in der Niederrheinischen Bucht. Rheinische Ausgrabungen 30 (Köln/Bonn 1990).

W. Sage, Die fränkische Siedlung bei Gladbach, Kreis Neuwied. Landesmuseum Bonn. Kleine Museumshefte 7 (Düsseldorf 1969).

A. Simons, Bronze- und eisenzeitliche Besiedlung in den Rheinischen Lößbörden. British Archaeological Reports, International Series 467 (Oxford 1989).

A. Simons, Wirtschafts- und Siedlungsweisen in der Bronze- und Eisenzeit des Rheinlandes. In: A.J. Kalis und J. Meurers-Balke (Hrsg.), 7000 Jahre bäuerliche Landschaft: Entstehung, Erforschung, Erhaltung. Archaeo-Physika 13 (1993) 63-73 (= Festschrift für Karl-Heinz Knörzer).

A. Stelzmann und R. Frohn, Illustrierte Geschichte der Stadt Köln (Köln 1990).

H. Steuer, Die Franken in Köln (Köln 1980).

H. Steuer (Hrsg.), Zur Lebensweise in der Stadt um 1200. Ergebnisse der Mittelalterarchäologie. Zeitschrift für Archäologie des Mittelalters, Beiheft 4 (Köln/Bonn 1986).

S. Veil (Zusammenstellung), Alt- und mittelsteinzeitliche Fundplätze des Rheinlandes. Kunst und Altertum am Rhein 81 (Köln/Bonn 1978).

H. von Petrikovits, Das römische Rheinland. Archäologische Forschungen seit 1945 (Köln/Opladen 1960).

H. von Petrikovits, Die römischen Streitkräfte am Niederrhein. Kunst und Altertum am Rhein 13 (Düsseldorf 1967).

H. von Petrikovits, Beiträge zur römischen Geschichte und Archäologie. Beihefte der Bonner Jahrbücher 36 (Bonn 1976).

R. von Uslar, Studien zu frühgeschichtlichen Befestigungen zwischen Nordsee und Alpen. Beihefte der Bonner Jahrbücher 11 (Köln/Graz 1964).

# Literatur zur Vegetationsgeschichte des Rheinlandes

F.P.M. Bunnik, Pollenanalytische Ergebnisse zur Vegetations- und Landschaftsgeschichte der Jülicher Lößbörde (Niederrheinische Bucht) von der Bronzezeit bis in die frühe Neuzeit. Bonner Jahrbücher 195 (1995) 313-350.

F.P.M. Bunnik, A.J. Kalis, J. Meurers-Balke und A. Stobbe, Archäopalynologische Betrachtungen zum Kulturwandel in den Jahrhunderten um Christi Geburt. Archäologische Informationen 18,2 (1995) 169-185.

W. Gaitzsch, K.-H. Knörzer, F. Köhler, M. Kokabi, J. Meurers-Balke, M. Neyses und H. Radermacher, Archäologische und naturwissenschaftliche Beiträge zu einem römischen Brunnensediment aus der rheinischen Lößbörde. Bonner Jahrbücher 189 (1989) 225-283.

A.J. Kalis, Die menschliche Beeinflussung der Vegetationsverhältnisse auf der Aldenhovener Platte während der vergangenen 2000 Jahre. Archäologie in den rheinischen Lößbörden. Rheinische Ausgrabungen 24 (1983) 331-345.

A.J. Kalis, Zur Umwelt des frühneolithischen Menschen. Ein Beitrag der Pollenanalyse. In: H. Küster (Hrsg.), Der prähistorische Mensch und seine Umwelt. Forschungen und Berichte zur Vor- und Frühgeschichte in Baden-Württemberg 31 (1988) 125-137 (= Festschrift für Udelgard Körber-Grohne zum 65. Geburtstag).

A.J. Kalis und J. Meurers-Balke, Die Vegetationsgeschichte. In: E. Brunotte, R. Immendorf und R. Schlimm, Die Naturlandschaft und ihre Umgestaltung durch den Menschen. Erläuterungen zur Hochschulexkursionskarte Köln und Umgebung. Kölner Geographische Arbeiten 63 (1994) 14-22.

A.J. Kalis und J. Meurers-Balke, Landnutzung im Neolithikum. In: J. Richter, Neolithikum. Geschichtlicher Atlas der Rheinlande, Beiheft II/2.1-II/2.2 (Köln 1997) 25-55.

K.-H. Knörzer und J. Meurers-Balke, Die Wirtschafts- und Nutzungsflächen eines römischen Gutshofes. Eine Rekonstruktion aufgrund des botanischen Befundes. In: Geschichte im Herzen Europas. Begleitbuch zur Landesausstellung (Köln 1990) 242-246 (= Schriften zur Bodendenkmalpflege in Nordrhein-Westfalen 1).

G. Krause, H. Berke, R. Gerlach, K.-H. Knörzer und J. Meurers-Balke, Archäologische und naturwissenschaftliche Untersuchungen im Bereich der Duisburger Altstadt. Germania 72,2 (1994) 529-579.

# Literatur zur Klimageschichte des Rheinlandes

(Bei der Klimageschichte muß man bislang noch auf überregionale, zumeist englischsprachige, Studien zurückgreifen. Eine regionale Klimageschichte für das Rheinland liegt mit der Arbeit von Gudrun Gerlach und Josef Klostermann vor, s.u.)

F.M. Chambers (ed.), Climate Change and Human Impact on the Landscape. Studies in palaeoecology and environmental archaeology (London 1993). [Regionaler Schwerpunkt: Britische Inseln]

B. Frenzel (Hrsg.), Dendrochronologie und postglaziale Klimaschwankungen in Europa. Erdwissenschaftliche Forschung 13 (Wiesbaden 1977).

G. Gerlach und J. Klostermann, Witterung und Klima am Niederrhein von der Zeitenwende bis zum Beginn der Neuzeit. Natur am Niederrhein 4,2 (1989) 35-43.

H.H. Lamb, Climate: Present, Past and Future. Vol. 2: Climatic history and the future (Suffolk 1977). [Standardwerk]

H.H. Lamb, Klima und Kulturgeschichte. Der Einfluß des Wetters auf den Gang der Geschichte. (Reinbek bei Hamburg 1989). [Standardwerk in Taschenbuchformat]

M.B. McElroy, Changes in Climates of the Past: Lessons for the Future. In: I.M. Mintzer (ed.), Confronting Climate Change (Cambridge 1992) 65-83.

J.E. Oliver, Climate and man´s evironment (1973).

C. Pfister, Historische Umweltforschung und Klimageschichte. Mit besonderer Berücksichtigung des Hoch- und Spätmittelalters. Siedlungsforschung 6 (Bonn 1988) 113-127.

C.-D. Schönwiese, Klima im Wandel: Tatsachen, Irrtümer, Risiken (Stuttgart 1992). [Verständliche Zusammenfassung aktueller Klimaprobleme mit einem Überblick zur Klimageschichte]

W.M. Wendland und R.A. Bryson, Dating Climatic Episodes of the Holocene. Quarternary Research 4 (1973) 9-24.

# Literatur zur Geschichte der Nahrungs- und Nutzpflanzen im Rheinland

(Die Nutzpflanzengeschichte im Rheinland stützt sich vor allem auf die Arbeiten von Karl-Heinz Knörzer, von denen hier nur ein Teil aufgeführt werden konnte. Ein vollständiges Literaturverzeichnis seiner Arbeiten bis zum Jahr 1992 findet sich in der Festschrift für Karl-Heinz Knörzer: Arie J. Kalis und Jutta Meurers-Balke (Hrsg.), 7000 Jahre bäuerliche Landschaft: Entstehung, Erforschung, Erhaltung. Zwanzig Aufsätze zu Ehren von Karl-Heinz Knörzer. Archaeo-Physika 13, 1993.)

J. Greig, Archaeobotanical and historical records compared - a new look at the taphonomy of edible and other useful plants from the 11th to the 18th centuries A.D. Circea, The Journal of the Association for Environmental Archaeology 12 (1996) 211-147. [Zusammenfassung und Gegenüberstellung von west- und mitteleuropäischen Nutzpflanzenfunden mit historischen Erwähnungen aus Mittelalter und früher Neuzeit]

U. Körber-Grohne, Nutzpflanzen in Deutschland. Kulturgeschichte und Biologie (Stuttgart ³1994). [Standardwerk zur Nutzpflanzengeschichte in Deutschland]

K.-H. Knörzer, Subfossile Pflanzenreste von bandkeramischen Fundstellen im Rheinland. In: K.-H. Knörzer, Untersuchungen subfossiler Großreste im Rheinland. Archaeo-Physika 2 (1967) 3-29.

K.-H. Knörzer, Die Roggentrespe (Bromus secalinus L.) als prähistorische Nutzpflanze. In: K.-H. Knörzer, Untersuchungen subfossiler Großreste im Rheinland. Archaeo-Physika 2 (1967) 30-38.

K.-H. Knörzer, Römerzeitliche Pflanzenfunde aus Aachen. In: K.-H. Knörzer, Untersuchungen subfossiler Großreste im Rheinland. Archaeo-Physika 2 (1967) 39-64.

K.-H. Knörzer, Der römerzeitliche Heilkräuterfund aus Neuß/Rhein. In: K.-H. Knörzer, Untersuchungen subfossiler Großreste im Rheinland. Archaeo-Physika 2 (1967) 65-75.

K.-H. Knörzer, Kornradensamen (Agrostemma githago L.) als giftige Beimischung in römerzeitlichen und mittelalterlichen Nahrungsresten. In: K.-H. Knörzer, Untersuchungen subfossiler Großreste im Rheinland. Archaeo-Physika 2 (1967) 100-107.

K.-H. Knörzer, Römerzeitliche Pflanzenfunde aus Neuss. In: Novaesium 4, Limesforschungen 10 (1970).

K.-H. Knörzer, Pflanzliche Großreste aus der rössenerzeitlichen Siedlung bei Langweiler, Kreis Jülich. Bonner Jahrbücher 171 (1971) 9-33.

K.-H. Knörzer, Prähistorische Mohnsamen im Rheinland. Bonner Jahrbücher 171 (1971) 34-39.

K.-H. Knörzer, Eisenzeitliche Pflanzenfunde im Rheinland. Bonner Jahrbücher 171 (1971) 40-58.

K.-H. Knörzer, Die bisherigen Obstfunde aus der frühmittelalterlichen Niederungsburg bei Haus Meer. In: W. Janssen und K.-H. Knörzer, Die frühmittelalterliche Niederungsburg bei Haus Meer (Neuss 1971) 131-186.

K.-H. Knörzer, Bandkeramische Pflanzenfunde von Bedburg-Garsdorf, Kreis Bergheim/Erft. Rheinische Ausgrabungen 15 (1974) 173-192.

K.-H. Knörzer, Eisenzeitliche Pflanzenfunde aus Frixheim-Anstel, Kreis Grevenbroich. Rheinische Ausgrabungen 15 (1974) 405-414.

K.-H. Knörzer, Mittelalterliche und jüngere Pflanzenfunde aus Neuss am Rhein. Zeitschrift für Archäologie des Mittelalters 3 (1975) 129-181.

K.-H. Knörzer, Späthallstattzeitliche Pflanzenfunde bei Bergheim, Erftkreis. Rheinische Ausgrabungen 17 (1976) 151-185.

K.-H. Knörzer, Pflanzliche Großreste des bandkeramischen Siedlungsplatzes Langweiler 9. In: R. Kuper, H. Löhr, J. Lüning, P. Stehli und A. Zimmermann, Der bandkeramische Siedlungsplatz Langweiler 9, Gemeinde Aldenhoven, Kreis Düren. Mit Beiträgen und unter Mitarbeit von J.P. Farrugia, J. Hahn, K.-H. Knörzer und J. Schalich. Rheinische Ausgrabungen 18 (1977) 279-303.

K.-H. Knörzer, Über den Wandel der angebauten Körnerfrüchte und ihrer Unkrautvegetation auf einer niederrheinischen Lößfläche seit dem Frühneolithikum. Archaeo-Physika 8 (1979) 147-163 (= Festschrift für Maria Hopf).

K.-H. Knörzer, Pflanzliche Großreste des bandkeramischen Siedlungsplatzes Wanlo (Stadt Mönchengladbach). Archaeo-Physika 7 (1980) 7-20.

K.-H. Knörzer, Neue metallzeitliche Pflanzenfunde im Rheinland. Archaeo-Physika 7 (1980) 25-34.

K.-H. Knörzer, Römerzeitliche Pflanzenfunde aus Aachen-Burtscheid. Archaeo-Physika 7 (1980) 35-60.

K.-H. Knörzer, Römerzeitliche Pflanzenfunde aus Xanten. Archaeo-Physika 11 (Köln 1981).

K.-H. Knörzer, Pflanzenfunde aus fünf eisenzeitlichen Siedlungen im südlichen Niederrheingebiet. Bonner Jahrbücher 184 (1984) 285-315.

K.-H. Knörzer, Kölner Obstfunde bei Ausgrabungen von der Eisenzeit bis zur frühen Neuzeit. Jahrbuch des Kölner Geschichtsvereins 56 (1985) 184-189.

K.-H. Knörzer, Vom neolithischen Ackerbau im Rheinland. Archäologie in Deutschland 1 (1986) 32-37.

K.-H. Knörzer, Geschichte der synanthropen Vegetation von Köln. Kölner Jahrbuch für Vor- und Frühgeschichte 20 (1987) 271-288.

K.-H. Knörzer, Untersuchungen der Früchte und Samen. In: U. Boelicke, D. von Brandt, J. Lüning, P. Stehli und A. Zimmermann (Hrsg.), Der bandkeramische Siedlungsplatz Langweiler 8, Gemeinde Aldenhoven, Kreis Düren. Mit Beiträgen von R.W. Aniol, P. Burrough, L. Castelletti, R. Drew, M.E.Th. de Grooth, K.-H. Knörzer, L. van der Plas, J. Schalich, H.-P. Uerpmann und D.A. Winter. Rheinische Ausgrabungen 28 (1988) 813-852.

K.-H. Knörzer, Landwirtschaft und Vegetation eines mittelalterlichen Dorfes bei Krefeld-Oppum. Bonner Jahrbücher 190 (1990) 403-420.

K.-H. Knörzer und J. Meurers-Balke, Die Wirtschafts- und Nutzungsflächen eines römischen Gutshofes. Eine Rekonstruktion aufgrund des botanischen Befundes. In: Geschichte im Herzen Europas. Begleitbuch zur Landesausstellung (Köln 1990) 242-246 (= Schriften zur Bodendenkmalpflege in Nordrhein-Westfalen 1).

K.-H. Knörzer, Deutschland nördlich der Donau. In: W. van Zeist, K. Wasylikowa und K.-E. Behre (eds.), Progress in Old World Palaeoethnobotany - A retrospective view on the occasion of 20 years of the International Work Group for Palaeoethnobotany (Rotterdam/Brookfield 1991) 189-206.

K.-H. Knörzer, Reis, Buchweizen und Johannisbeere - Mittelalterliche Pflanzenfunde aus einer Grube an der Agrippastraße in Köln. Mit einem Beitrag von Stefan Neu. Kölner Jahrbuch für Vor- und Frühgeschichte 24 (1991) 495-508.

K.-H. Knörzer, Koproanalyse, ein neuer Beitrag zur Geschichte der Ernährung. In: J.M. Renfrew (ed.), New Light on Early Farming - Recent Developments in Palaeoethnobotany (Edinburgh 1991) 39-50.

K.-H. Knörzer, Pflanzliche Großreste von der Burg Wachtendonk. Bonner Jahrbücher 191 (1991) 503-511.

K.-H. Knörzer, Geschichte der Rübe (Beta vulgaris L.) mit Beiträgen durch Großrestfunde vom Niederrhein. In: Palaeoethnobotany and Archaeology - International Work Group for Palaeoethnobotany 8th Symposium in Nitra-Nové Vozokany 1989. Acta Interdiscipl., Archaeol. 7 (1991) 159-164.

K.-H. Knörzer und C. Reichmann, Pflanzenfunde aus den mittelalterlichen Stadtgräben von Krefeld-Linn. In: J. Klostermann, S. Kronsbein und H. Rehbein (Hrsg.), Natur und Landschaft am Niederrhein - Naturwissenschaftliche Beiträge. Niederrheinische Landeskunde 10 (1991) 15-35 (= Festschrift für Hans-Wilhelm Quitzow).

K.-H. Knörzer, Vorbericht über paläo-ethnobotanische Untersuchungen in Duisburg. In: G. Krause (Hrsg.), Stadtarchäologie in Duisburg 1980-1990. Duisburger Forschungen 38 (1992) 223-236.

K.-H. Knörzer und J. Meurers-Balke, Pflanzenfunde aus dem 5. nachchristlichen Jahrhundert in Duisburg. In: G. Krause (Hrsg.), Stadtarchäologie in Duisburg 1980-1990. Duisburger Forschungen 38 (1992) 169-206.

K.-H. Knörzer, Mittelalterliche und neuzeitliche Pflanzenreste aus der Stadt Siegburg. Heimatblätter des Rhein-Sieg-Kreises 62 (1994) 153-175.

K.-H. Knörzer, Mittelalterliche und jüngere Pflanzenfunde. In: K.H. Knörzer, H.P. Krull und S. Wirth, Der Große Markt zu Wesel. Leder-, Pflanzen- und Knochenfunde der Grabungen 1987/1988. Bonner Jahrbücher 195 (1995) 399-409.

K.-H. Knörzer, Pflanzenfunde aus dem bandkeramischen Brunnen von Kückhoven bei Erkelenz. Vorbericht. In: H. Kroll und R. Pasternak (Hrsg.), Res archeobotanicae, 9. Symposium International Work Group for Palaeoethnobotany in Kiel 1992 (1995) 81-86.

K.-H. Knörzer, Ein spätmittelalterlicher Getreidevorratsfund in Duisburg. In: A. Ley, Zwischen Beekstraße und Steinsche Gasse. Duisburger Altstadtgrabung 1992-94. Archäologie und Denkmalpflege in Duisburg 2 (1997) 67-72.

K.-H. Knörzer, Botanische Untersuchungen von 16 neolithischen Siedlungsplätzen im Bereich der Aldenhovener Platte, Kreis Düren und Aachen. In: J. Lüning (Hrsg.), Studien zur neolithischen Besiedlung der Aldenhovener Platte und ihrer Umgebung. Rheinische Ausgrabungen 43 (1997) 647-684.

K.-H. Knörzer, Pflanzenfunde aus der Niederungsburg Meer, Meerbusch-Büderich, 10.-12. Jahrhundert (im Druck).

K.-H. Knörzer und J. Meurers-Balke, Die frühholozäne Vegetation der Erftaue bei Hombroich (Kreis Neuss) mit Spuren menschlicher Aktivitäten (im Druck).

K.-H. Knörzer, Botanische Untersuchungen am bandkeramischen Brunnen von Erkelenz-Kückhoven. In: Brunnen der Jungsteinzeit. Materialien zur Bodendenkmalpflege im Rheinland 11 (1998) 229-246.

W. van Zeist, K. Wasylikowa und K.-E. Behre (eds.), Progress in Old World palaeoethnobotany (Rotterdam 1991). [Einzelaufsätze mit Zusammenfassungen der paläoethnobotanischen Forschungsstände in einzelnen europäischen Regionen]

## Literatur zu Gehölzen als Nutzpflanzen

I. Austad, Tree Pollarding in Western Norway. In: H.H. Birks, H.J.B. Birks, P.E. Kaland und D. Moe (eds.), The Cultural Landscape - Past, Present and Future (Cambridge 1988) 11-29.

J. Buis, Historia forestis - Nederlandse bosgeschiedenis, II. Houtmarkt en houtteelt tot het midden van de vorige eeuw (Utrecht 1985).

L. Castelletti und H. Stäuble, Holzkohlenuntersuchungen zu ur- und frühgeschichtlichen Siedlungen der Aldenhovener Platte und ihrer Umgebung (Niederrheinische Bucht). Eine diachrone Betrachtung. In: J. Lüning (Hrsg.), Studien zur neolithischen Besiedlung der Aldenhovener Platte und ihrer Umgebung. Rheinische Ausgrabungen 43 (1997) 685-714.

J.C. Cooper, Illustriertes Lexikon der traditionellen Symbole (Wiesbaden 1986).

G. Debuigne, Larousse Geneeskrachtige Planten Encyclopedie (Hasselt 1979).

S. Fischer-Rizzi, Blätter von Bäumen - Legenden, Mythen, Heilanwendung und Betrachtung von einheimischen Bäumen (München 1980).

D. Frohne und H.J. Pfänder, Giftpflanzen - Ein Handbuch für Apotheker, Ärzte, Toxikologen und Biologen (Stuttgart 1987).

S. Gayer, Die Holzarten und ihre Verwendung in der Technik (Leipzig 1954).

J.-D. Godet, Bäume und Sträucher - einheimische und eingeführte Baum- und Straucharten (Augsburg 1994).

G. Hegi, Illustrierte Flora von Mittel-Europa, 13 Bände (München 1909ff.).

U. Körber-Grohne, Pflaumen, Kirschpflaumen, Schlehen: heutige Pflanzen und ihre Geschichte seit der Frühzeit (Stuttgart 1996).

A. Maurizio, Die Geschichte unserer Pflanzennahrung von den Urzeiten bis zur Gegenwart (Berlin 1927, Nachdruck 1979).

M. Pahlow, Das große Buch der Heilpflanzen (München 1993).

O. Polunin, Bäume und Sträucher Europas (München/Wien/Zürich 1984).

O. Rackham, Ancient Woodland - its history, vegetation and uses in England (London 1980).

C. Rätsch, Heilkräuter der Antike in Ägypten, Griechenland und Rom - Mythologie und Anwendung einst und heute (München 1995).

W.H. Schoch und U. Tegtmeier, Katalog der nachgewiesenen Hölzer. In: H.-E. Joachim (Hrsg.), Archäologische Untersuchungen der Spätlatènesiedlung von Köln-Porz „Linder Bruch", Teil III: Die botanischen und $^{14}$C-radiometrischen Untersuchungen (im Druck).

U. Tegtmeier, Scheiterhaufenreste in römerzeitlichen Brandbestattungen aus dem Elsbachtal. Archäologie im Rheinland 1996 (1997) 74-76.

U. Tegtmeier, Hölzer aus den Stadtkerngrabungen in Duisburg - Archäologische und botanische Untersuchungen. (Dissertation Köln 1997)

J. Weiner, Eine zimmermannstechnische Glanzleistung: der 7000 Jahre alte Eichenholzbrunnen aus Erkelenz-Kückhoven. In: Ein Land macht Geschichte. Begleitbuch zur Landesausstellung (Köln 1995) 179-187 (= Schriften zur Bodendenkmalpflege in Nordrhein-Westfalen 3).

M. Zohary, Pflanzen der Bibel (Stuttgart 1986).

# Register der deutschen Pflanzennamen

(mit Seitenverweisen auf Abbildungen und Erwähnungen im Text)

# Register der lateinischen Pflanzennamen

(Seiten- und Abbildungsverweise
siehe Register der deutschen Pflan-
zennamen)

*Abies alba*, Weißtanne
*Acer*, Ahorn
*Acer saccharum*, Zuckerahorn
*Acer campestre*, Feldahorn
*Acer platanoides*, Spitzahorn
*Acer pseudoplatanus,* Bergahorn
*Agrostemma githago*, Kornrade
*Allium sativum*, Knoblauch
*Alnus glutinosa*, Erle
*Amaranthus blitum*, Aufsteigender Amarant
*Anethum graveolens*, Dill
*Apium graveolens*, Sellerie
*Avena sativa*, Saathafer

*Beta vulgaris*, Rübe
*Betula*, Birke
*Betula pubescens*, Moorbirke
*Betula pendula,* Hängebirke
*Brassica nigra*, Schwarzer Senf
*Brassica rapa campestris*, Rübenkohl
*Bromus arvensis/secalinus*, Trespe (Acker/Roggentrespe)
*Buxus sempervirens*, Buchsbaum

*Camelina sativa*, Leindotter
*Cannabis sativa*, Hanf
*Carpinus betulus*, Hainbuche
*Carum carvi*, Kümmel
*Castanea sativa*, Edelkastanie
*Cicer arietinum*, Kichererbse
*Cichorium intybus*, Zichorie
*Coriandrum sativum*, Koriander
*Cornus mas*, Kornelkirsche
*Cornus sanguinea*, Roter Hartriegel
*Corylus avellana*, Hasel
*Crataegus laevigata*, Zweigriffliger Weißdorn
*Crataegus monogyna*, Eingriffliger Weißdorn
*Cucumis sativus*, Gurke
*Cucurbita pepo*, Gewöhnlicher Kürbis

*Daucus carota*, Möhre
*Dipsacus sylvestris*, Wilde Karde

*Fagopyrum esculentum*, Buchweizen
*Fagus sylvatica*, Buche, Rotbuche
*Ficus carica*, Feige
*Foeniculum vulgare*, Fenchel
*Fragaria ananassa*, Gartenerdbeere
*Fragaria vesca*, Walderdbeere
*Frangula alnus*, Faulbaum
*Fraxinus excelsior*, Esche

*Hedera helix*, Efeu
*Hordeum hexastichon nudum*, Sechszeilige Nacktgerste
*Hordeum vulgare vulgare*, Vierzeilige Spelzgerste
*Humulus lupulus*, Hopfen
*Ilex aquifolium*, Stechpalme

*Isatis tinctoria*, Färberwaid
*Juglans regia*, Walnuß
*Juniperus communis*, Wacholder

*Lens culinaris*, Linse
*Lepidium sativum*, Gartenkresse
*Linum usitatissimum*, Gebauter Lein, Flachs

*Malus domestica*, Gartenapfel
*Malus sylvestris*, Holzapfel
*Mespilus germanica*, Echte Mispel
*Morus nigra*, Schwarze Maulbeere
*Myrica gale*, Gagel

*Olea europaea*, Ölbaum
*Oryza sativa*, Reis

*Panicum miliaceum*, Rispenhirse
*Papaver setigerum,* Borstenmohn
*Papaver somniferum*, Schlafmohn
*Pastinaca sativa*, Pastinak
*Petroselinum crispum*, Petersilie
*Phoenix dactylifera*, Dattel
*Physalis alkekengi*, Judenkirsche
*Picea abies*, Fichte
*Pinus pinea*, Pinie
*Pinus sylvestris*, Kiefer, Waldkiefer
*Piper nigrum*, Schwarzer Pfeffer
*Pisum sativum*, Erbse

*Pomoideae*-Holztyp
*Populus,* Pappel
*Populus alba,* Silberpappel
*Populus nigra,* Schwarzpappel
*Populus tremula,* Zitterpappel
*Portulaca oleracea,* Portulak
*Prunus avium,* Süßkirsche
*Prunus avium*-Holztyp
*Prunus avium ssp. avium,* Vogelkirsche
*Prunus avium ssp. juliana,* Herzkirsche
*Prunus cerasus,* Sauerkirsche
*Prunus domestica,* Zwetschge
*Prunus dulcis,* Mandel
*Prunus*-Holztyp
*Prunus insititia,* Pflaume
*Prunus insititia juliana,* Haferpflaume
*Prunus insititia ovoidea,* Eierpflaume
*Prunus insititia oxycarpa,* Ovalpflaume
*Prunus insititia subrotunda,* Rundpflaume
*Prunus spinosa*-Holztyp
*Prunus spinosa,* Schlehe
*Prunus spinosa fruticans,* Süßschlehe
*Prunus padus,* Traubenkirsche
*Prunus persica,* Pfirsich
*Pyrus communis,* Gartenbirne

*Quercus,* Eiche
*Quercus petraea,* Traubeneiche
*Quercus robur,* Stieleiche

*Reseda luteola,* Färberresede
*Rhamnus cathartica,* Kreuzdorn
*Ribes grossularia,* Stachelbeere
*Ribes nigrum,* Schwarze Johannisbeere
*Ribes rubrum,* Rote Johannisbeere
*Rosa,* Rosen
*Rosa canina,* Heckenrose
*Rubus caesius,* Kratzbeere
*Rubus fruticosus,* Brombeere
*Rubus idaeus,* Himbeere

*Salix,* Weide
*Salix alba,* Silberweide

*Salix caprea,* Salweide
*Salix fragalis,* Bruchweide
*Salix purpurea,* Purpurweide
*Salix viminalis,* Korbweide
*Sambucus,* Holunder
*Sambucus ebulus,* Attich
*Sambucus nigra,* Schwarzer Holunder
*Sambucus racemosa,* Traubenholunder
*Satureia hortensis,* Sommer-Bohnenkraut
*Satureia montana,* Winter-Bohnenkraut
*Secale cereale,* Roggen
*Setaria italica,* Kolbenhirse
*Sinapis arvensis,* Ackersenf
*Sorbus aria,* Mehlbeerbaum
*Sorbus aucuparia,* Vogelbeere
*Sorbus domestica,* Speierling

*Taxus baccata,* Eibe
*Thymus vulgaris,* Echter Thymian
*Thymus pulegioides,* Arzneithymian
*Tilia,* Linde
*Tilia cordata,* Winterlinde
*Tilia platyphyllos,* Sommerlinde
*Triticum aestivum,* Saatweizen
*Triticum aestivo-compactum,* Zwergweizen
*Triticum dicoccum,* Emmer
*Triticum monococcum,* Einkorn
*Triticum spelta,* Dinkel

*Ulmus,* Ulme
*Ulmus minor,* Feldulme

*Vaccinium myrtillus,* Heidelbeere
*Valerianella locusta,* Echter Feldsalat
*Valerianella rimosa,* Gefurchter Feldsalat
*Vicia ervilia,* Linsenwicke
*Vicia faba,* Ackerbohne
*Vicia sativa,* Saatwicke
*Viscum album,* Mistel
*Viscum album ssp. album,* Laubholzmistel
*Vitis sylvestris,* Wildrebe
*Vitis vinifera,* Weinrebe

# Adressenverzeichnis

Dipl. Biol.Wolf-Dieter Becker
Institut für Ur- und Frühgeschichte
Universität Köln
Weyertal 125
D-50931 Köln

Dr. Renate Gerlach
Rheinisches Amt für Bodendenkmalpflege
Endenicher Straße 133
D-53115 Bonn

Friderike Hilscher-Ehlert
Rheinisches Landesmuseum Bonn
Fraunhoferstr. 8
D-53121 Bonn

Dr. Antonius Jürgens
Rheinisches Amt für Bodendenkmalpflege
Endenicher Straße 133
D-53115 Bonn

Dr. Arie J. Kalis
Seminar für Vorgeschichte
Universität Frankfurt
Arndtstraße 11
D-60325 Frankfurt

Dr. Dr. h.c. Karl-Heinz Knörzer
Heinestraße 10
D-41464 Neuss

Dipl. Biol. Scott Krausen
Schloßstraße 65
D-40477 Düsseldorf

Dipl. Ing. Jürgen Kubelke
Geographisches Institut
Universität Köln
Albertus-Magnus-Platz
D-50923 Köln

Dr. Jutta Meurers-Balke
Institut für Ur- und Frühgeschichte
Universität Köln
Weyertal 125
D-50931 Köln

Dr. Ursula Tegtmeier
Institut für Ur- und Frühgeschichte
Universität Köln
Weyertal 125
D-50931 Köln

# Materialien zur Bodendenkmalpflege im Rheinland

Eine Veröffentlichung des Landschaftsverbandes Rheinland, Rheinisches Amt für Bodendenkmalpflege, herausgegeben von Harald Koschik

**Heft 1**
**Bodendenkmalpflege in Altstädten**
Mit Beitr. v. Jürgen Kunow u. a.
1992. 84 Seiten, 12 Abbildungen
ISBN 3-7927-1236-9
**kart. 12,80 DM**

Archäologie in alten und modernen Innenstädten, Probleme und Chancen, darin eine Empfehlung des Deutschen Städtetages.

**Heft 2**
**Kulturlandschaft und Bodendenkmalpflege am unteren Niederrhein**
Mit Beitr. v. Wilfried Krings u. a.
1993. 144 Seiten, 47 Abbildungen
ISBN 3-7927-1416-7
**kart. 16,80 DM**

„Landschaft" - vom Menschen geschaffene und gewandelte Umwelt als Thema für Archäologie, Ökologie und Naturschutz.

**Heft 3**
**Aspekte europäischer Bodendenkmalpflege**
Mit Beitr. v. Willem J. H. Willems u. a.
1994. 154 Seiten, 34 sw, 28 farb. Abbildungen
ISBN 3-7927-1436-1
**kart. 19,80 DM**

Berichte über die grenzübergreifende Zusammenarbeit der Archäologie, v. a. in den Bereichen Stadt, Landwirtschaft und Rohstoffgewinnung, im Sinne einer Bewahrung des gemeinsamen europäischen Erbes.

**Heft 4**
**Situation und Perspektiven archäologischer Denkmalpflege in Brandenburg und Nordrhein-Westfalen**
Mit Beitr. v. Heinz Günter Horn u. a.

1995. 216 Seiten, zahlr. (tls. farb.) Abbildungen
ISBN 3-7927-1494-9
**kart. 24,80 DM**

Wie sich, jenseits der täglichen Erfordernisse, auch in der Zukunft gemeinsam für die Rettung archäologischer Zeugnisse sorgen läßt, diskutierten die brandenburgischen und nordrhein-westfälischen Archäologen 1993 auf einer Tagung.

**Heft 5**
**Archäologische Denkmäler in den Wäldern des Rheinlandes**
Mit Beitr. v. Helmut Luley und Wolfgang Wegener
Hrsg.: Landwirtschaftskammer Rheinland, Höhere Forstbehörde und Landschaftsverband Rheinland, Rheinisches Amt fur Bodendenkmalpflege
1995. 52 Seiten, 35 Abbildungen
ISBN 3-7927-1509-0
**kart. 12,80 DM.**

Möglichkeiten eines sinnvollen und praktikablen Schutzes von Bodendenkmälern im Wald. Eine anschauliche Informationsschrift für jeden Waldnutzer und Waldliebhaber**.**

**Heft 6**
**Archäologie in den Braunkohlenrevieren Mitteleuropas**
Mit Beitr. v. Heinz Günter Horn u.a.
1996. 151 S., zahlr. (tls. farb.) Abbildungen
ISBN 3-7927-1570-8
**kart. 22.- DM**

Die Stiftung zur Förderung der Archäologie im rheinischen Braunkohlenrevier hatte eingeladen und Fachleute aus den europäischen Gegenden, wo Braunkohle im Tagebau großflächig abgebaut wird, kamen und diskutierten über Folgen und Chancen dieses Abbaus für die archäologischen Relikte.

**Heft 7**
**Bodendenkmäler in der Stadt. Beispiele für Erhaltung und Präsentation aus dem Rheinland.**
Nora Andrikopoulou-Strack, Brigitte Beyer und Bernd Päffgen
1997. 143 Seiten, 132 (tls. farb.) Abbildungen
ISBN 3-7927-1239-3
**kart. 24,80 DM**

Wie lassen sich ausgegrabene archäologische Denkmäler erhalten und der Öffentlichkeit zugänglich machen ? Mit historischem Abriß.

**Heft 8**
**Kiesabbau und archäologische Denkmalpflege**
Mit Beitr. von Heinz Günter Horn u.a.
1997. 106 Seiten, 54 Abbildungen
ISBN: 3-7927-1509-0
**kart. 16,80 DM**

Der Rheinische Verein für Denkmalpflege und Landschaftsschutz und die Bodendenkmalpfleger erörterten auf einer Tagung 1996 die Verfahrensweisen zur Rettung archäologischen Kulturgutes aus Bereichen des Kiesabbaus.

**Heft 9**
**Archäologie im Dienste des Bürgers. 10 Jahre Rheinisches Amt für Bodendenkmalpflege.**
Mit Beitr. v. Harald Koschik u.a.
1997. 126 Seiten, 50 (tls. farb.) Abbildungen
ISBN 3-7927-1627-5
**kart. 16,80 DM**

10 Jahre archäologisches Fachamt. Zeit, Bilanz zu ziehen, den eigenen Standort zu bestimmen und Möglichkeiten für die Zukunft auszuloten.

**Heft 11**
**Brunnen der Jungsteinzeit - Internationales Symposium Erkelenz 27. bis 29. Oktober 1997**
Mit Beitr. v. Harald Koschik u.a.
1998. 317 Seiten, 139 (tls. farb.) Abbildungen
ISBN 3-7927-1746-8
**kart. 29,80 DM**

Ein internationales Symposium im Oktober 1997 in erkelenz bot erstmals die Gelegenheit zu einem intensiven Gedankenaustausch und lieferte überraschende Einblicke in die Wasserversorgung der jüngeren Steinzeit.

Rheinland–Verlag
Abtei Brauweiler, 50259 Pulheim